땡큐 베리밥상 유아식

ⓒ 임수정·임수민, 2023

이 책의 저작권은 저자에게 있습니다.
저작권법에 의해 보호를 받는 저작물이므로
저자의 허락 없이 무단 전재와 복제를 금합니다.

초보 엄마도
365일
식단 걱정 없는

임수정·임수민 지음

더 주세요!

땡큐 베리밥상
유아식

북라이프

땡큐 베리밥상 유아식

1판 1쇄 인쇄 2023년 9월 5일
1판 1쇄 발행 2023년 9월 12일

지은이 | 임수정 · 임수민
발행인 | 홍영태
발행처 | 북라이프
등 록 | 제2011-000096호(2011년 3월 24일)
주 소 | 03991 서울시 마포구 월드컵북로6길 3 이노베이스빌딩 7층
전 화 | (02)338-9449
팩 스 | (02)338-6543
대표메일 | bb@businessbooks.co.kr
홈페이지 | http://www.businessbooks.co.kr
블로그 | http://blog.naver.com/booklife1
페이스북 | thebooklife
ISBN 979-11-91013-57-3 13590

* 잘못된 책은 구입하신 서점에서 바꾸어 드립니다.
* 책값은 뒤표지에 있습니다.
* 북라이프는 (주)비즈니스북스의 임프린트입니다.
* 비즈니스북스에 대한 더 많은 정보가 필요하신 분은 홈페이지를 방문해 주시기 바랍니다.

> 비즈니스북스는 독자 여러분의 소중한 아이디어와 원고 투고를 기다리고 있습니다.
> 원고가 있으신 분은 ms3@businessbooks.co.kr로 간단한 개요와 취지, 연락처 등을 보내 주세요.

프롤로그

베리는 이유식을 끝내고 유아식 초기까지 무난하게 잘 먹는 아이었어요. 건강하게 잘 먹고 무럭무럭 자랄 줄만 알았는데 코로나19에 걸리면서 밥을 입에도 대지 않았어요. 회복기가 지난 후에도 좀처럼 나아질 기미가 보이지 않았어요.

'오늘은 좀 먹을까' 하는 마음으로 공들여 만든 음식은 뱉어내기 일쑤였고, 안 먹겠다고 꾹 다문 아이의 입은 제게 마음의 상처가 되었어요. 아이가 손도 대지 않은 반찬을 버리며 눈물을 훔친 날도 있었고, 아이에게 소리를 지를 뻔 하기도 했어요. 어느 날 목욕을 시키다가 문득 아이의 몸이 말라가고 있는 게 보였어요. 더 이상 이대로는 안 되겠다 싶어 유아식에 깊이 파고들기 시작했어요.

제일 먼저 유아식 식단표를 만들었어요. 식품영양학을 전공한 동생과 함께 머리를 맞대고 필수 영양소와 균형 잡힌 식단에 대해 공부했어요. 편식까지 심해진 아이를 위해 매주 영양이 풍부한 제철 식재료를 사용한 음식으로 식단표를 만드는 데 집중했어요. 조리법에도 변화를 줬어요. 매일 볶고 삶던 것에서 튀기고 무치고 조리는 등 다양한 방법으로 음식을 만들었어요. 베리가 좋아하는 식재료와 싫어하는 식재료를 적어가며 식재료 기호표도 작성해봤어요. 특별한 간식도 만들어가며 베리가 음식에 흥미를 갖도록 여러 가지 방법을 시도했어요. 그렇게 오랜 시간 연구하고 개발한 레시피 덕분에 아이가 밥을 잘 먹을 수 있게 하는 노하우가 생기기 시작했어요. 맛있는 음식을 만들어주는 것뿐만 아니라 새로운 식재료에 거부감을 느끼는 아이가 음식에 호기심을 갖도록 몇 가지 방법을 바꿨어요.

첫 번째, 아이와 식재료에 대해 이야기를 나눴어요. 식재료 모양으로 된 장난감을 갖고 놀게 하거나 장 봐온 재료를 함께 보면서 이건 어떤 야채이고 어떤 맛이 나는지 소통했어요.

두 번째, 아이와 함께 요리하는 시간을 가졌어요. 밥을 뭉치거나 달걀을 푸는 등 간단한 동작을 직접 참여하니 아이가 어떤 맛인지 궁금해하고 맛보고 싶어 했어요.

세 번째, 아이와 함께 식사했어요. 바쁘게 음식을 차리다 보면 아이 혼자 먹게 두는 일이 많았어요. 온 가족이 식탁에 앉아 "당근이 아삭아삭하고 맛있지?", "달걀에서 고소한 맛이 나네." 같은 대화를 통해 음식에 대한 호기심이 생기도록 했어요.

네 번째, 아이가 밥 먹는 식탁에서 음식 외에 텔레비전을 끄고 장난감을 치웠어요. 온전히 미각에만 집중할 수 있게 했어요.

다섯 번째, 아이가 스스로 먹을 수 있게 했어요. 숟가락질이 서툴러 손으로 먹거나 음식으로 장난을 치며 주변을 더럽혀도 그대로 지켜봤어요. 먹지 않고 장난만 칠 때는 제가 입에 음식을 넣고 오물오물 씹는 모습을 직접 보여주며 아이가 따라 먹을 수 있게 했어요.

물론 이러한 노력에도 불구하고 처음부터 아이가 잘 먹은 것은 아니었죠. 그러던 어느 날 아이가 스스로 먹기 시작하는 기적이 일어났어요. 그때 너무 감격해서 펑펑 울었어요. 그 이후 더욱더 아이 식사에 집중했던 것 같아요. 아이와 같이 요리하고 아이와 같이 즐겁게 식사하면서 밥 먹는 시간이 지옥에서 천국으로 바뀌었어요.

저는 똑똑한 엄마도 대단한 엄마도 아니지만 아이가 잘 먹지 않아 걱정하는 엄마들의 마음은 백번 공감해요. 그래서 우리 베리처럼 아이가 밥을 안 먹어 애태우는 수많은 엄마들을 돕기 위해 '베리밥상'이라는 이름으로 인스타그램을 만들어 식단표를 공유했어요. 저처럼 고민하는 엄마들이 하나둘씩 피드백을 주기 시작했어요.

"덕분에 아이에게 골고루 먹일 수 있게 되었어요."
"식단표가 있으니 요리 초보인 저도 이제 살 것 같아요."
"입 짧은 아이인 줄 알았는데 베리밥상 레시피로 만들어주니 더 달래요!"

엄마들의 따뜻한 말씀은 제가 식단표를 짜는 또 다른 행복한 이유가 되었답니다.

이 책은 잘 먹지 않고 편식이 심한 아이를 어떻게 하면 잘 먹게 할 수 있을까 고민하고 연구한 끝에 탄생했어요. 제철 재료로 맛과 영양은 물론 1일 권장량까지 모두 챙긴 저염식 레시피를 선별해 담았어요. 특히 책에 소개한 레시피를 100% 활용할 수 있는 1년 식단표도 제공해요. 이 식단표는 '오늘은 뭘 먹일까' 고민하는 엄마의 수고로움을 덜어줘요. 일주일, 한 달만 해보면 우리 아이가 뭘 좋아하는지 아이의 기호를 파악할 수 있게 될 거예요. 또한 책 속 레시피를 그대로 따라 만들다 보면 요리를 못하는 초보 엄마도 요리 패턴을 알게 돼 좀더 손쉽게 요리할 수 있을 거예요.

《땡큐 베리밥상 유아식》 레시피로 영양이 풍부하고 균형 잡힌 음식을 만들어 아이가 튼튼하게 성장할 수 있도록 도와주세요. 아이가 편식하거나, 식탁을 어지르거나, 먹지 않고 돌아다니는 행동이 엄마를 힘들게 할 수 있어요. 하지만 아이가 그런 행동을 하는 게 자연스러운 일이라는 것을 인지하고 아이를 이해해 주세요. 엄마에게 사랑하는 아이가 튼튼하게 성장하는 것을 보는 것만큼 행복한 일이 또 있을까요? 베리맘도 든든한 레시피 북으로 여러분과 함께 주방에 있을게요.

건강하고 맛있는 우리 아이 식사, 함께 준비하러 갈까요?

Contents

프롤로그 005
이 책의 식단 구성 기준 015

INTRO

유아식의 기본 준비하기 016
유아식에서 식단표가 중요한 이유 018
영유아 발달 단계별 영양 설계 포인트 019
영양소별 식판 구성 025
유아식 맛있게 잘 먹이는 법 026
제철 식재료와 효능 030
유아식 기본 준비물 036
유아식 기본 양념 038
기본 계량법 044
재료 썰기 방법 045
재료 손질 및 보관 방법 046
베리밥상표 기본 육수 만들기 052
베리밥상표 수제 소스 만들기 054
초보 엄마가 궁금해하는 유아식 Q&A 056

PART 1
간편한 한 그릇 밥

가자미도리아 066
가츠동 067
고사리나물솥밥 068
규동 069
달걀피망볶음밥 070
데리야키닭덮밥 071
마파두부덮밥 072
병아리콩볶음밥 073
스테이크덮밥 074
시금치아란치니 075
야채볶음밥 076
양송이버섯볶음밥 077
열무비빔밥 078
오리고기덮밥 079
중국식가지덮밥 080
카레소고기볶음밥 081
콩나물밥 082
황태팽이버섯덮밥 083

PART 2
영양 가득한 죽과 수프

느타리버섯들깨죽 086
닭안심부추죽 087
목이버섯낙지죽 088
소고기미역죽 089

소고기야채죽 090
옹심이호박죽 091
감자수프 092
고구마수프 093
병아리콩수프 094
소고기옥수수수프 095
수프카레 096
야채크림스튜 097
양배추수프 098
양파수프 099
토마토수프 100
파프리카감자수프 101

두부찌개 118
맑은두부국 119
명란소고기국 120
목이버섯들깨국 121
무국 122
밀푀유나베 123
바지락탕 124
배추애호박찌개 125
사천탕 126
새송이버섯누룽지탕 127
새송이버섯들깨국 128
소고기야채전골 129
소고기콜라비국 130
스키야키 131
시금치된장국 132
어묵탕 133
우동국물 134
유부된장국 135
유부주머니탕 136
주꾸미탕 137
청포묵국 138
콜라비순두부국 139
톤지루 140
팽이버섯된장국 141

PART 3
부드럽고 따뜻한 국

가자미찌개 104
갈치탕 105
감자된장국 106
감자탕 107
고구마줄기된장국 108
구수한 숭늉 109
국수 없는 잔치국물 109
냉이된장국 110
느타리버섯들깨국 111
다슬기국 112
다시마떡국 113
달걀순두부국 114
닭개장 115
대하탕 116
돼지고기청국장 117

PART 4
상큼한 샐러드

고구마요거샐러드 144
단호박샐러드 145
된장오이스틱 146

무순샐러드 147
브로콜리두부샐러드 148
브로콜리콘샐러드 149
새콤달콤토마토 150
셀러리스틱 151
양배추샐러드 152
양송이버섯사과샐러드 153
오이샐러드 154
오이피클 155
토마토카프레제 156
파프리카샐러드 157
파프리카요거스틱 157

숙주나물 173
시금치나물 174
아스파라거스나물 175
애호박김무침 176
애호박나물 177
양파절임 178
연근나물 179
오이된장무침 180
오이무침 181
청포묵김무침 182
콜라비나물 183
콩나물무침 184
표고버섯나물 185

PART 5
아삭아삭한 무침과 나물

가지된장무침 160
고구마줄기무침 161
냉이무침 162
늙은호박나물 163
단호박나물 164
무나물 165
무생채 165
무순무침 166
바지락무침 167
배추나물 168
백김치 169
백김치김무침 170
부추무침 171
브로콜리들깨무침 172
사과채무침 173

PART 6
달콤짭짤한 조림

가지사과조림 188
갈치무조림 189
감자간장조림 190
굴파프리카조림 191
달걀장 192
달달당근조림 193
달달마늘조림 194
달달무조림 195
달달양파조림 196
달달토마토조림 197
달콤메추리조림 198
돼지고기무조림 199
돼지목살조림 200
두부조림 201

들깨순두부조림 202
마늘종조림 203
메추리장조림 204
목이버섯조림 205
무조림 206
미역조림 207
병아리콩조림 208
브로콜리크림조림 209
빨간감자조림 210
사과조림 211
삼치데리조림 212
애호박어묵조림 213
애호박조림 214
양송이버섯간장조림 215
양파간장조림 216
연근조림 217
오리고기조림 218
우엉조림 219
짜장마늘조림 220
취나물조림 221
크림청경채 222
표고버섯당근조림 223
피망소고기조림 224
피망조림 225

고기잡채 231
고소미역볶음 232
곤드레볶음 233
깻잎채볶음 234
느타리버섯양파볶음 235
다짐멸치볶음 236
당근감채볶음 237
명란당근볶음 238
부추볶음 238
빨간미나리볶음 239
셀러리옥수수볶음 240
소고기된장볶음 241
소고기양배추잡채 242
숙주셀러리볶음 243
시금치소테 244
아시아숙주볶음 245
야채잡채 246
양념오리볶음 247
양념콩나물볶음 248
양배추미나리볶음 249
양배추목이버섯볶음 250
양배추버터볶음 251
양송이버섯파볶음 252
어묵볶음 253
오리숙주볶음 254
오리고기잡채 255
우엉채볶음 256
유부볶음 257
토마토달걀볶음 258
토마토새송이버섯볶음 259
표고버섯들깨볶음 260
표고버섯채볶음 261
피망잡채 262
황태볶음 263

PART 7

고소한 볶음

가자미양파볶음 228
갈치마늘볶음 229
감자채볶음 230

PART 8
노릇노릇한 구이

가지구이 266
고등어쫀득구이 267
고소한 마늘구이 268
낙지버터구이 269
냉이버터구이 270
단호박구이 271
데리닭봉구이 272
데리달걀구이 273
데리등갈비구이 274
데리목살구이 275
병아리콩구이 276
소고기마늘구이&감 277
아스파라거스버터구이 278
야채구이 279
야채소고기구이 280
양송이버섯버터구이 281
양파소금구이 282
찰옥수수버터구이 282
파프리카구이 283
팽이버섯참기름구이 284
피망버터구이 285
황태구이 286
휴게소감자구이 287

PART 9
폭신 촉촉한 찜

가자미야채찜 290
가자미양배추찜 291
갈치콩나물찜 292
고사리돼지찜 293
곤드레소고기찜 294
깻잎찜 295
단호박꿀찜 296
대하브로콜리찜 297
돼지등뼈찜 298
명란숙주찜 299
배추찜&양념 300
부추마늘찜 301
브로콜리닭찜 302
빨간소고기찜 303
빨간연근찜 304
소고기양념장 305
시금치간장찜 306
애호박찜 307
야채찜닭 308
양념연두부 309
양배추소고기찜 310
양파닭봉찜 311
청포묵&양념 312
팽이버섯찜 313
피망소고기찜 314
호박소고기찜 315

PART 10
바삭한 전과 튀김

가지깐풍기 318
가지전 319
가지튀김 320
고구마달걀전 321
고구마맛탕 322
고구마줄기전 323
고구마팬케이크 324
고사리전 325
굴전 326
깻잎전 327
납작닭동그랑땡 328
누른애호박전 329
느타리버섯전 330
다시두부튀김 331
당근전 332
동그랑땡 333
무순전 334
배추전 335
부추전 336
브로콜리전 337
삼치강정 338
삼치탕수육 339
새우부추전 340
세모네모무전 341
소고기동그랑땡 342
소고기표고버섯전 343
애호박달걀전 344
애호박새우전 345
야채말이 346
양배추달걀전 347

연근전 348
옥수수전 349
우엉튀김 350
청경채달걀전 351
취나물달걀말이 352
칠리주꾸미 353
콜리두부전 354
토마토달걀말이 355
팽이버섯전 356
표고버섯당근전 357

PART 11
근사한 스페셜 요리

감자수제비 360
귤잼토스트 361
단호박그라탱 362
달콤마늘빵 363
닭꼬치 364
닭스테이크 365
닭안심삼계탕 366
두부스테이크 367
뚝불고기 368
밀푀유카츠 369
바싹불고기 370
볼로네제파스타 371
부추닭갈비 372
분짜 373
불고기 374
불고기치즈토스트 375
비프샌드위치 376

새송이버섯떡볶이 377
새우완자 378
소고기난자완스 379
소고기마늘종완자 380
소고기비빔국수 381
소고기쌀국수 382
소고기에그누들 383
소고기짜장면 384
소고기춘권 385
아기돈가스 386
양념고등어볶음 387
양송이버섯카레 388
오로시냉우동 389
오믈렛 390
츠쿠네 391
치즈옥수수파스타 392
치킨커틀릿 393
카레닭볶음탕 394
파프리카크림파스타 395
폭립 396

요리하기 전에 알아두세요!

- 책에 소개하는 레시피는 시중에서 쉽게 구할 수 있는 재료로 구성했어요.
- 재료는 계량스푼과 저울로 계량해요. 1/2작은술, 1/4작은술, 1/8작은술이 포함된 계량스푼을 사용하면 편리해요.
- 모든 재료는 물에 깨끗하게 씻어 불순물이 없도록 준비해요.
  - 낙지, 주꾸미 등 해산물류는 굵은소금이나 밀가루로 바락바락 치대어 여러 번 물에 헹궈요.
  - 미역, 다시마 등 해조류는 비린내가 나지 않게 바락바락 치대어 여러 번 물에 헹궈요.
  - 부추, 취나물 등 나물류는 흙이 남아 있지 않게 가닥가닥 손으로 비벼 씻어요.
- 아이의 치아 발달 정도에 따라 입자 크기를 조절하여 손질하고 단단한 재료는 무르게 익혀 조리해요. 콩류는 목에 걸리지 않게 으깨어 사용해요.
- 레시피에서 제시한 양념 재료가 없다면 아래와 같이 대체 가능해요.
  - 올리고당, 배즙 : 아가베 시럽, 메이플 시럽, 조청, 설탕, 꿀, 과일즙
  - 부침가루 : 쌀가루, 밀가루, 찹쌀가루, 전분가루, 오트밀 가루
  - 우유 : 두유, 쌀유, 아몬드밀크, 오트밀크
  - 현미유 : 올리브유, 카놀라유, 아보카도유
  - 레몬즙 : 식초

이 책의 식단 구성 기준

1. 균형 잡힌 5대 영양소로 구성했어요!

성장기 아이에게는 충분한 신체활동과 균형에 맞는 5대 영양소(탄수화물, 단백질, 지방, 비타민, 미네랄)의 섭취가 중요해요. 한 끼에 3가지 식품군 이상, 하루에 4가지 식품군 이상을 섭취하도록 구성했어요.

2. 제철 식재료를 풍부하게 사용했어요!

식재료는 제철에 먹어야 가장 맛있어요. 또한 저장 기간이 짧아 영양소 손실이 적어 영양도 가장 풍부해요. 베리밥상의 월별 식단은 해당 계절에 수확된 식재료를 최대한 활용해 만들었어요.

3. 계절성 질병을 예방하는 식재료로 레시피를 개발했어요!

계절마다 아이가 걸리기 쉬운 유행성 질병을 파악하고, 예방할 수 있는 제철 식재료를 이용한 메뉴로 식단을 구성했어요.

4. 건강한 식재료로 맛있게 만들었어요!

영양소를 골고루 섭취하는 것만큼 아이의 입맛도 중요해요. 첨가물은 빼고 천연 조미료를 사용하여 아이가 좋아하고 잘 먹을 수 있는 레시피를 구성했어요. 아이가 좋아하지 않지만 꼭 먹이고 싶은 몸에 좋은 식재료를 맛있게 먹이는 레시피도 가득해요.

5. 세계 요리로 다양한 미각 체험을 할 수 있어요!

아이가 아무리 좋아하는 반찬이라도 반복해서 주면 질려서 거부할 때도 있어요. 다양한 세계 요리를 아이 입맛에 맞도록 만들어 밥상을 즐겁게 만들어줘요.

6. 염도를 0.03% 이하로 낮춘 저염 레시피예요!

아이는 신장 기능이 약해 나트륨 배출이 어려워요. 유아 권장 나트륨 함량이 0.05%인데, 이 책의 레시피는 평균 0.3% 이하로 맞췄어요.

INTRO

유아식의 기본 준비하기

유아식은 언제 시작하나요?

유아식을 언제부터 시작하면 좋을지 알아보기 전에 이유식으로 거슬러 올라가 찬찬히 살펴볼까요? 대부분의 아이들은 5~6개월쯤부터 이유식을 시작해요. 분유 수유를 하는 아이는 4개월부터 이유식을 시작하면 좋다는 이야기도 있지만 세계보건기구 WHO는 분유 수유아와 모유 수유아 구분 없이 6개월 이후에 이유식을 시작하는 것을 권장해요.

 그렇다면 왜 6개월 이후일까요? 첫 번째 이유는 아이들은 6개월이 되는 시기부터 모체로부터 받은 영양이 점차 줄어들기 때문이에요. 분유나 모유만으로 충분한 영양 보충이 어려워 이유식이 필요해요. 두 번째 이유는 아이들은 6개월 정도가 되어야 스스로 상체를 세우고 음식을 집어먹을 수 있기 때문이에요. 혼자서 먹을 수 있는 능력이 생기는 이 시기에 이유식을 시작하는 것이 적당해요.

 초기, 중기, 후기 이유식을 거친 뒤 시작하는 유아식은 아이의 치아 발달과 성장 상태

아이 식사 권장 섭취량

분류	권장 칼로리 (하루)	권장 탄수화물 (한 끼)	권장 단백질 (한 끼)	권장 채소 (한 끼)
11개월~3세	900kcal	80~100g	30g	60g
4~5세	1400kcal	100~130g	45g	80g

출처: 보건복지부, 2020 한국인 영양소 섭취 기준

를 판단해 부모가 결정하는 것이 가장 바람직해요. 유아식을 시작하는 적절한 시기는 아이마다 달라요. 아이가 후기 이유식을 무리 없이 잘 먹고 엄마, 아빠가 먹는 밥과 반찬에 관심을 보인다면 유아식을 시작할 수 있는 신호라고 할 수 있어요.

갑자기 유아식을 시작하게 되면 거부 반응을 보이는 아이들도 있어요. 그래서 유아식 초기에는 무염식으로 시작하는 것이 좋아요. 무염식은 입자가 작고, 삶거나 찌는 등의 조리 방식으로 부드럽게 만든 식사를 의미해요. 또한 재료 자체의 나트륨으로만 맛을 내고 추가적인 간을 하지 않은 음식을 말해요. 많은 전문가들이 생후 24개월까지는 무염식 섭취를 권장하고 있지만, 어린이집 등원을 시작하며 간이 된 음식을 맛본 아이들은 무염식을 잘 먹지 않아 빠르게 저염식으로 넘어가게 되기도 해요. 책에 소개된 베리밥상의 저염식은 일반적인 유아식이에요. 아이가 본격적으로 식사에 흥미를 느낄 수 있도록 다양한 식재료와 조리법으로 준비해요. 이 책의 레시피는 식약처에서 권장하는 나트륨 섭취량인 0.5%보다 낮은 0.3% 이하의 염도로 만들어요. 어린이집이나 밖에서는 이보다 높은 염도의 음식을 섭취하기 때문에 집에서 먹는 유아식은 염도를 낮추는 것이 좋아요. 개월 수마다 아이 식사 권장량도 달라요. 아이가 개월 수에 따라 적절한 양의 음식을 먹을 수 있도록 위의 표를 참고하세요.

유아식에서 식단표가 중요한 이유

식단표를 미리 준비하면 어떤 점이 좋을까요? 제일 큰 장점은 영양소 섭취 비율을 고려하여 설계한 식단표를 통해 꼼꼼하게 영양을 챙길 수 있다는 점이에요. 아이들에게 한 끼 식사는 올바른 성장의 밑거름이에요. '밥이 보약이다'라는 말처럼 어떤 영양제로도 보충할 수 없는 것이 영양가 있는 식사예요. 하지만 초보 엄마가 아이의 끼니마다 영양소를 고려한 메뉴를 준비하기는 쉽지 않아요. 육아와 집안일에 치이거나 부부가 맞벌이 하는 바쁜 상황에서 급하게 음식을 준비하다 보면 비타민, 무기질, 섬유질까지 신경 쓰기 어려운 건 당연해요. 미리 탄수화물, 단백질, 지방 등의 비율을 정하여 반찬을 구성해 두면 그때그때 고민할 필요 없이 바로 내어줄 수 있어요. 이처럼 미리 식단표를 준비해 두었다가 배식하는 것이 엄마도 편하고 아이 건강에도 좋아요.

또한 아이들은 먹는 양이 적어서 남는 식재료를 버리는 경우가 많아요. 미리 준비된 식단표에 따라 계획적으로 장을 본다면 식재료를 낭비 없이 소진하는 데 큰 도움이 될 거예요. 정해진 식재료만 구입하는 습관으로 식비가 절감되는 효과도 있어요.

영유아 발달 단계별 영양 설계 포인트

식단표 구성에서 가장 중요한 것은 5대 영양소의 균형을 맞추는 거예요. 영양소 섭취 권장 비율과 각 영양소의 역할을 살펴보고 이를 바탕으로 내 아이를 위한 균형 있는 식단을 구성해 보세요.

영양소 섭취 권장 비율

탄수화물 3 : 단백질 3 : 지방 1 : 비타민·무기질 6(야채 4, 과일 2)

출처: 보건복지부, 2020년 한국인 영양소 섭취 기준

탄수화물

신체와 두뇌의 유일한 에너지 공급원이자 신체에서 가장 중요한 에너지를 공급해요. 탄수화물이 부족한 경우에는 뼈나 근육을 만드는 데 중요한 단백질이 탄수화물의 대체제

로 사용되며 불균형한 성장이 이루어져요. 건강한 탄수화물은 쌀, 잡곡, 보리, 밀, 오트밀, 빵, 떡, 옥수수, 감자, 고구마, 단호박, 마 등에 함유되어 있어요.

단백질

근육, 피부, 뼈 등 신체 조직을 구성하는 영양소로 성장기 아이들에게 반드시 필요해요. 단백질은 아미노산들이 모여 만들어지는데, 20개의 아미노산 중 신체에서 생성되지 않아 음식으로 섭취해야 하는 필수 아미노산이 풍부한 단백질을 섭취하는 것이 좋아요. 또한 단백질은 동물성과 식물성으로 나뉘어요. 동물성 단백질은 필수 아미노산이 풍부하고 포화지방이 많은 반면, 식물성 단백질은 필수 아미노산이 동물성 단백질에 비해 부족하지만 포화지방이 비교적 적어요. 포화지방의 섭취량이 많으면 소아 비만으로 이어질 수 있으니 주의가 필요해요. 좋은 단백질 섭취를 위해서는 동물성 단백질과 식물성 단백질을 골고루 섞는 것이 좋아요. 필수 아미노산이 풍부한 동물성 단백질로는 소고기, 돼지고기, 닭고기, 생선, 달걀 등이 있어요. 포화지방이 적은 식물성 단백질로는 콩류, 두부, 견과류 등이 있어요.

   동물성 단백질 중 생선에는 오메가-3 지방산인 DHA(도코사헥사엔산), EPA(에이코사펜타엔산)가 다량 함유되어 있어요. 두뇌발달과 성장발달에 중요한 역할을 하지만 메틸수은 함량의 우려가 있어 권장 섭취량을 지키는 것이 좋아요. 메틸수은을 과다하게 섭취하면 10세 이하의 어린이, 임산부, 수유부(태아)의 신경계 발달에 영향을 줄 가능성이 있다고 해요.

연령별 어류 섭취 권고량

분류	1~2세	3~6세	7~10세
일반 어류 및 참치통조림	100g	150g	250g
1회 제공량(g/주)	15g/6회 제한	30g/5회 제한	45g/5회 제한
다랑어·새치류 및 상어류	25g	40g	65g
1회 제공량(g/주)	15g/섭취불가	30g/1회 제한	45g/1회 제한

출처 : 식품의약품안전처, 2017년 생선안전섭취가이드

생선 안전 섭취 가이드

일반 어류 및 참치통조림

갈치, 고등어, 꽁치, 광어, 넙치, 대구, 멸치, 명태, 민어, 병어, 우럭, 삼치, 숭어, 전어, 조기, 가다랑어 등

다랑어·새치류 및 상어류

참다랑어, 날개다랑어, 눈다랑어, 황다랑어, 백다랑어, 점다랑어, 황새치, 돛새치, 청새치, 녹새치, 백새치, 몽치다래, 물치다래, 칠성상어, 얼룩상어, 악상어, 청상아리, 곱상어, 귀상어, 은상어, 청새리상어, 흑기흉상어, 금눈돔, 다금바리, 붉평치, 먹장어, 은민대구 등

지방

성장기 아이들의 주요 에너지 공급원이자 여러 가지 호르몬을 만들고 몸을 구성하는 필수 영양소예요. 뿐만 아니라 지용성 비타민의 흡수를 돕고 단백질, 탄수화물보다 2배 이상의 열량을 내는 고효율 에너지원입니다. 지방은 단백질에 많이 섞여 있고 대부분의 간식에 포함되어 있으므로 별도로 섭취할 필요는 없어요. 유익한 영양소이지만 포화지방과 트랜스지방은 소아 비만 및 성인병을 유발할 수 있어요. 건강한 불포화지방산은 현미유(식물성 기름), 참기름, 들기름, 견과류, 치즈 등에 포함되어 있어요.

비타민

성장과 신진대사에 중요한 역할을 해요. 체내에서 합성이 불가능하고, 만약 합성을 하더라도 필요량을 충족시킬 수 없으므로 반드시 섭취를 통해 보충해야 하는 영양소예요.

비타민은 지용성 비타민과 수용성 비타민으로 나뉘어요. 지용성 비타민은 기름에 잘 녹는 비타민으로 기름과 함께 익히면 흡수율이 높아져요. 다만, 지용성 비타민은 체내에 축적될 수 있으니 과량 섭취하지 않도록 주의해요. 지용성 비타민의 대표적인 식재료는 당근, 토마토, 파프리카 등이에요.

수용성 비타민은 엽산과 비타민C가 풍부한 반면, 지용성 비타민에 비해 열 손실이 크고 조리 과정에서 영양소 손실의 우려가 있어요. 조리 시 끓는 물에 살짝 데쳐 먹는 것이 영양 손실을 줄일 수 있는 좋은 방법이에요. 수용성 비타민은 과도하게 섭취해도 소변으로 배출되어 걱정 없어요. 대표적인 식재료는 시금치, 브로콜리가 있어요.

연령별 칼슘과 철분 섭취량

분류	1~2세	3~5세
칼슘	500mg	600mg
철분	6mg	6mg

무기질

사람의 몸을 유지하고 구성해요. 골격이나 조직, 혈액 등을 만들어 생체를 유지하는 중요한 영양소입니다. 주요 영양소의 신진대사를 원활하게 돕고 신체 기능을 조절해요. 무기질에는 칼슘, 철분, 아연, 칼륨, 나트륨, 마그네슘 등 16가지가 있는데 그중 아이들의 올바른 성장과 골격 형성을 돕는 칼슘과 철분은 매일 섭취하는 것이 좋아요. 그럼 칼슘과 철분이 어떤 무기질이고 얼마나 섭취하는 것이 바람직한지 살펴볼까요?

칼슘

칼슘은 뼈와 치아를 만드는 데 사용되며, 심장 건강, 근육 기능에도 도움을 줘요. 칼슘이 부족하면 뼈의 칼슘이 빠져나오기 때문에 매일 권장량의 칼슘을 섭취하는 것은 정말 중요해요.

돌 이후 아이들은 우유 500ml를 먹어야 한다는 말이 있죠? 그 이유는 우유를 통한 칼슘 섭취가 가장 쉽고 효과적이기 때문이에요. 유당 알레르기가 있다면 우유 아닌 다른 식재료를 섭취해야 해요. 우유 외에 칼슘이 풍부한 식재료에는 치즈, 요거트, 멸치, 두부, 굴, 케일 등이 있어요.

철분

산소를 공급하는 중요한 역할을 해요. 철분이 부족하면 식욕이 없어지고 컨디션이 나빠져요. 빈혈이 생길 수 있어 철분 섭취는 필수예요. 간혹 아이가 자꾸 보챈다면 철분이 부족하지 않은지 의심해 보세요. 철분은 헴철과 비헴철로 구분되는데, 헴철이 15~25%로 흡수율이 높은 편이에요. 헴철 식재료에는 붉은 고기류(소고기, 돼지고기, 닭고기, 양고기, 연어 등)가 있어요.

나트륨

또 다른 무기질로 우리 몸의 미네랄, 수분의 밸런스를 조절하는 중요한 역할을 해요. 나트륨은 과도하게 섭취하면 안 되지만 부족해서도 안 돼요. 나트륨이 부족하면 체온 조절에 어려움이 생기고, 산소를 조직 세포로 이동시키는 적혈구의 움직임을 막아 소화불량, 식욕저하, 간 기능 불량, 신장 질환까지 발생할 수 있어요. 과다하게 섭취하면 고혈압과 갈증을 유발하거나 붓기가 오래가는 등 다양한 증상이 나타나요. 또한 불안하거나 스트레스가 심해지고 위궤양이나 위암으로 발전할 수 있으니 조심하세요.

영양소별 식판 구성

탄수화물 식재료
밥, 빵, 떡, 국수, 스파게티, 감자, 고구마, 옥수수, 현미 등

단백질 식재료
동물성 단백질:
소고기, 돼지고기, 닭고기, 생선, 새우, 꽃게, 오징어, 조개류, 달걀 등
식물성 단백질:
두부, 콩, 견과류 등

지방 식재료
견과류, 현미유, 참기름, 들기름, 치즈, 버터 등

비타민·무기질·식이섬유 식재료
당근, 가지, 콩, 파프리카, 애호박, 무, 부추, 시금치, 청경채, 비타민, 브로콜리, 양배추, 양파, 버섯, 과일류, 미역, 김, 톳 등

칼슘 식재료
우유, 치즈, 요거트, 멸치, 두부, 굴, 케일 등

철분 식재료
소고기, 돼지고기, 달걀, 두부, 시금치, 브로콜리, 비트, 연어, 조개 등

유아식 맛있게 잘 먹이는 법

✓ 개월별 식사 권장량에 맞는 식단을 준비해요

아이가 올바르게 성장하도록 돕는 개월별 식사 권장량을 참고하여 식단을 준비하면 비만을 예방하고 건강한 신체를 만들 수 있어요. (P.017 참고)

✓ 식사는 하루 3번, 간식은 하루 2번을 꼭 지켜요

아이는 소량 먹고 열량을 빨리 소모해요. 식사와 간식은 2시간 간격으로, 아침 식사 – 오전 간식 – 점심 식사 – 오후 간식 – 저녁 식사의 패턴이 적절해요. 이러한 패턴을 지키면 아이의 소화 기능에 부담이 적고, 패턴이 꾸준히 유지되면 아이가 스스로 배꼽시계를 맞추게 돼요.
아이가 간식을 건너뛰면 밥을 더 잘 먹을 거라고 생각할 수도 있지만, 공복이 오래 지속

08:00	아침 식사
10:00	오전 간식
12:00	점심 식사
15:00	오후 간식
18:00	저녁 식사

되면 오히려 배고픔을 느끼지 못하게 되어 식사량이 줄어들어요. 2시간 간격으로 음식을 섭취해주어야 식욕이 생겨요.

✓ 5대 영양소를 골고루 섭취할 수 있도록 식단을 구성해요

수유가 끝나고 이유식을 마친 아이는 걷거나 물건을 집어요. 이맘때쯤이면 아이는 활동량이 많아져 전보다 많은 열량이 필요해요. 유아식을 통해 활동 에너지원이 되는 탄수화물, 단백질, 지방과 신진대사를 원활하게 하고 골격과 근육 형성에 필요한 비타민, 무기질을 골고루 섭취하는 것이 중요해요. 5대 영양소를 골고루 먹는 것은 신체 발달뿐 아니라 면역력 강화, 두뇌 발달에도 영향을 줘요. 무조건 많이 먹는 것보다 영양소를 균형 있게 배분하여 건강한 식재료를 먹는 것이 중요해요.

✅ 씹는 연습이 중요해요

유아식은 이유식처럼 미음이나 죽이 아니라 성인의 식사와 같은 형태(밥, 국, 반찬)의 음식이에요. 채소와 고기의 입자가 아주 작지 않고 반찬 또한 여러 가지 종류를 함께 먹게 되는데, 아이가 처음 접해보는 음식을 낯설어 하는 것은 당연해요. 부드러운 음식만 먹던 아이의 입에 입자가 큰 음식이 들어가면 거부감을 느껴 뱉어내기도 하지요. 유아식은 아이에게 새로운 도전이에요. 부모가 옆에서 함께 식사를 하며 아이가 음식을 잘 씹을 수 있도록 도와주세요. 씹는 행동은 소화뿐만 아니라 두뇌 발달에도 도움이 됩니다.

✅ 아침은 든든하게 먹어요

아침 식사는 아이의 하루 두뇌 활동을 결정하는 중요한 에너지입니다. 자는 동안 멈춰있던 뇌와 장기들이 아침 식사로부터 에너지를 얻어 움직여요. 따라서 아침은 꼭 먹어야 해요. 그렇다면 아침에 어떤 음식을 먹이는 것이 좋을까요? 하루를 시작하는 첫 에너지로 5대 영양소를 골고루 섭취할 수 있도록 하는 것이 좋아요. 만약 아이가 밥을 먹기 부담스러워한다면 다양한 반찬이 담긴 식판식보다 영양소를 골고루 갖춘 한 그릇 음식으로 만들어 주세요. 아이가 좋아하는 식재료를 사용해서 요리하면 아침 식사 시간이 더 즐겁겠죠?

✅ 아이가 스스로 먹을 수 있도록 해요

아이들은 아직 손 근육이 잘 발달되지 않아 수저를 완벽하게 사용하기 어려워요. 그러니 손으로 집어먹거나 흘려 식탁 주변이 더러워지는 일이 많아요. 부모의 입장에서는 아이를 도와주고 싶고 지저분해지는 것이 싫기도 해서 떠먹여주곤 해요. 하지만 부모가 먹여주는 스푼 피딩feeding은 아이의 즐거운 식사를 방해하는 요인이 될 수 있어요. 아이가 손으로 식재료를 탐구하고 느끼며 식사 시간을 즐겨야 하는데, 엄마의 도움이 아이 스스로 먹고 싶은 음식을 결정하는 기회를 빼앗아요. 아이가 스스로 어떤 반찬을 어떻게 먹을지 선택할 수 있도록 응원하고 격려해 주세요.

✓ 가족이 다함께 식사해요

어른들도 혼자 먹는 밥은 맛이 없지요? 그건 아이도 마찬가지예요. 아이와 같은 음식을 먹지 않더라고 옆에서 함께 식사를 하는 것이 좋아요. 아이를 지켜보며 "맛있다! 우리 베리 잘 먹네!"와 같은 말들을 건네주세요. 아이가 부모의 관심 속에서 식사를 하는 것은 아주 중요해요. 식사 분위기가 좋아지는 것은 물론 옆에서 수저를 사용하는 방법, 씹는 모습 등을 자연스레 모방하며 학습할 수 있어요. 올바른 식사 예절을 배울 수 있는 좋은 기회이기도 하지요.

✓ 다양한 식재료로 흥미를 이끌어 내요

다양한 식재료로 다채로운 메뉴를 구성하세요. 아이가 좋아하는 식재료만 반복해서 먹이면 영양이 불균형해지고, 식사에 대한 흥미도 떨어져요. 아직 말로 표현할 수 없는 아이는 식사 시간에 딴청을 피우거나, 음식으로 장난만 치거나, 아예 식탁에 앉지도 않는 등 행동으로 '먹고 싶지 않다'는 표현을 해요. 다양한 식재료로 구성된 새로운 밥상은 아이에게 식사에 대한 큰 재미를 줄 거예요. 아이가 '오늘은 어떤 메뉴일까?'하는 눈빛으로 식탁에 앉아 기다리는 모습은 생각만 해도 행복해요.

제철 식재료와 효능

🩹 질병 : 감기　　**봄**

🩹 질병 : 장염, 수족구　　**여름**

🏥 질병 : 독감　　　　　　　　　　가을

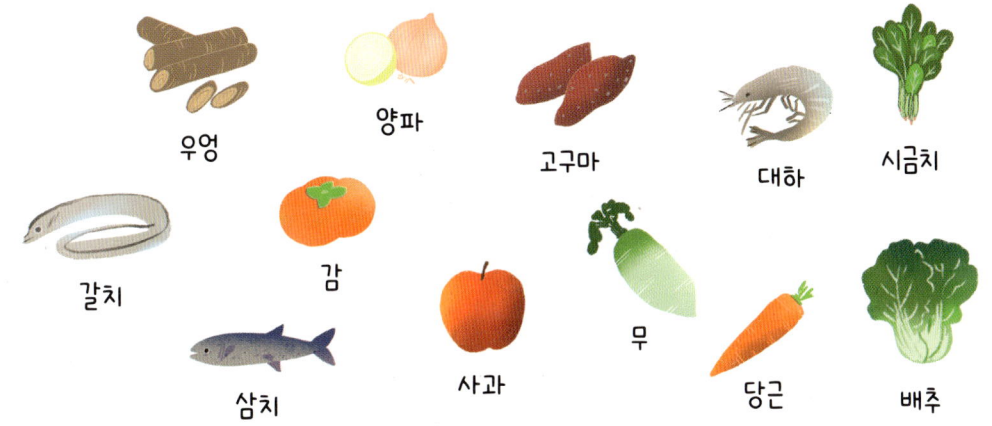

🏥 질병 : RSV, 인후두염, 파라바이러스　　겨울

가자미 단 제철 : 10~12월

효능 비타민 B1이 풍부해서 뇌와 신경에 필요한 에너지를 공급해요. 학습량이 많은 아이들의 뇌에 스트레스 해소 역할을 해요. 단백질과 필수 아미노산이 풍부해 피부 활력과 소아 비만에도 탁월해요.

 가지 제철 : 4~8월

효능 칼로리가 낮고 수분 함량이 높아 소아 비만 예방에 좋아요. 가지의 안토시아닌 색소는 항암 효과가 있다고 알려져 있지요. 비타민A·B1·B6·C·E까지 고루 갖춘 영양가 높은 식재료예요.

 갈치 단 제철 : 7~10월

효능 불포화지방산이 풍부해 두뇌 발달, 기억력 향상에 도움이 돼요. 뇌를 많이 쓰는 성장기 아이들에게 효과적이에요. 간식을 많이 먹는 아이의 체내 중성지방을 제거하고 혈액순환을 도와줘요.

 감 제철 : 9~10월

효능 각종 비타민과 미네랄은 물론 항산화제로 작용하는 식물성 천연화합물이 풍부해요. 눈 건강과 소염 및 항염 작용으로 면역력을 높여 전반적인 건강에 큰 도움을 줘요.

 감자 탄 제철 : 6~10월

효능 탄수화물은 물론 단백질, 비타민까지 풍부해요. 감자의 폴리페놀과 아르기닌 성분이 위점막을 보호해 소화가 잘되지 않을 때 큰 효과가 있어요. 항염증 효과도 있어 민감한 피부를 진정시켜줘요.

 고구마 탄 제철 : 8~10월

효능 3대 영양소는 물론 칼륨, 인, 철 등 영양소가 풍부해요. 칼륨은 몸에 있는 나트륨을 배출하는 데 효과적이라 짠 음식을 많이 먹는 아이에게 도움을 줄 수 있어요. 식이섬유가 많아 변비 예방도 돼요.

 냉이 제철 : 3~4월

효능 시금치 2배 이상의 단백질을 가지고 있고, 비타민 B1이 많아 봄날 활동이 많아진 아이의 원기 충전에 탁월해요. 베타카로틴과 칼륨이 많아 혈액의 노폐물을 배출하는 효과도 있답니다.

 늙은호박 탄 제철 : 10~12월

효능 노란 과육에는 칼륨, 베타카로틴, 비타민C, 레시틴이 풍부해 이뇨 작용에 효과적이에요. 이뇨 작용을 통해 노폐물과 나트륨을 배출해주고 소화 흡수가 뛰어나 회복기의 아이들에게 좋아요.

 다슬기 단 제철 : 5~6월

효능 아미노산과 타우린이 풍부하게 들어있어 간을 보호해요. 또한 아세트알데하이드가 손상된 간 기능을 도와줘요. 마그네슘과 미네랄이 풍부해 소화력을 향상시켜 변비도 예방할 수 있어요.

 ### 당근　　제철: 9~11월

효능 당근의 풍부한 베타카로틴은 체내로 흡수되면 비타민A로 전환되어 눈을 보호해요. 알파카로틴은 강력한 항암 작용을 해요. 칼슘, 마그네슘이 치아 발달과 골격 유지에 도움을 줘요.

 ### 대하 단　　제철: 9~12월

효능 고단백 저지방 식품으로 소아 비만을 예방하고, 칼슘 성분이 매우 높아 아이의 성장발육에 효과적이에요. 아스파라긴산이 풍부해 피로를 유발하는 젖산을 제거해줘 피로 회복에 좋아요.

 ### 마늘　　제철: 3~5월

효능 알리인과 알리신이라는 성분이 풍부하여 혈압을 조절해요. 항산화 성분도 풍부하여 몸의 각종 균을 관리해줘요. 아이들이 잘 걸리는 감기도 균에 해당하여 감기 예방에도 탁월해요.

 ### 마늘종　　제철: 3~5월

효능 마늘이 가지고 있는 알리신을 포함하여 비타민K, 클로로필이 함유되어 있어요. 이러한 성분이 혈액 순환을 원활하게 해서 수족냉증이 있는 아이에게 도움을 줄 수 있어요. 항염, 항균 작용에도 효과적이에요.

 ### 무　　제철: 10~12월

효능 사과보다 비타민C가 10배 많은 무는 감기 예방에 효과적이에요. 무에 들어있는 디아스티아제라는 효소는 소화를 촉진하고 장기를 민감하지 않게 다스려 노폐물을 제거해요. 또한 기침을 그치게 하는 데도 도움을 줘요.

 ### 미나리　　제철: 3~12월

효능 대표적인 알칼리성 식품으로 고지방 식품을 많이 먹는 아이들에게 도움을 줘요. 비타민, 무기질, 칼륨이 풍부해 체내의 독소 배출과 해독 효과가 있어요. 식이섬유가 풍부하여 변비도 개선할 수 있어요.

 ### 배추　　제철: 11~12월

효능 카로틴과 각종 비타민, 미네랄 성분이 풍부해요. 수분 함량이 상당히 높아 장운동을 활성화하여 변비 예방에도 뛰어난 효능이 있어요. 글루코시놀레이트라는 성분은 항암 작용에도 탁월해요.

 ### 부추　　제철: 3~9월

효능 비타민A와 C가 독소를 해독하고 세포 파괴를 막아줘요. 또한 부추에 함유된 비타민B는 알리신 성분과 결합하여 흡수율을 높여 피로 해소에 도움이 되고 면역력 증진에 효과적이에요.

 ### 사과　　제철: 10~12월

효능 풍부한 섬유질, 각종 비타민, 미네랄, 항산화 성분이 풍부해 혈관과 심장 건강에 도움을 주고 변비에도 효과적이에요. 변비를 달고 사는 아이들에게 아침의 사과가 많은 도움이 돼요.

※ 탄 탄수화물　단 단백질

 **삼치** 단　　　　　　제철: 10~2월

효능 비타민D, 칼슘, 아연, 엽산, 인, 철분, 무기질 등의 풍부한 영양소가 성장기 어린이의 뼈를 강하고 튼튼하게 만들어줘요. 뿐만 아니라 DHA 성분이 다량 함유되어 있어 두뇌 발달에 도움이 되고, 루테인이 풍부하여 눈 건강에 도움을 준답니다.

 양배추　　　　　　제철: 3~6월

효능 식이섬유가 브로콜리의 5배, 당근의 3배 이상으로 장의 유익균의 먹이가 되어 장 건강에 큰 도움을 줘요. 위점막의 재생을 돕고 염증을 완화시켜요. 또한 비타민C도 함유되어 있어 피부가 예민한 아이에게 피부 재생력을 돕기도 해요.

 시금치　　　　　　제철: 2~11월

효능 비타민K, 칼슘, 마그네슘, 철분, 인, 구리, 망간이 풍부하여 뼈 건강에 도움이 돼요. 또한 질산염이 혈액의 흐름을 개선하는 역할을 해 심장을 보호해요. 노폐물 배출을 촉진시키는 칼슘 덕분에 여러 가지 질환을 예방할 수 있어요.

 양파　　　　　　제철: 7~9월

효능 플라보노이드 및 황 화합물과 같은 다양한 항산화제가 포함되어 있어요. 이러한 성분은 만성적인 질병을 개선하는 데 도움을 줘요. 염증에 효과적인 케르세틴도 들어있어 감기에 효과가 좋아요.

 아스파라거스　　　　　　제철: 4~5월

효능 아미노산 종류인 아스파라긴산을 다량 함유하고 있어요. 풍부한 엽산이 영양 보충에 큰 도움을 줘요. 또한 루테인과 비타민B는 심장과 혈액순환을 원활하게 하여 나트륨 배출에 효과적이에요.

 연근　　　　　　제철: 10~3월

효능 식이섬유와 수분이 풍부하여 장 운동을 촉진하는 데 도움을 줘요. 또한 비타민C와 카로티노이드 등이 함유되어 면역력 강화에 효과적입니다. 저칼로리 식품이라 소아 비만도 예방해요.

 애호박　　　　　　제철: 3~10월

효능 식이섬유가 풍부하여 변비를 예방하고 소화 기능을 도와줘요. 식이섬유는 체내 유해 물질을 제거하는 효과도 있어요. 저칼로리로 유명한 애호박은 수분이 많이 함유되어 있어 소아 비만을 예방할 수 있어요.

 열무　　　　　　제철: 7~9월

효능 무기질과 비타민C가 풍부해 면역력을 높여줘요. 비타민A는 눈 점막을 튼튼하게 하여 시력 보호에도 아주 효과적이에요. 식이섬유가 풍부하고 전분을 분해하는 효소를 가지고 있어 소화 기능을 높여줘요.

 **오이**　　　제철 : 4~7월

효능 수분과 칼륨이 풍부한 오이는 아이가 열이 많이 날 때 해열제 역할을 하며 체내 노폐물 배출로 면역력에 도움을 줘요. 엽록소와 비타민C가 풍부해서 염증성 피부질환을 가진 아이들에게 효과적이에요.

 파프리카　　　제철 : 5~7월

효능 비타민C가 아주 풍부해서 비타민 공급에 좋아요. 비타민C는 면역력 강화에 도움이 되고 신진대사를 원활하게 해줄 수 있어요. 철분 또한 높아 빈혈 예방에도 효과가 좋아요. 베타카로틴도 함유되어 있어 암과 심혈관 질환을 예방해요.

 우엉　　　제철 : 1~3월

효능 몸에 이로운 이눌린과 리그닌 섬유질이 풍부하게 들어있어 소화를 돕고 장을 건강하게 해요. 이뇨 작용도 촉진하여 소변과 함께 나트륨도 배출해요. 건선이나 습진과 같은 피부 문제를 완화하는 데도 효과적이에요.

피망　　　제철 : 4~12월

효능 피망도 파프리카만큼 비타민C가 아주 풍부해 면역력 증강에 좋아요. 비타민A, 철분, 베타카로틴, 칼륨 등 다양한 무기질 성분이 함유되어 있어요. 열량이 적어 소아 비만 예방에도 큰 도움이 되고 빈혈도 예방해요.

 주꾸미 단　　　제철 : 3~4월

효능 근육 형성과 유지에 필수인 아미노산을 다량 함유하고 있어요. 성장기 아이들에게는 꼭 필요한 성분이에요. 철분, 아연, 인, 칼슘, 마그네슘 등 미네랄이 풍부해 각종 신체 기능을 조절해요.

 황태 단　　　제철 : 3월

효능 보양식으로 아주 좋은 재료예요. 폴리페놀류와 카로티노이드가 풍부하게 함유되어 있어 강력한 항산화 효과를 자랑해요. 칼슘과 인도 풍부해 아이들의 뼈 건강을 유지하는 데 탁월해요.

 취나물　　　제철 : 3~5월

효능 칼슘, 철분 및 비타민A가 풍부하게 들어 있어 피로회복과 시력을 보호해줘요. 칼륨 성분이 많은 알칼리성 재료로 몸에 쌓여 있는 염분을 배출해줘요. 플라보노이드 및 사포닌 성분도 들어있어 항산화 효과도 풍부해요.

※ 탄 탄수화물　단 단백질

유아식 기본 준비물

계량컵·계량스푼·저울

음식의 양을 정확하게 측정하는 계량 도구가 필요해요. 계량컵은 육수 등 액체의 양을, 계량스푼은 소량으로 사용하는 양념의 양을, 저울은 식재료의 무게를 재는 데 사용해요.

작은 냄비·팬

아이들 음식은 양이 적어 작은 팬이나 냄비에 조리하는 것이 실용적이에요. 큰 팬을 사용하면 양념이 재료에 고루 배지 않거나, 소스나 육수가 빨리 증발해 재료가 익기도 전에 탈 수 있어요. 지름이 14~18cm 정도의 소형 냄비와 팬이 활용도가 높아요.

채망

재료를 세척하거나 건더기를 건져낼 때 사용해요. 부침가루, 밀가루 등 가루류의 덩어리를 부수기도 좋아요. 소, 중, 대 크기별로 구비하여 다양하게 활용하세요.

실리콘 큐브

실리콘 재질로 된 이유식 큐브에 재료를 소분하여 얼려두면 필요할 때 간편하게 사용할 수 있어요. 소량 사용하는 유아식의 경우 특히 활용도가 높아요. 실리콘 재질이라 환경호르몬으로부터 안전하고 재질이 부드러워 재료를 꺼내기 쉬워요.

믹서 또는 핸드블렌더

치아 발달이 안 된 아이는 잘 씹지 못해 재료를 잘게 다지거나 갈아서 요리하는 일이 많아요. 믹서는 재료를 섞어 갈아내고, 핸드블렌더는 냄비나 볼에 바로 넣어 사용할 수 있어요.

밀폐용기

미리 만들어 둔 음식이나 먹고 남은 음식을 보관할 용기가 필요해요. 환경호르몬 걱정 없는 무독성 제품으로 선택하세요. 반찬 보관 용기는 제오닉 나눔찬통을 추천해요. 전자레인지, 식기세척기 사용이 가능하고 칸마다 분리되어 있어 보관과 세척이 간편해요.

식판

실리콘 흡착 식판은 유아식 초기에 많이 사용해요. 전자레인지 사용, 열탕 소독이 가능해 편하게 쓸 수 있어요. 단, 색이 강한 식재료의 색이 밸 수 있어요. 플라스틱 식판은 가격이 저렴하고 다양하지만 식판이 고정되지 않아 식탁 위에서 잘 움직여요.

수저와 포크

스테인리스 제품은 세척이 편리해요. 음식을 집어먹기도 좋지만 안전상의 주의가 필요해요. 플라스틱 제품은 가볍지만 열탕 소독이 불가능해요. 실리콘 제품은 세척이 편하고 안전하지만 다른 소재에 비해 음식을 집기 어려워요.

방수 턱받이

유아식을 막 시작한 아이들은 손으로 음식을 집어먹고 식재료를 만지며 촉감을 즐기기도 해요. 그런 아이들은 입는 턱받이나 하이체어와 일체형으로 결합되는 턱받이가 편리해요. 스스로 잘 먹는 아이에게는 얇고 가벼운 방수 턱받이가 실용적이에요.

휴대용 선풍기

갓 만든 음식은 너무 뜨거워 아이가 잘 먹지 못해요. 입으로 후후 불어서 주는 것은 비위생적이고, 손부채질은 속도가 너무 느려요. 아이도 사용할 수 있을 정도의 작은 휴대용 선풍기로 음식을 식히면 편리해요.

유아식 기본 양념

소금
우윳빛이 돌고 잘 부서지는 알갱이가 좋아요. 풍미를 높이기 위해 첨가물을 넣은 맛소금은 추천하지 않아요.

베리밥상 Pick!

[아이배냇] 칼슘 순 소금
호주의 호수에서 계절 주기에 따른 자연 친화적인 수확 방식으로 채취한 소금이에요. 아이용 소금이라 나트륨 함량도 비교적 낮아요.

설탕
설탕은 정제 과정에서 영양소가 없어지고 열량이 높아지기 때문에 비정제 설탕(마스코바도)이 좋아요. 충치나 소아 비만을 유발하니 너무 많이 먹이지 않도록 주의하세요. 베리밥상 레시피처럼 설탕 대신 올리고당, 과일즙으로 대체해도 괜찮아요.

베리밥상 Pick!

[마스코바도] 비정제설탕
100% 사탕수수와 원당으로 식이섬유, 폴리코사놀, 무기질을 함유하고 있어요.

[상하농원] 유기농 이소말토 쌀올리고당
100% 유기농 재료로 만들어 건강한 단맛을 내며 자극적이지 않아요.

간장

간장은 T.N지수(질소함량)가 높은 것(1.3% 이상)이 좋아요. 합성보존제가 없고 색을 진하게 만들기 위한 색소를 넣지 않은 제품으로 구입하세요.

베리밥상 Pick!

[상하농원] 발효공방 1000일 숙성 한식 간장
국내산 재료를 사용해 전통 재래방식으로 만든 제품이에요. 국산 콩과 3년 이상 간수를 뺀 천일염을 1000일간 숙성시켜 조금만 사용해도 깊은 맛을 내요.

된장

된장은 성분표에 한식된장이라고 표기된 것을 구입하세요. 또한 향미증진제와 보존제 등 식품첨가물 함량이 적은 것이 좋아요. 밀가루, 즉 소맥분의 함량이 적은 제품인지도 확인하세요. 가장 좋은 된장은 전통된장이고 국산대두와 천일염으로 만든 제품이에요. 제조일로부터 3개월 이상 지난 것이 더 숙성되어 맛있으니 제조일자도 체크하세요.

베리밥상 Pick!

[얼라맘마] 저염된장
국산 콩 100%를 사용해 재래된장 제조 방식으로 만든 제품이에요. 또한 저염된장이라 나트륨 걱정 없이 안심하고 사용하고 있어요.

기름

요리에 사용하는 기름은 저온압착유가 좋아요. 화학용매추출(핵산)로 가공된 오일, GMO 작물로 제조한 것, 오메가-6 지방산이 많은 것은 추천하지 않아요. 주로 현미유를 사용하고, 튀김 요리에는 엑스트라 버진 아보카도 오일을 사용해요.

베리밥상 Pick!

[라온] 현미유
국내산 100% 현미를 추출하여 정제한 순식물성 식용유예요. 발연점이 높아 열을 많이 사용하는 볶음이나 튀김 요리에 적합해요. 콜레스테롤이 없으며 트랜스지방에도 안전해요.

참기름
음식에 조금만 넣어도 요리의 풍미를 높여주는 참기름은 연한 색을 띠며 국산 통참깨를 저온 압착한 제품을 선택하세요. 참깨의 고소한 맛과 영양 성분이 그대로 살아있어요.

베리밥상 Pick!

[한살림] 참기름
국산 참깨만 저온에서 볶아 맛이 깔끔한 제품이에요. 저온에서 볶으면 영양 손실이 적고 벤조피렌 발생을 최소화할 수 있어요.

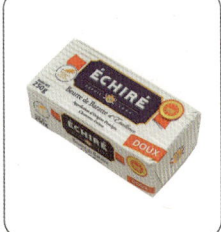

버터
버터는 유지방 함량 80% 이상이고 100% 우유로 만든 제품을 구입하세요. 식품첨가물은 유크림, 유산균, 소금 정도만 포함된 제품이 좋아요.

베리밥상 Pick!

[에쉬레] 무염버터
유지방 함량 98% 이상, 프랑스산 우유 100%로 만든 천연버터예요. 첨가물이 유크림, 젖산, 소금만 포함되어 있어 건강한 제품이라 안심하고 먹일 수 있어요.

마요네즈
마요네즈는 70% 오일로 만들기 때문에 어떤 종류의 오일을 사용했는지가 가장 중요해요. 올리브오일, 아보카도 오일, 유기농 대두유 등을 사용한 제품을 추천해요. 트랜스지방이 0%이고 산화방지제가 첨가되지 않은 제품이 좋아요.

베리밥상 Pick!

[잇츠베러] 비건 마요네즈
약콩을 사용하여 콜레스테롤, 지방, 나트륨, 칼로리를 1/3 정도 낮춘 제품이에요. 합성보존제를 함유하고 있지 않아요.

케첩

모든 음식에 잘 어울리는 만능 소스 케첩은 설탕 함유량이 적고 인공첨가제가 없는 제품을 구입하세요. 유기농 제품이 좋지만 유통기한이 짧으니 사용할 때 주의하세요.

베리밥상 Pick!

[하인즈] 오가닉 케첩
아이들이 너무 좋아하는 케첩은 언제나 당 함량이 걱정이에요. 하인즈 유기농 케첩은 당 함량을 줄이고 모든 재료를 유기농 인증 받은 제품으로 만들었어요.

굴소스

굴에서 나오는 진한 국물을 소금, 전분과 섞어 만든 소스예요. 조금만 넣어도 중국 음식이나 아시아 요리의 풍미를 낼 수 있어요. 굴의 함량이 많고 첨가물이 적은 제품을 고르세요.

베리밥상 Pick!

[한살림] 국산굴로 만든 굴소스
국산 생굴로 만든 제품이에요. 굴 함량이 47%로 시중의 굴소스 보다 높아 조금만 사용해도 깊은 맛이 나요.

파프리카 가루

아직 매운 음식을 먹지 못하는 아이에게 빨간 요리에 대한 거부감이 생기지 않도록 파프리카 가루를 사용해요. 음식의 색을 빨갛게 만들어주는 파프리카 가루는 매운맛에 익숙하지 않은 아이도 먹을 수 있어요. 일반 마트의 파프리카 시즈닝 제품 중에는 가염되어 있고 첨가물로 맛을 더한 제품도 많으니 구매 시 주의하세요.

베리밥상 Pick!

[심플리오가닉] 파프리카 가루
스페인 파프리카를 유전자 변형과 발암물질 성분 없이 만든 유기농 제품이에요. 매운맛이 약간 가미되어 있어 매운 음식에 익숙해지는 데 도움이 돼요.

카레 가루

카레 가루 하나로 여러 가지 야채를 넣은 카레를 쉽게 만들 수 있어요. 카레 가루를 고기 요리에 조금 넣으면 잡내도 없어지고 특유의 풍미가 있어 재료의 맛이 살아나요. 밀가루 대신 쌀가루로 만든 제품이 건강해요.

베리밥상 Pick!

[순한밥상] 우리쌀 카레 가루
화학첨가물 없이 국산 유기농 쌀, 유기농 채소, 유기농 설탕, 한우 등을 넣고 만든 제품이에요. 순한맛이라 아이가 부담 없이 먹기 좋아요.

짜장 가루

짜장 가루로 짜장면을 쉽게 만들 수 있어요. 춘장을 직접 볶으면 기름이 많이 사용되어 짜장 가루를 쓰는 게 더 좋아요. 밀가루 대신 쌀가루를 사용한 제품이 건강해요.

베리밥상 Pick!

[토리] 비건 짜장 가루
국내산 쌀 춘장과 유기농 설탕을 사용해 만든 제품이에요. 방부제와 첨가제, 색소 없이 안전한 식재료로 만들어 알레르기 걱정도 없어요.

부침가루

부침가루에는 약간의 간이 첨가되어 있어 전을 만들 때 유용해요. 시중에는 마늘 가루나 양파 가루를 넣어 풍부한 맛을 내는 부침가루가 많은데, 첨가물이 들어간 경우도 있으니 구매할 때 주의하세요.

베리밥상 Pick!

[한살림] 부침가루
무농약 국산 밀가루에 국산 감자 가루, 국산 쌀가루를 배합하여 만들었어요.

쌀가루

부침가루와 마찬가지로 전을 만드는 데 유용해요. 쌀만 갈아놓은 가루라서 간이 되어 있지 않아요. 쌀가루는 구울 때 겉이 바삭하지만, 식기 시작하면 진득하게 변하니 만들어 바로 먹지 않는다면 뭉쳐서 보관하지 마세요. 보관해둔 요리를 다시 배식할 때는 팬에 바삭하게 구워야 맛있어요.

베리밥상 Pick!

[햇살마루] 골드 강력쌀가루 국산
100% 국산 쌀로 만든 제품이에요. 빵이나 전을 구울 때 사용해요.

들기름

들기름은 연한 색의 국산 통참깨를 압착한 생들기름이 좋아요. 압착 온도는 49℃가 좋답니다. 기름은 산화되기 쉬우니 작은 용량의 제품을 자주 구입해 사용하세요.

깨

깨는 국산 통깨라고 표기되어 있는 제품을 권장해요.

후추

후추는 잘 건조되고 이물질이 없는 것이 좋아요.

기본 계량법

이 책의 레시피는 모두 계량스푼을 기준으로 만들었어요. 모든 요리는 양념의 비율과 양이 중요하므로 익숙해질 때까지 계량스푼을 사용하는 것을 권장해요. 유아식처럼 소량 만드는 경우에는 1/8작은술, 1/4작은술, 1/2작은술이 포함된 계량스푼이 좋아요.

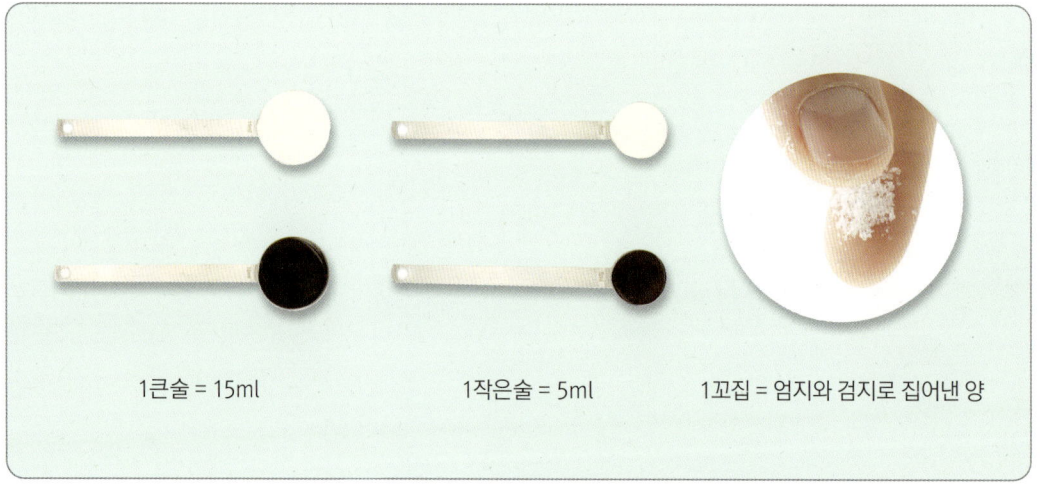

1큰술 = 15ml   1작은술 = 5ml   1꼬집 = 엄지와 검지로 집어낸 양

재료 썰기 방법

깍둑썰기
정육면체로 써는 방법으로 가로세로 길이를 비슷하게 썰어요.

나박썰기
재료 모양 그대로 얇게 썰거나 정사각형 또는 직사각형으로 얇게 썰어요.

어슷썰기
대파처럼 긴 재료를 가로로 비스듬하게 썰어요.

숭덩숭덩 썰기
모양이 중요하지 않고 작게 썰 때 사용해요. 주로 믹서에 갈거나 삶아서 으깨기 위해 써는 방식이에요.

채썰기
재료를 얇게 편으로 썰어 겹친 후 길쭉한 형태로 썰어요. 아주 가는 스틱 모양이에요.

작은 입자로 썰기
다지는 것보다는 입자가 큰 1~2mm 크기의 사각으로 썰어요.

다지기
채썬 다음 가지런히 모아 아주 작은 입자로 썰어요. 모양이 거의 없어요.

칼면으로 으깨기
콩 등 덩어리가 있거나 부드러운 식재료를 곱게 만들 때 칼면으로 꾹꾹 눌러 으깨요.

재료 손질 및 보관 방법

육류

육류는 단백질을 보충하는 가장 보편적인 재료예요. 고기 종류에 따라 성질이 조금씩 다른 만큼 손질법과 보관법에도 차이가 있어요. 사용하고 남은 고기는 20g 또는 40g씩 소분하여 실리콘 큐브나 밀폐용기에 보관하세요. 냉장고에서 2~3일, 냉동실에서 2주 내로 보관하였다가 사용하는 것이 좋아요.

소고기

소고기는 핏물이 많이 나오는 편이라 **해동지로 겉면의 핏물을 닦은 뒤** 사용해요. 안심은 기름이 적어 다른 손질이 필요 없고, 불고기감에 붙어 있는 지방은 제거하세요.

핏물 제거

돼지고기

돼지고기도 해동지로 겉면의 핏물을 닦아낸 후 사용해요. 육질이 단단한 등심은 고기 망치로 두드려 부드럽게 만들어요. 고기 망치가 없다면 **포크나 칼끝으로 쿡쿡 찍어 연하게 만드는 방법**도 있어요. 등갈비나 등뼈처럼 뼈가 함께 있는 부위는 찬물에 1시간 이상 담가 핏물을 빼주어야 잡내가 사라져요. 찬물을 빼는 과정에서 물을 여러 번 갈아주세요.

육질 연하게 만들기

닭고기

닭고기는 육질이 부드럽고 요리하기 쉬워요. 가장 많이 쓰는 **닭안심은 힘줄이 끝에 붙어 있어 손으로 힘줄을 잡고 칼등으로 긁어** 살만 사용해야 훨씬 부드러워요.

닭안심 힘줄 제거

닭봉이나 닭날개는 껍질에 깃털이 붙어있지는 않은지 확인하고 생강즙이나 우유에 담가 잡내를 제거하세요. 닭을 구울 때 안까지 완전히 익히려면 시간이 많이 걸리니 먼저 삶아서 완전히 익힌 후 굽는 것도 좋은 방법이에요.

닭다리는 잡내가 날 수 있으니 생강즙이나 우유에 담갔다가 사용하세요. 닭다리 껍질과 살 사이의 노란 지방도 꼭 제거하세요. 노란 지방에서 닭 특유의 비린내가 날 수 있기 때문이에요. 닭다리살 끝을 보면 힘줄이 많이 모여 있어요. **강하게 잡고 잡아 당겨**

==빼내는 방법==도 있지만, 힘줄과 살이 단단히 붙어 있는 경우는 제거가 쉽지 않아 **칼로 힘줄을 잘라내야 해요.**

닭다리살 지방 제거

닭다리살 힘줄 제거

오리고기

신선한 생오리를 파는 곳이 많이 없어 구매하기 어려워요. 간혹 훈제오리를 구매해도 괜찮냐는 질문을 받는데, 훈제오리는 가공 식품으로 간이 짜고 몸에 좋지 않아 권장하지 않아요. 오리고기는 살과 껍질 지방층이 확실히 나누어져 있어요. 부담스럽다면 오리기름을 떼어 내고 팬에 충분히 익혀 기름기를 빼낸 뒤 볶음 요리에 사용해도 돼요. 혹은 아주 얇게 썰어 사용해도 괜찮아요. 치아가 발달되지 않은 아이에게 오리고기 껍질이 너무 질길 수 있으니 주의하세요.

해산물

새우, 바지락살, 오징어, 낙지, 주꾸미 등은 재료 자체에 짠 기가 있어 별도의 간이 필요 없어요. 사용하고 남은 해산물은 20g 또는 40g씩 소분하여 실리콘 큐브나 밀폐용기에 보관하세요. 냉장고에서 1~2일, 냉동실에서 2주 내로 보관하는 것이 좋아요.

새우

머리와 껍질을 제거하고 **이쑤시개로 새우등의 내장을 제거**하세요. 냉동된 제품 사용 시 미리 꺼내어 냉장 해동시켜요. 익은 상태의 칵테일 새우보다 머리만 제거 후 냉동된 흰다리새우가 요리에 쓰기 좋아요. 생새우를 구입했다면 손질 후 냉동 보관하세요.

새우 내장 제거

바지락

생바지락을 직접 삶은 뒤 껍질을 제거하고 손질하는 것보다 이미 익혀둔 바지락살을 모아 파는 것을 구매하는 게 편해요. 살에서 부서진 껍질 조각이 나오기도 하니 **손으로 하나씩 만지며** 세척하세요.

오징어·낙지·주꾸미

빨판이나 쭈글거리는 살 안의 오염물질 제거를 위해 **밀가루를 한 스푼 넣어 바락바락 치대어 씻거나 굵은소금을 한주먹 넣어 비벼 씻어**주는 것이 좋아요. 마지막에는 꼭 흐르는 물에 여러 번 헹구어 마무리해요. 여러 마리 구매했다면 손질 후 잘게 자르거나 다져서 냉동 보관하세요.

밀가루나 굵은소금으로 바락바락 치대어 세척

야채

야채를 씻어서 보관하는 것은 잘못된 방법이에요. 포장지의 먼지만 닦아 냉장 보관하였다가 사용하기 직전에 물에 씻어야 해요. 모든 야채류는 밀봉 후 보관이 원칙이에요. 수분이 많은 야채는 서로 겹치거나 눌려 상하지 않도록 넉넉한 용기에 담아 보관해요. 냉장고에 넣지 않아도 되는 재료는 직사광선을 피해 서늘한 곳에 두세요.

가지
속살이 물컹한 가지는 차가운 곳에 오래 두면 속살의 색이 검게 변하니 실온에 보관해요.

감자·고구마·호박·연근·우엉 등
햇빛이 없고 서늘하고 건조한 곳에 보관해요. 낱개로 신문지에 싸서 보관하면 더 좋아요. 서로 겹치거나 눌려서 상하지 않게 주의하고, 흠집이 생긴 재료를 먼저 사용하세요. 사용하고 남은 재료는 밀폐용기나 지퍼백에 넣어 냉장 보관해요.

당근·대파·양파 등
서늘하고 건조한 곳에 보관하거나 껍질 제거와 세척 후 물기를 말리고 용도에 맞게 썰거나 통째로 밀폐용기나 지퍼백에 넣어 냉장 보관해요.

깻잎·상추 등
물기를 제거하고 키친타월에 감싸 밀폐용기나 지퍼백에 넣어 냉장 보관해요.

마늘
통마늘은 통풍이 잘 되는 망에 넣어 서늘한 곳에 보관하거나 신문지에 싸서 밀폐용기에 보관해요. 깐 마늘은 물기를 제거하고 밀폐용기에 넣어 냉장 보관해요. 다진 마늘은 먹을 만큼 소분하여 냉동 보관하면 사용하기 편해요.

버섯
물에 헹구지 않고 깨끗한 마른 수건으로 닦아 사용해요. 밑동을 제거하고 적당한 크기로 잘라서 밀폐용기나 지퍼백에 밀봉하여 냉장 보관해요.

양배추
세척하지 않고 랩으로 감싸서 냉장 보관해요. 사용할 때는 필요한 만큼 썰어 세척해요.

양상추
칼로 썰지 않고 손으로 잘라 손질해요. 비닐에 감싸서 냉장고 채소 칸에 보관해요.

오이·파프리카 등
키친타월로 하나씩 감싸 밀폐용기나 지퍼백에 넣어 냉장 보관해요.

콩나물·숙주
쉽게 상하니 구입 후 바로 사용하는 것이 좋아요. 남은 재료는 비닐에 넣어 냉장 보관해요.

토마토
꼭지가 아래를 향하게 하고 서로 겹치지 않게 상온이나 냉장고 채소 칸에 보관해요.

베리밥상표 기본 육수 만들기

냉장 보관 1주일,
냉동 보관 1개월 가능

멸치육수

멸치육수는 한식에 사용하는 구수한 육수 중 하나예요. 육수에 바로 떡국을 끓이거나 칼국수, 수제비 등 다양한 한 그릇 음식을 만들 수도 있어요. 멸치육수는 미리 만들어 두었다가 필요할 때 사용해도 되고, 만들기가 쉬워 바로 만들어 사용해도 좋아요.

재료(1L 분량)   국물용 멸치 7g, 양파 20g, 다시마 4×5cm 3장, 대파 뿌리 1개, 물 1.1L

1. 양파는 숭덩숭덩 썰고 대파 뿌리는 아주 깨끗하게 씻는다.
2. 멸치는 머리와 내장을 제거하고 다시마는 양면을 깨끗하게 씻는다.
3. 냄비에 멸치를 넣고 중불에서 1분간 볶은 후 양파, 다시마, 대파 뿌리, 물을 넣고 센불에서 끓인다.
4. 물이 끓으면 중불로 줄여 5분간 더 끓인 후 진액이 나오기 전에 다시마를 건진다.
5. 10분간 더 끓인 후 불을 끄고 체로 건더기를 건진다.
6. 완전히 식힌 후 용기에 담아 보관한다.

냉장 보관 1주일,
냉동 보관 1개월 가능

가쓰오부시육수

일본에서는 우리나라 멸치육수만큼 많이 사용하는 기본 육수입니다. 가쓰오부시 육수 하나만으로 음식에 일식의 풍미를 가득 채울 수 있어요. 가쓰오부시만 있으면 짧은 시간 물에 끓여 간단하게 완성돼요. 미리 만들어두는 것보다 필요할 때마다 만들어 사용하는 것을 추천해요.

재료(1L 분량)   가쓰오부시 3g, 물 1L

1. 끓는 물에 가쓰오부시를 넣고 저은 후 3분 끓인다.
2. 불을 끄고 가쓰오부시를 건져내고 완전히 식힌 후 용기에 담아 보관한다.

큐브 50ml씩
냉동 보관 1개월 가능

치킨스톡

닭뼈로 육수를 낸 치킨스톡은 양식의 기본이에요. 파스타, 리조토, 스튜 등의 요리와 잘 어울려요. 치킨스톡은 만들기가 번거롭고 어려우니 한꺼번에 많이 만들어 두었다가 냉동 보관하는 것을 추천해요. 기성제품을 사용하면 간편해서 좋지만 염분이 높아 아이가 먹기에 적합하지 않아요. 직접 만든 치킨스톡이 더 건강하고 맛있어요.

재료(480ml 분량) 닭다리 3개, 양파 1개, 당근 1/2개, 물 1.1L

1 닭다리는 겉면의 핏물을 닦아내고 두터운 부분에 칼집을 내어 펼친다.
2 양파, 당근은 숭덩숭덩 자른다.
3 냄비에 ①, ②와 물을 넣고 1시간 정도 중약불로 조절하며 끓인다.
4 ③을 체에 밭쳐 건더기는 제거하고 뽀얀 물만 거른다.
5 ④를 용기에 담아 식힌 후 떠오른 닭기름을 건져낸다.
6 맑은 육수는 얼려서 보관한다.

tip • 육수를 간편하게 사용하려면 완성된 480ml의 육수를 졸여 160ml의 농축액을 만든 뒤 4개의 큐브에 나눠서 얼려 보관해요.
• 구입한 치킨스톡이 가염인 경우 아래 용량에 맞게 사용하세요.
※베리밥상 저염 기준
가루 타입 치킨스톡 : 물 240ml 당 1/4작은술
액체 타입 치킨스톡 : 물 240ml 당 2방울

냉장 보관 1주일,
냉동 보관 1개월 가능

다시마물

다시마를 넣어 담백하게 만든 육수는 깔끔한 맛이 나 생선, 해물 재료와 잘 어울려요. 된장찌개, 김칫국, 콩나물국처럼 시원한 국 요리에도 안성맞춤이고 간장양념을 만들 때 첨가해도 좋아요. 다시마물은 만들기 쉬우니 그때그때 만들어 사용하는 것을 추천해요.

재료(1L 분량) 다시마 4×5cm 3장, 대파 뿌리 1개, 물 1.1L

1 대파 뿌리는 깨끗하게 헹구고 다시마는 양면을 깨끗하게 씻는다.
2 냄비에 다시마, 대파 뿌리, 물을 넣고 센불에서 끓인다.
3 물이 끓으면 5분 정도 더 끓인 후 다시마를 건진다.
4 완전히 식힌 후 용기에 담아 보관한다.

베리밥상표 수제 소스 만들기

냉장 보관,
3일 이내 섭취 권장

토마토소스

스파게티의 기본 소스로 잘 알려져 있는 토마토소스는 밥 요리에 곁들여도 좋아요. 고기, 해물, 채소 등 모든 재료와 잘 어울려요.

재료 토마토 1개, 당근 20g, 양파 20g, 셀러리 20g, 치킨스톡 50ml, 소금 1/2꼬집, 후추 약간, 올리브유 1작은술

1 당근, 양파는 잘게 다지고 셀러리는 필러로 섬유질을 제거한 뒤 잘게 다진다.
2 토마토 위에 십자로 칼집을 내고 끓는 물에 30초간 데친 뒤 찬물에 헹구어 껍질을 제거한다.
3 ②의 토마토는 치킨스톡과 함께 믹서에 간다.
4 냄비에 올리브유를 두르고 ①을 넣은 뒤 소금, 후추로 간을 하고 중불에 저어가며 볶는다.
5 야채가 얼추 익으면 ③을 넣고 토마토소스의 농도가 될 때까지 끓인다.
tip • 토마토소스는 농도 때문에 쉽게 튈 수 있으니 뚜껑을 덮고 끓여요.

냉장 보관,
7일 이내 섭취 권장

데리야키소스

일본식 풍미를 내는 요리에 곁들이면 맛이 살아나요. 꼬치 요리나 주먹밥, 덮밥, 생선 조림 등의 요리에 활용하면 좋아요.

재료 가쓰오부시육수 50ml, 간장 3큰술, 오렌지즙 2큰술, 올리고당 1.5큰술, 마늘즙 1큰술, 파인애플즙 1작은술, 생강즙 1작은술, 포도 주스(즙) 1/2작은술

1 냄비에 모든 재료를 넣고 섞은 뒤 중불에 한소끔 끓인다.
2 파르르 끓어오르면 불을 끄고 3일 숙성한다.

냉장 보관,
7일 이내 섭취 권장

케첩

케첩은 볶음밥이나 튀김 요리와 잘 어울려 가장 많이 사용하는 기본 소스예요. 음식 위에 스마일, 하트 등 귀여운 모양으로 뿌려주면 아이가 더 잘 먹어요.

재료 토마토 1개, 올리고당 1큰술, 레몬즙 1큰술, 소금 1꼬집

1. 토마토는 위에 십자로 칼집을 내고 끓는 물에 30초간 데친 뒤 찬물에 헹구어 껍질을 제거한다.
2. 믹서에 ①을 넣고 곱게 간 뒤 소스를 팬에 넣는다.
3. ②에 올리고당과 소금을 넣고 소스 농도가 될 때까지 저으면서 중불에 끓인다.
4. 레몬즙을 넣고 다시 한번 케첩 농도가 될 때까지 젓는다.

냉장 보관,
7일 이내 섭취 권장

마요네즈

시판 마요네즈에는 인공조미료가 많이 들어 있고, 열량이 높아요. 신선한 달걀과 기름으로 직접 만들면 더 맛있고 건강해요.

재료 달걀 1개, 달걀 노른자 1개, 식용유 150ml, 레몬즙 2큰술, 소금 1/2꼬집, 후추 약간

1. 핸드블렌더나 믹서를 준비한다.
2. 재료를 모두 넣고 식용유가 유화될 때까지 완전히 섞는다.

tip
- 달걀은 상온에 30분 정도 두어서 너무 차갑지 않게 준비해요.
- 핸드블렌더나 믹서 대신 거품기를 사용해도 돼요. 볼에 식용유를 제외한 재료를 넣고 섞은 후 식용유를 조금씩 나누어 넣어가며 잘 섞어요.
- 식용유와 달걀이 분리되었다면 실패! 잘 섞이도록 다시 한번 식용유를 조금씩 나누어 넣어가며 섞어요.

냉장 보관,
7일 이내 섭취 권장

맛간장

맛간장은 조림이나 볶음 요리에 주로 사용하고 계란이나 두부 등에 간단히 뿌려도 맛있어요. 염도를 낮춘 엄마표 맛간장으로 음식에 감칠맛을 더해보세요.

재료 양파 20g, 파 10g, 통마늘 1쪽, 간장 3큰술, 가쓰오부시육수 3큰술

1. 양파, 파, 통마늘은 숭덩숭덩 썬다.
2. 밀폐용기에 간장, 가쓰오부시육수, ①을 넣은 뒤 섞는다.
3. 뚜껑을 덮고 하루 동안 숙성한 후 건더기를 빼고 간장만 볶음 요리에 사용한다.

초보 엄마가 궁금해하는 유아식 Q&A

Q. 나트륨은 안 먹이는 게 좋을까요?

A. 나트륨은 무기질 중 하나로 몸속 수분량을 조절하고 신경 자극 전달을 도와요. 뿐만 아니라 근육을 움직이도록 하고 소화된 영양소 흡수를 돕는 등 중요한 역할을 담당해요. 그런데 대부분의 사람들은 나트륨에 대해 안 좋은 선입견을 가지고 있어요. 이는 과다하게 섭취했을 때의 부작용 때문이에요. 나트륨은 신장을 거쳐 소변으로 배출되는데, 신장 기능이 미숙한 아이들의 경우 배설이 원활하지 않아 큰 부작용을 유발할 수 있어 더욱 조심해야 해요. 24개월 미만의 아이는 식재료에 포함된 기본 나트륨으로 하루 권장량을 충족시킬 수 있어 별도의 나트륨 섭취를 권하지 않아요.

연령별 나트륨 권장량 기준

연령	1~2세	3~5세
1일 나트륨 권장량	700mg	900mg
소금 기준	1.8g	2.3g
퍼센트 기준	0.5%	0.8%

소금 1g (나트륨 400mg)
= 양조간장 1작은술 (6.7g)
= 된장 2작은술 (9g)
= 케첩 2큰술 (30.3g)
= 마요네즈 6큰술 (87.9g)

tip 나트륨 줄이는 방법
1 소금 대신 나트륨 함량이 적은 간장을 사용해요.
2 소금 함량이 많은 식재료는 여러 번 헹구어 요리해요.
3 조리 후 식었을 때 양념해요.
4 천연 조미료를 사용해요.
5 향이 있는 채소로 싱거운 맛을 채워요.

Q. 소고기를 안 먹는데 철분제를 따로 먹여야 할까요?

A. 매일 소고기 40g 섭취를 권장하는 이유는 우리 몸에서 생성되지 못하는 필수아미노산과 철분 때문이에요. 철분이 부족한 아이는 쉽게 보채거나 자다가 자주 깨거나 울어요. 또한 식욕이 줄고 심하면 빈혈까지 생겨요. 철분 섭취를 위해서는 철분 함량이 많은 식재료를 먹어야 해요. 철분은 몸에 흡수가 비교적 잘 되는 헴철, 흡수가 더딘 비헴철 두 가지로 분류되는데, 소고기에 흡수율이 높은 헴철이 포함되어 있고, 가장 쉽게 섭취할 수 있는 재료이기 때문에 권장해요. 아이가 소고기를 싫어한다면 철분이 함유된 다

른 식재료로 대체하세요.

철분이 많은 대표적인 음식으로는 돼지고기, 굴, 오리고기, 황태, 시금치, 양송이버섯, 새송이버섯, 목이버섯, 깻잎 등이 있어요.

또 하나! 철분제로 쉽게 섭취할 수 있는 철분을 왜 음식으로 섭취하는 것이 좋을까요? 철분은 과도하게 섭취하게 되면 변비, 설사, 복통, 구토 등을 유발하고 지속적으로 과다 섭취하면 간 기능이 손상돼요. 철분은 건강한 식사를 통해 섭취하는 것이 가장 좋아요.

Q. 밥을 국에 말아서 먹여도 괜찮을까요?

A. 모든 음식을 국에 말아 마시듯 먹는 아이들이 있어요. 아직 치아가 잘 발달되지 않아 씹어서 삼키기 어렵거나 불편하니 액체와 함께 삼키는 거예요. 이런 행동은 다양한 부작용을 가져올 수 있어요. 음식은 씹는 저작 작용으로부터 침과 함께 소화가 시작되기 때문에 반드시 씹는 과정이 필요해요. 침에는 프티알린이라는 소화효소가 있어 1차로 음식을 분해하여 위장으로 보내고 위에서 2차 소화를 시키는 데 도움을 줘요. 이 과정이 생략되면 소화를 잘 시키지 못해 위에 부담을 주게 돼요. 국과 함께 마시듯 먹으면 씹는 행동이 아닌 삼키는 행동에 집중하게 되어 소화가 제대로 이루어지지 않으니 음식은 꼭 씹어서 넘기도록 해주세요.

아직 잘 씹지 못하는 아이를 위해 밥을 지을 때 물을 조금 더 넣어 조리하세요. 진밥은 물기가 조금 더 있는 편이라 아이가 부드럽게 삼킬 수 있어요. 아이가 쉽게 씹어 넘길 수 있도록 반찬의 입자를 작게 하고 딱딱한 음식에 거부감을 느끼지 않도록 더 오랜 시간 조리하여 무르게 만들어 주세요. 아이에게 입자가 작고 말랑한 반찬을 먹이며 엄마가 직접 씹는 행동을 보여주면 아이도 곧잘 따라할 거예요. 아이의 개월 수보다는 치아 발달에 맞춰 음식의 입자 크기를 조절하는 게 중요해요.

Q. 어린이집에서는 잘 먹는다는데 집에서는 왜 안 먹을까요?

A. 집에서는 안 먹어서 걱정인데 어린이집에 가면 잘 먹는다는 소식을 들으면 속상할 거예요. 아이가 이렇게 행동하는 데는 이유가 있답니다. 어린이집에서는 규율 속에서 친구들과 함께 먹는 식생활이 이루어져요. 먹는 분위기 속에서는 잘 먹지 않는 아이들도 함께 숟가락질하며 즐겁게 식사해요.

반면 집에서는 엄마가 부리나케 만든 음식을 갑자기 먹게 되는 경우가 많아요. 아이 입장에서는 갑자기 식탁에 앉게 되었는데, 옆에서 엄마는 음식을 식히는 등의 다른 행동을 하고 있다면 아이가 먹는 분위기를 느낄 수 없어요.

의외로 이 고민은 간단하게 해결할 수 있어요. 아이가 집에서도 잘 먹게 만들기 위해서는 우선 가족과 함께 식사하세요. 다 같이 숟가락을 들고 "맛있지?", "이것도 먹어봐~", "우와~ 맛있다! 오늘 무친 나물 반찬이 고소하고 맛있네!" 등의 식사와 관련된 대화를 하며 소통하세요.

밥 먹을 시간이 다가오면 다른 행동을 하고 있는 아이에게 곧 식사 시간이라는 것을 미리 알려주세요. 만약 아이가 텔레비전을 보고 있다면 "베리야~ 10분 뒤에 저녁 먹을 거야. 텔레비전 끄고 우리 같이 맛있게 먹자."라고 말해주세요. 갑자기 텔레비전을 끄지 않고 미리 알려주었기 때문에 아이는 이해하고 받아들일 수 있어요. 물론 아이가 하루아침에 말을 듣고 식탁에 오기는 어렵겠지만, 여러 번 시도하고 아이가 받아들일 수 있도록 유도하는 것이 중요해요.

Q. 아이가 고기를 싫어해서 먹다가 뱉어요

A. 아이의 치아 발달이 덜 되어 저작 활동이 어렵고 불편하면 고기처럼 질기고 단단한 식감을 싫어할 수 있어요. 이런 경우에는 살코기와 지방이 적절히 섞인 소고기 안심, 돼지고기 안심, 닭고기 다리살과 안심 등을 사용하세요. 고기의 입자를 작게 하거나 부드럽게 씹을 수 있도록 조리하는 것도 중요해요. 굽거나 튀기면 고기를 더 딱딱하게 만들 수 있으니 찌거나 삶는 조리법이 더 좋아요.

Q. 어떤 기름oil을 사용하는 게 좋을까요?

A. 시중에는 수많은 종류의 기름을 판매하고 있어요. 그중에서 현미유는 동양의 올리브유라고 불릴 정도로 토코페놀, 감마오리자놀과 같은 항산화 물질이 많아요. 또한 음식에 흡수량은 적고 소화가 잘 돼요. 아보카도 오일은 발연점이 높아요. 발연점이란 기름을 가열했을 때 연기가 나는 온도를 의미해요. 발연점이 낮으면 기름이 쉽게 연소하며 발암 물질이 발생하기 쉬워요. 빠르게 조리하는 볶음 요리에는 현미유, 오랫동안 가열하는 튀김 요리에는 아보카도 오일 사용을 추천해요.

> **tip** 기름 선택 시 체크 리스트
> - 오메가6 지방산이 많은 것은 피해요
> - Non GMO인지 확인해요
> - 고온 압착, 헥산 추출, 정제유는 피해요
> - 콜레스테롤, 트랜스지방 함유량을 체크해요
> - 방부제, 첨가물이 함유되어 있는지 체크해요

Q. 우유는 하루에 얼마나 먹여야 해요?

A. 우유는 칼슘 섭취를 위해 매일 500ml 마시는 것을 권장해요. 칼슘은 건강하고 튼튼한 골격 형성을 위해 성장기 아이들에게 꼭 필요한 영양소이기 때문에 매일 섭취량을 지켜주는 것이 좋아요. 그렇다면 왜 칼슘 섭취를 위해 우유를 권장할까요? 아이들이 쉽게 마실 수 있고, 섭취량 대비 효과적이기 때문이에요. 아래의 칼슘 함량표를 참고하여 하루 권장 섭취량을 지켜주세요. 아이가 우유를 싫어한다면 다른 식재료로 대체할 수 있어요.

식품별 칼슘 함량 기준

식품명	용량	칼슘 함량	섭취 시 주의사항
우유	100ml	105mg	-
두유	100ml	100mg	-
치즈	1장	130mg	나트륨 함량 체크 / 저염 아기 치즈 권장
요거트	1개(85g)	80mg	당류 함량 체크 / 무가당 권장
멸치	100g	509mg	나트륨 함량 체크 / 무염 멸치 권장
두부	100g	126mg	-
굴	100g	95mg	제철 섭취 권장

Q. 간식으로 무엇을 먹여야 할까요?

A. 간식은 과자, 아이스크림처럼 맛있는 것으로 배를 채우는 것이 아니에요. 식사에서 부족한 영양소를 보충해 영양의 균형을 맞추는 작은 식사라고 생각하세요. 당 함량이 많고 탄수화물 위주보다는 아이 성장에 필요한 칼슘, 비타민 등으로 간식을 준비하세요. 우유 및 유제품, 과일 및 구황작물(섬유질이 많은 고구마, 단호박) 등을 추천해요. 과일을 좋아하지 않는 아이에게는 스무디를 만들어줘도 좋아요.

> **tip** 간단하고 맛있는 스무디 레시피
> 모든 재료를 믹서에 넣고 갈아주면 완성돼요!
>
> **1 사과당근 스무디 120ml**
> 재료 당근 20g, 사과 40g, 우유 60ml(또는 플레인요거트 60g)
>
> **2 단호박나나 스무디 120ml**
> 재료 찐 단호박 30g, 바나나 30g, 우유 60ml
>
> **3 딸기나나 스무디 120m**
> 재료 딸기 30g, 바나나 30g, 우유 60ml(또는 플레인요거트 60g)
>
> **4 아보카도나나 스무디 120ml**
> 재료 아보카도 30g, 바나나 30g, 우유 60ml(또는 플레인요거트 60g)
>
> **5 키위나나 스무디 120ml**
> 재료 키위 30g, 바나나 30g, 우유 60ml(또는 플레인요거트 60g)

Q. 아이가 야채를 안 먹어요. 어떻게 먹이죠?

A. 아이가 야채를 좋아해서 잘 먹으면 좋겠지만 대부분은 그렇지 않아요. 이유식 야채는 잘 먹던 아이가 유아식을 시작하면서 거부하기도 해요. 아이가 야채를 싫어하고 먹기를 거부한다면 우선 좋아하는 식재료에 야채를 조금만 넣어보세요. 예를 들어 고기를 좋아한다면 잘게 다진 야채를 섞어 미트볼이나 완자를 만들어 먹이고, 달걀을 좋아한다면 야채를 넣은 달걀전을 만들어 먹이는 거예요. 아이가 잘 먹어주면 점차 야채의 양을 늘려주세요.

야채를 점차 늘리는 것은 아이가 야채에 대해 흥미와 긍정적인 인식을 갖는 데 도움을 줘요. 또한 다양한 야채를 만지고 자르거나 찢는 등의 촉감놀이를 통해 거부감을 줄일 수 있어요. 야채를 주제로 아이와 대화하는 것도 좋아요. 아이의 수준에 맞춰 제철 야채는 어떤 것인지, 야채의 색깔, 형태, 질감, 성장 과정 등 다양한 이야기를 나누다 보면 아이에게는 야채에 대한 관심과 함께 먹어 볼 용기도 생겨요.

키우기 쉬운 야채를 아이와 함께 길러보는 것도 좋은 방법이에요. 콩나물, 양파 등 쉽게 싹이 나는 야채를 아이와 함께 키우면 친숙도가 높아지고, 아이는 직접 키운 야채를 맛보고 싶어할 거예요.

PART 1

간편한 한 그릇 밥

가자미도리아

도리아는 이탈리아 음식 같지만 일본에서 시작한 볶음밥 요리예요. 생선을 잘 먹지 않는 아이들도 좋아하는 가자미도리아로 든든한 저녁 식사를 준비해 보세요.

재료(2회)
순살 가자미 40g, 양파 40g, 미니새송이버섯 20g, 밥(아이 양 2배), 아기 치즈 1장

양념
기름 1/4작은술, 다진 마늘 1/4작은술, 치킨스톡 2큰술, 케첩 1/2작은술

이렇게 요리하세요!

① 가자미는 흐르는 물에 가볍게 씻는다.

② 양파와 새송이버섯은 잘게 다진다.

③ 팬에 기름을 두르고 다진 마늘을 볶다가 향이 올라오면 가자미를 넣고 약불에 고르게 익힌다.

④ 가자미가 다 익으면 주걱으로 부수어 잘게 만든 뒤 ②를 넣고 함께 볶는다.

⑤ 야채가 다 익으면 밥과 치킨스톡, 케첩을 넣고 부셔가며 중불에 볶는다.

⑥ 전체가 고슬고슬하게 볶아지면 아기 치즈를 올리고 뚜껑을 덮은 뒤 약불에 익힌다.

⑦ 치즈가 녹으면 불을 끈다.

- 케첩 대신 카레 가루를 넣으면 맛있는 '카레가자미도리아'가 된답니다. 아이가 케첩을 좋아하지 않는다면 카레 가루나 우스터소스로 대체해 보세요.

가츠동

일본식 돈가스를 달걀과 함께 부드럽게 만든 덮밥이에요. 튀김의 바삭한 식감을 싫어하는 아이들도 부드러운 가츠동은 좋아해요. 채썰어 볶은 양파도 맛있어요.

재료 (2회)
돼지고기 등심 80g, 달걀 1개, 밀가루 1큰술, 빵가루 1큰술, 양파 20g, 밥(아이양 2배)

양념
기름 넉넉히, 소금 1/2꼬집, 후추 1/2꼬집, 소스(가쓰오부시육수 200ml + 간장 1/2작은술 + 참기름 1/4작은술 + 올리고당 1/4작은술)

이렇게 요리하세요!

1. 돼지고기는 고기용 망치로 내려쳐 얇게 만든 후 포크로 찔러 구멍을 낸다.
2. 소금과 후추를 골고루 뿌려 간을 한다.
3. 달걀을 풀어 2큰술만 다른 볼에 담는다.
4. ②에 밀가루, ③의 달걀물 2큰술, 빵가루를 순서대로 묻힌다.
5. 팬에 기름을 충분히 두르고 170℃가 되면 ④를 넣고 중약불로 조절하며 고르게 튀긴다.
6. 전체가 완전히 익으면 키친타월에 올린 뒤 한 김 식혀 한입 크기로 자른다.
7. 양파는 2cm 길이로 가늘게 채썬다.
8. 팬에 소스와 ⑦을 넣고 끓인다.
9. ⑧에 ⑥을 넣고 ③의 남은 달걀물을 한 바퀴 두르듯 붓는다.
10. 달걀물이 다 익으면 불을 끄고 그릇에 밥을 담은 뒤 국물과 함께 끼얹어 완성한다.

 • 밑반찬으로 야채류를 곁들여 부족한 야채를 보충하세요. 버섯을 넣으면 식감이 살아나서 더욱 맛있어요.

고사리나물솥밥

고사리를 싫어하는 아이들도 잘 먹는 구수한 솥밥. 솥에 밥을 하지 않고도 쉽게 만들 수 있는 레시피를 알려드릴게요. 고사리의 특별한 향을 잘 살려 우리 아이 입맛에도 딱이랍니다.

재료(2회)
삶은 고사리 40g, 밥(아이 양 2배)

양념
다시마물 3큰술, 간장 1/2작은술, 다진 마늘 1/4작은술, 다진 파 1/4작은술, 참기름 1/4작은술, 깨 1꼬집

이렇게 요리하세요!

① 삶은 고사리는 1cm 길이로 자른다.

② ①을 냄비에 넣고 끓는 물에 중불로 30분간 삶은 뒤 부들부들해지면 찬물에 헹궈 물기를 짠다.

③ 새로운 냄비에 양념 재료를 섞어 밥과 ②의 고사리와 함께 넣고 주걱으로 저어가며 약불에서 볶는다.

④ 전체가 고르게 섞이면 뚜껑을 덮고 계속 익히다가 타닥타닥 소리가 나면 불을 끈다.

- 건고사리를 구입했다면 5g을 찬물에 6시간 이상 불린 후 깨끗하게 씻어 가위로 1cm 길이로 잘게 잘라요. 밥이 고슬고슬하면 다시마물을 조금 더 넣어요.

규동

일본의 패스트푸드 규동은 한국의 불고기덮밥과 비슷한 모양이지만 맛은 완전 달라요. 부들부들한 소고기와 따끈한 쌀밥의 조화! 우리 아이 한 끼 식사로 좋아요.

재료 (1회)
소고기 불고기용 40g, 양파 20g, 밥 (아이 양)

양념
기름 1/4작은술, 소스 (가쓰오부시육수 100ml + 간장 1/4작은술 + 참기름 1/4작은술 + 올리고당 1/8작은술)

한 그릇 밥

이렇게 요리하세요!

① 소고기는 겉면의 핏물을 닦고 가늘게 채썬다.

② 양파는 2cm 길이로 가늘게 채썬다.

③ 팬에 기름을 두르고 ①을 볶다가 겉면이 익으면 ②를 넣고 숨이 죽을 때까지 볶는다.

④ ③에 소스를 넣고 육수가 아주 조금 남을 때까지 졸인다.

⑤ 밥 위에 얹어 낸다.

- 규동은 위에 올라가는 재료에 따라 맛이 다양해져요. 아기 치즈를 올려 고소한 맛을 더한 '치즈규동'을 만들거나 다진 파를 올려 파의 향을 더해보세요.

069

달걀피망볶음밥

고소한 달걀과 쌉쌀하고 청량한 피망이 만난 화려한 볶음밥이에요. 케첩으로 볶은 무난한 맛으로, 피망을 싫어하는 아이에게 먹이면 피망에 대한 거부감을 줄일 수 있을 거예요.

재료(2회)
달걀 1개, 피망 60g, 밥(아이 양 2배)

양념
기름 1/2작은술, 다진 마늘 1/4작은술, 케첩 1/2작은술

이렇게 요리하세요!

① 달걀물을 만들고 피망은 다진다.

② 팬에 기름을 두르고 다진 마늘을 볶다가 향이 올라오면 달걀물을 붓는다.

③ 주걱으로 달걀물을 저어 몽글몽글해지면 피망을 넣고 주걱으로 부수면서 중불에 볶는다.

④ ③의 재료가 고슬고슬하게 익으면 밥과 케첩을 넣고 전체가 고르게 섞이도록 볶는다.

 • 아기 치즈를 올리면 더 맛있어요. 케첩 대신 토마토소스를 사용하면 조금 더 이국적인 맛이 나요.

데리야키닭덮밥

일본식 간장 양념인 데리야키소스로 부드러운 닭고기 덮밥을 만들었어요. 달달하고 짭조름한 맛을 아이들이 정말 좋아해요.

재료 (2회)
닭다리살 40g, 양파 20g, 밥 (아이 양 2배)

양념
소스 (가쓰오부시육수 120ml + 간장 1/2작은술 + 참기름 1/4작은술 + 올리고당 1/8작은술 + 후추 조금), 전분물 (전분 1/2작은술 + 물 1작은술), 기름 1/2작은술

이렇게 요리하세요!

1. 닭고기는 겉면의 핏물을 닦아내고 과도한 지방과 힘줄을 제거한 뒤 한입 크기로 자른다.

2. 양파는 2cm 길이로 곱게 채 썬다.

3. 팬에 기름을 두르고 ①을 넣어 앞뒤로 노릇하게 굽다가 겉면이 고르게 익으면 ②를 넣는다.

4. ③을 저어가며 중불에 볶다가 양파의 숨이 죽으면 소스를 넣고 닭고기가 다 익을 때까지 끓인다.

5. ④에 전분물을 넣어 덮밥 농도를 맞춘다.

6. 밥 위에 끼얹는다.

- 전분물을 넣고 빠르게 저어야 뭉치지 않아요. 빠르게 젓기 힘들다면 전분물을 만들 때 물을 조금 더 많이 넣으세요.

마파두부덮밥

마파는 중국어로 '곰보 할머니'란 뜻이에요. '곰보 할머니의 두부 요리'라니 재미있는 이름이죠? 식물성 단백질이 가득한 두부 요리는 아이들도 참 좋아한답니다.

재료(2회)
다진 돼지고기(또는 다진 소고기 안심) 40g, 두부 50g, 양파 10g, 밥(아이 양 2배)

양념
다진 파 1/2작은술, 기름 1/2작은술, 소스(치킨스톡 100ml + 굴소스 1/4작은술 + 파프리카 가루 1/2작은술), 참기름 1/4작은술, 전분물(전분 1/2작은술 + 물 1작은술)

이렇게 요리하세요!

① 돼지고기나 소고기는 겉면의 핏물을 닦아낸다.

② 두부는 물기를 제거하여 1×1cm 크기로 깍둑썰고, 양파는 잘게 다진다.

③ 팬에 기름을 두르고 다진 파를 넣어 약불에 저어가며 파기름을 만든다.

④ 파 향이 올라오면 고기를 넣고 중불에 볶다가 겉면이 익으면 양파를 넣고 계속 볶는다.

⑤ 소스를 넣고 끓으면 두부를 넣고 부드럽게 익을 때까지 중불에 끓인다.

⑥ ⑤에 전분물을 넣어 덮밥 농도를 맞춘다.

⑦ 불을 끄고 참기름을 넣고 주걱으로 섞는다.

 • 두부를 싫어하는 아이라면 잘게 으깨서 만들어요.

병아리콩볶음밥

슈퍼푸드라고 불리는 병아리콩과 밥이 만났어요. 콩으로 밥을 지으면 밥에 콩 향기가 나서 싫어하는 아이들이 많죠? 병아리콩은 특별한 향이 나지 않아 콩을 편식하는 아이들이 도전하기 좋아요.

재료(2회)
병아리콩 10g, 당근 10g, 피망 10g, 양파 10g, 밥(아이 양 2배)

양념
기름 1/2작은술, 소금 1꼬집, 후추 약간

이렇게 요리하세요!

① 병아리콩은 10시간 동안 불린 뒤 물을 넉넉히 넣고 1시간 정도 삶는다.

② ①을 칼면으로 으깨거나 잘게 다진다.

③ 당근, 피망, 양파는 5×5 mm 크기로 깍둑썬다.

④ 팬에 기름을 두른 뒤 ②, ③을 넣고 중불에 볶는다.

⑤ ④가 고루 익으면 밥을 넣고 주걱으로 부수며 볶는다.

⑥ 소금과 후추로 간을 한 뒤 고르게 섞는다.

- 병아리콩은 아이의 목에 걸릴 수 있으니 칼면으로 으깨어 요리해요.

스테이크덮밥

고기의 풍미를 가득 품은 스테이크덮밥이에요. 서양식과 일본식이 조합된 퓨전 요리랍니다. 달콤 짭조름한 베리밥상의 특제 스테이크소스로 식사 시간을 더욱 특별하게 만들어 보세요.

재료(2회)
소고기 안심 80g, 양파 20g, 아스파라거스 10g, 밥(아이 양 2배)

양념
소스(치킨스톡 2큰술+간장 1/4작은술+레몬즙 1/8작은술+올리고당 1/8작은술+케첩 1/4작은술), 무염버터 1/4작은술

이렇게 요리하세요!

① 소고기는 겉면의 핏물을 닦아내고 1×1cm 크기로 깍둑 썬다.

② 양파와 아스파라거스는 잘게 썬다.

③ 팬에 버터를 녹여 소고기를 한 면씩 중불에 굽다가 겉면이 익으면 ②를 넣은 뒤 함께 볶는다.

④ 소스를 넣은 뒤 소고기와 야채가 완전히 익도록 중불에 볶는다.

⑤ 그릇에 밥을 소복하게 담고 ④를 얹어 낸다.

 • 밥을 참기름에 비빈 뒤 스테이크를 얹어 내면 풍미가 생겨 더욱 맛있어요.

시금치아란치니

아란치니는 볶음밥을 둥글게 만들어 튀긴 이탈리아 요리예요. 튀김옷 안의 재료가 보이지 않아 편식하는 재료를 숨기기 좋아요.

재료(2회)

다진 소고기 안심 80g, 시금치 30g, 셀러리 20g, 밥(아이 양 1.5배), 달걀 1개, 밀가루 1큰술, 빵가루 1큰술

양념

기름 넉넉히, 소금 1꼬집, 후추 조금, 케요네즈(마요네즈 : 케첩 = 1 : 1) 적당량

이렇게 요리하세요!

1. 소고기는 겉면의 핏물을 닦고 시금치와 셀러리는 잘게 썬다.
2. 기름 1/2작은술을 두른 팬에 소고기를 넣고 중불에서 볶다가 겉면이 익으면 시금치와 셀러리를 넣고 함께 볶는다.
3. ②에 밥을 넣고 소금과 후추로 간을 한 뒤 고르게 볶는다.
4. ③을 그릇에 담아 얇게 펴서 식힌다.
5. 3개의 그릇에 밀가루, 달걀물, 빵가루를 각각 담는다.
6. ④를 한입 크기로 동그랗게 뭉쳐 밀가루, 달걀물, 빵가루 순서로 묻힌다.
7. 팬에 기름을 넉넉히 두르고 온도가 170℃가 되면 ⑥을 넣어 노릇하게 튀긴다.
8. ⑦을 키친타월에 올려 기름을 뺀 뒤 케요네즈와 함께 낸다.

- 볶음밥을 만드는 과정에서 모든 재료가 익기 때문에 겉면만 노릇하게 튀겨도 괜찮아요. 더 풍부한 맛을 즐기려면 토마토소스를 곁들이세요.

야채볶음밥

색감이 좋은 야채를 넣어 알록달록하게 만든 볶음밥이에요. 야채를 거부하는 아이들도 입을 쩍쩍 벌린답니다. 야채라면 뭐든 좋으니 냉장고에 있는 재료 아무거나 넣어 만들어 보세요.

재료(2회)
양파 15g, 당근 15g, 애호박 15g, 밥(아이 양 2배)

양념
기름 1/2작은술, 소금 1꼬집, 후추 약간

이렇게 요리하세요!

① 양파, 당근, 애호박은 잘게 다진다.

② 팬에 기름을 두르고 ①을 볶다가 양파가 익으면 밥을 넣는다.

③ ②를 중불에서 계속 볶다가 고슬고슬해지면 불을 끈다.

④ 소금과 후추로 간을 한다.

- 아이가 편식하는 재료를 알록달록 잘게 다져서 볶아 보세요. 재료 원물의 모양이 전혀 보이지 않게 다지는 것이 포인트예요.

양송이버섯 볶음밥

버터의 고소함을 더한 양송이버섯볶음밥은 양송이버섯의 향이 밥에 가득 배어 반찬 없이 먹어도 맛있어요. 다양한 양식 요리의 사이드 메뉴로 활용해도 좋아요.

재료(2회)
양송이버섯 60g, 밥(아이 양 2배)

양념
무염버터 1/2작은술, 간장 1/2작은술

이렇게 요리하세요!

① 양송이버섯은 잘게 다진다.

② 팬에 버터를 녹이고 간장과 잘 섞는다.

③ ②에 ①을 넣고 볶다가 밥을 넣고 주걱으로 부수며 고르게 섞는다.

④ 밥이 고슬고슬해지면 불을 끈다.

- 간장 대신 소금을 넣어도 좋아요. 간장은 생선, 소금은 고기와 잘 어울려요. 양송이버섯 대신 양배추를 넣어 '양배추볶음밥'으로 만들어도 고소하고 맛있어요.

열무비빔밥

여름철 시원한 한 끼 식사로 좋은 열무비빔밥이에요. 무기질이 풍부한 열무는 여름에 놓치지 않고 먹어야 할 제철 재료랍니다. 새콤달콤하게 무친 열무를 따뜻한 밥과 함께 비벼먹으면 참 맛있어요.

재료(2회)
어린 열무 40g, 오이 10g, 달걀 1개, 밥(아이 양 2배)

양념
소금 1/2꼬집, 소스(다시마물 1큰술+된장 1/8작은술+다진 마늘 1/4작은술+참기름 1/4작은술+깨 1/2꼬집)

이렇게 요리하세요!

① 열무는 뿌리를 잘라내고 2cm 길이로 자른다.

② 오이는 채썰어 2cm 길이로 자른다.

③ 끓는 물 500ml에 소금과 ①을 넣고 3분~3분 30초 정도 삶는다.

④ ③을 건져 찬물에 헹구고 물기를 짜낸다.

⑤ 볼에 소스를 만들어 넣고 ④와 ②를 함께 버무린다.

⑥ 달걀의 흰자, 노른자를 따로 풀어 각각 지단을 부친 뒤 2cm 길이로 채썬다.

⑦ ⑤, ⑥을 밥과 함께 비벼낸다.

- 억세지 않고 부드러운 어린 열무로 만들어야 아이가 먹기 좋아요. 열무의 물기를 짤 때 초록 거품이 나올 정도로 꾹 짜면 너무 말라 맛이 없어지니 조심하세요. '열무무침'을 밥에 비비지 않고 반찬으로 활용해도 좋아요.

오리고기덮밥

몸에 좋은 오리고기로 만든 간단한 덮밥이에요. 걸쭉하지 않고 담백해서 점심 메뉴로 좋아요. 오리기름에 볶은 고소한 맛이 아이를 위한 여름철 보양식으로 최고예요.

재료 (2회)
오리 로스 60g, 삶은 병아리콩 20g, 양파 20g, 밥(아이 양 2배)

양념
소스(쌀뜨물 100ml + 간장 1/4작은술 + 다진 마늘 1/2작은술), 참기름 1/4작은술

이렇게 요리하세요!

① 오리고기는 겉면의 핏물을 닦아내고 1×1cm 크기로 깍둑썬다.

② 삶은 병아리콩은 칼면으로 으깨고 양파는 1cm 길이로 가늘게 채썬다.

③ 팬에 기름을 두르지 않고 충분히 달군 후 ①을 약불에 굽는다.

④ 오리고기에서 기름이 나오기 시작하면 ②를 넣고 중불에서 볶는다.

⑤ ④에 소스를 넣고 육수의 양이 반으로 줄어들 때까지 졸인다.

⑥ 불을 끄고 참기름을 넣은 뒤 섞어 밥 위에 얹어낸다.

- 오리고기를 구울 때 기름기가 흘러나오지 않는다면 기름을 추가하세요.

중국식가지덮밥

가지의 물컹함을 싫어하는 아이도 신기하게 잘 먹어요. 가지 특유의 보라빛이 사라져 가지인 줄 모르나봐요.

재료(2회)
소고기 불고기용 60g, 가지 40g, 양파 20g, 밥(아이 양 2배)

양념
기름 1/2작은술, 소스(치킨스톡 120ml+굴소스 1/4작은술+다진 파 1/4작은술+다진 마늘 1/4작은술), 참기름 1/4작은술, 전분물(전분 1/2작은술+물 1작은술)

이렇게 요리하세요!

① 소고기는 겉면의 핏물을 닦아내고 짧게 채썬다.

② 가지와 양파는 1×1cm로 깍둑썬다.

③ 팬에 기름을 두르고 중불에 ①을 볶다가 겉면이 익으면 ②를 넣어 함께 볶는다.

④ 재료가 거의 익었을 때 소스를 넣고 끓으면 전분물을 넣어 덮밥 농도를 맞춘다.

⑤ 불을 끄고 참기름을 넣은 뒤 휘젓는다.

- 아이가 가지를 싫어하면 잘게 다져 만드세요.

카레소고기 볶음밥

심심한 볶음밥은 이제 그만! 카레 가루로 특별한 맛의 볶음밥을 만들어 보세요. 마늘종을 넣으면 식감이 더해져 간단한 볶음밥의 맛이 한결 풍성해져요.

재료 (2회)
다진 소고기 안심 60g, 마늘종 30g, 당근 20g, 밥(아이 양 2배)

양념
기름 1/2작은술, 카레 가루 1/2작은술, 후추 약간

한 그릇 밥

이렇게 요리하세요!

① 소고기는 겉면의 핏물을 닦는다.

② 마늘종과 당근은 아주 잘게 다진다.

③ 기름을 두른 팬에 ①을 넣고 중불에 볶는다.

④ ③의 겉면이 익으면 ②를 넣고 충분히 익을 때까지 볶는다.

⑤ ④에 밥을 넣고 카레 가루, 후추로 간을 한 뒤 주걱으로 부수면서 중불에 볶는다.

- 마늘종이 많이 질기면 한 번 데쳐 사용하세요.

콩나물밥

간단히 만들 수 있고 영양가도 풍부한 콩나물밥! 맛있는 양념이 콩나물의 고소함과 잘 어우러져 아이들이 아주 좋아해요. 콩나물을 싫어하는 아이에게도 강력 추천이에요.

재료 (2회)
콩나물 40g, 양파 20g, 밥 (아이 양 2배)

양념
다시마물 3큰술, 간장 1/2작은술, 다진 파 1/4작은술, 다진 마늘 1/4작은술, 파프리카 가루 1/4작은술, 참기름 1/8작은술, 깨 1꼬집

이렇게 요리하세요!

1. 콩나물은 5mm 길이로 짧게 자른다.
2. 양파는 곱게 채썬 뒤 1cm 길이로 자른다.
3. 끓는 물에 ①과 ②를 넣고 데친다.
4. 콩나물의 숨이 죽으면 체에 밭쳐 물기를 뺀다.
5. 새로운 냄비에 ④와 밥, 양념을 넣고 약불로 끓인다.
6. ⑤를 주걱으로 고루 섞으며 볶다가 물기가 거의 사라지면 불을 끈다.

 콩나물의 콩은 개월 수가 적어 씹는 게 서툰 아이의 목에 걸릴 위험이 있어요. 안전을 위해 제거해도 되지만 콩에 영양가가 많으니 칼면으로 으깨서 요리하는 것을 추천해요.

황태팽이버섯 덮밥

닭가슴살 4배의 단백질을 함유한 황태로 만든 보양식이에요. 팽이버섯을 넣으면 음식의 맛도 먹는 식감도 2배로 높아져요.

재료 (2회)
황태채 5g, 팽이버섯 20g, 양파 20g, 밥 (아이 양 2배)

양념
쌀뜨물 120ml, 간장 1/2작은술, 참기름 1/4작은술, 기름 1/4작은술, 깨 1꼬집, 전분물(전분 1/2작은술+물 1작은술)

이렇게 요리하세요!

1. 황태채는 물에 20분간 불려 부드럽게 만든다.
2. ①을 손으로 훑어 잔가시가 없는지 확인하고 잘게 찢거나 가위로 자른다.
3. 팽이버섯은 1cm 길이로 잘게 자르고 뭉친 부분은 손으로 찢는다.
4. 양파는 가늘게 채썰어 1cm 길이로 자른다.
5. 팬에 기름을 두르고 ②를 볶다가 노릇해지면 ③과 ④를 넣고 함께 볶는다.
6. ⑤에 쌀뜨물과 간장을 넣고 중불에서 계속 끓인다.
7. ⑥의 모든 재료가 부드러워지면 전분물을 조금씩 넣어가며 농도를 맞춘다.
8. 불을 끄고 깨를 으깨 넣고 참기름도 넣어 섞는다.
9. 밥 위에 얹어 낸다.

- 황태는 딱딱해서 씹기 어려울 수 있으니 물에 충분히 불려 부드럽게 준비하고, 황태의 가시가 아이의 연약한 입안을 다치게 하지 않도록 잘 손질하세요. 황태를 잘게 찢기 어렵다면 칼로 다져도 돼요.

PART 2

영양 가득한 죽과 수프

느타리버섯 들깨죽

느타리버섯들깨죽은 부드럽게 잘 넘어가서 감기에 걸린 아이도 잘 먹어요. 느타리버섯과 들깨가 만나면 더욱 고소해요.

재료(2회)
느타리버섯 60g, 양파 20g, 밥(아이 양 1.5배)

양념
다시마물 240ml, 간장 1/2작은술, 다진 파 1/2작은술, 들깨가루 1/2작은술, 참기름 1/4작은술

이렇게 요리하세요!

① 느타리버섯과 양파는 잘게 다진다.

② 냄비에 다시마물을 끓인 뒤 ①을 넣고 양파가 익을 때까지 중불에 끓인다.

③ ②에 밥, 간장, 다진 파, 들깨가루를 넣고 저어가며 끓인다.

④ 밥이 퍼지면 불을 끈 뒤 참기름을 넣고 휘젓는다.

- 더 고소한 맛을 원한다면 다시마물 대신 쌀뜨물을 사용해요.

닭안심부추죽

닭고기와 부추의 조합이 환상적인 죽 요리예요. 여름철 보양식으로도 아주 좋답니다. 부추의 향이 강하게 느껴지면 식초에 살짝 씻어보세요. 강한 맛이 날아가 아이의 거부감도 사라져요.

재료(2회)

닭고기 안심 60g, 부추 20g, 밥(아이 양 1.5배)

양념

치킨스톡 240ml, 소금 1꼬집, 다진 마늘 1/4작은술, 참기름 1/4작은술

이렇게 요리하세요!

1. 닭고기는 겉면의 핏물을 닦아 준비한다.
2. 부추는 1cm 길이로 짧게 자른다.
3. 냄비에 치킨스톡을 넣고 끓으면 ①을 넣어 중불로 익힌다.
4. ③의 닭고기가 완전히 익으면 집게로 잘게 찢는다.
5. 부추와 밥을 넣고 소금과 다진 마늘로 간을 한다.
6. 밥이 퍼질 때까지 중불에 저어가며 끓인 다음 불을 끄고 참기름을 넣고 휘젓는다.

- 닭고기 안심을 찢기 힘들면 건져서 찬물에 헹구며 잘게 찢으세요. 찢는 과정이 번거롭다면 다져서 사용해도 괜찮아요.

목이버섯낙지죽

목이버섯으로 만든 죽 요리예요. 낯선 목이버섯을 처음 도전하기 좋은 메뉴랍니다. 보양식 대표 재료인 낙지와 만나 감기에 걸린 후 회복기에 먹으면 아주 좋아요.

재료 (2회)
목이버섯 10g, 양파 10g, 낙지 40g, 밥(아이 양 1.5배), 밀가루 1큰술(세척용)

양념
다시마물 240ml, 양념(간장 1/2작은술 + 파프리카 가루 1/4작은술 + 다진 파 1/2큰술 + 후추 약간), 참기름 1/4작은술, 깨 1꼬집

이렇게 요리하세요!

① 목이버섯은 물에 흔들어 깨끗하게 씻은 뒤 아주 잘게 다진다.

② 양파도 잘게 다진다.

③ 낙지는 밀가루를 넣고 바락바락 치대어 씻은 뒤 잘게 다진다.

④ 냄비에 다시마물 3큰술, 낙지, 목이버섯, 양파, 양념을 넣고 낙지가 통통해질 때까지 중불에 볶는다.

⑤ ④의 낙지에 양념이 배면 나머지 다시마물과 밥을 넣고 저어가며 끓인다.

⑥ ⑤의 밥이 퍼지면 불을 끄고 참기름과 깨를 넣고 휘젓는다.

- 낙지를 씻을 때 밀가루 대신 굵은소금을 사용해도 돼요. 낙지는 여러 번 씻어야 불순물이 제거되어 깨끗해져요.

소고기미역죽

감기에 걸렸을 때 보양식으로 먹으면 좋은 죽이에요. 영양가 있는 소고기와 부들부들한 미역이 목 넘김에 부담을 주지 않아 인후통을 앓는 아이도 잘 먹어요. 레시피가 간단하고 맛있어 초보 엄마도 거뜬히 만들 수 있어요.

재료(2회)
다진 소고기 안심(또는 다진 불고기용) 60g, 건미역 5g, 밥(아이 양 1.5배)

양념
다시마물 240ml, 간장 1/4작은술, 참기름 1/4작은술, 소금 약간

이렇게 요리하세요!

① 건미역은 물에 20분간 불린 뒤 치대어 씻고 가위로 잘게 자른다.

② 소고기는 겉면의 핏물을 닦아 준비한다.

③ 냄비에 다시마물 3큰술, ①, ②를 넣고 간장으로 간을 한 뒤 중불에서 주걱으로 저어가며 볶는다.

④ 미역이 짙은 색을 띠며 부드러워지면 남은 다시마물을 넣고 중약불에 5분간 끓인다.

⑤ 소고기와 미역의 맛이 충분히 우러나면 소금으로 간을 하고 불을 끈다.

⑥ 참기름을 넣고 휘젓는다.

- 미역을 충분히 불린 후 잘게 자르지 않으면 아이의 입천장에 붙거나 목에 걸릴 수 있어요. 미역 줄기에 거부감을 느낄 수도 있으니 부드러운 부분만 사용해 충분히 끓여주세요. 밥을 넣지 않고 '소고기미역국'으로 요리해도 괜찮아요.

소고기야채죽

죽 요리의 기본 중의 기본! 베리밥상의 특별한 레시피로 맛이 더 풍부해진 소고기야채죽에 도전해 보세요.

재료(2회)

다진 소고기 안심 60g, 양파 10g, 당근 10g, 느타리버섯 10g, 브로콜리 10g, 밥 (아이 양 1.5배)

양념

치킨스톡 240ml, 간장 1/4작은술, 소금 약간, 후추 약간, 참기름 1/4작은술, 깨 1/2꼬집

이렇게 요리하세요!

① 소고기는 겉면의 핏물을 닦아내고 양파, 당근, 느타리버섯, 브로콜리는 잘게 다진다.

② 냄비에 치킨스톡을 넣고 끓으면 ①의 재료를 모두 넣고 익을 때까지 중불에 끓인다.

③ ②에 밥과 간장, 소금, 후추를 넣고 밥이 퍼질 때까지 저어가며 끓인 뒤 불을 끈다.

④ 깨는 으깨 넣고 참기름도 넣어 휘젓는다.

 • 더 특별한 맛을 만들고 싶다면 고소한 들깨가루를 추가하세요.

090

옹심이호박죽

늙은호박은 무겁고 손질하기 어렵지만 요리하면 참 맛있어요. 쫀득한 옹심이를 넣어 별미죽을 만들어 보세요. 추운 겨울 따끈한 호박죽은 아이 간식으로 좋아요.

재료(2회)
늙은호박 80g, 찹쌀가루 2큰술

양념
치킨스톡 120ml, 우유 120ml, 소금 1꼬집, 올리고당 1/4작은술

이렇게 요리하세요!

1. 호박은 반으로 잘라 씨를 제거한다.
2. 찜기에 호박을 넣고 20분간 푹 찐다.
3. 호박을 찌는 동안 찹쌀가루에 소금, 50℃의 물 1.5큰술을 넣고 익반죽한다.
4. 반죽을 새끼손가락 한마디 크기로 떼어내어 동그랗게 굴려 옹심이를 만든다.
5. 믹서에 ②와 우유를 넣고 곱게 간다.
6. 냄비에 ⑤와 치킨스톡을 넣고 중불에서 저어가며 끓인다.
7. 끓으면 ④를 넣고 동동 떠오를 때까지 중불에 끓인다.
8. 소금과 올리고당으로 간을 한 뒤 불을 끈다.

- 옹심이를 반죽할 때 물 온도를 50℃로 맞추기 어렵나요? 뜨거운 물에 찬물을 1/3 정도 섞으면 50℃ 정도가 돼요. 뜨겁지 않고 따뜻한 느낌의 물이에요.

감자수프

걸쭉한 감자수프로 아이의 아침 식사를 준비해 보세요. 부드러움에 반하고 깊은 맛에 또 반하게 되는 매력적인 수프예요. 토스트나 너겟과 곁들여도 좋아요.

재료(2회)
감자 80g, 양파 20g

양념
생크림 120ml, 치킨스톡 120ml, 무염버터 1/4작은술, 소금 1꼬집

이렇게 요리하세요!

① 감자는 껍질을 벗긴 뒤 숭덩숭덩 잘라 끓는 물에 삶이 완전히 익힌다.

② 양파는 2cm 길이로 아주 곱게 채썬다.

③ 냄비에 버터를 녹인 뒤 ②를 넣고 숨이 죽을 때까지 약불에서 볶는다.

④ ①과 치킨스톡을 믹서에 넣고 간다.

⑤ ③에 ④와 생크림을 넣고 중불에 끓인다.

⑥ 전체적으로 고르게 끓으면 소금으로 간을 한 뒤 불을 끈다.

- 생크림 대신 우유와 아기 치즈를 넣어도 풍미가 좋아요. 생크림이나 우유를 끓일 때는 넘치지 않게 불 조절에 신경 쓰세요. 끓어 넘치려고 할 때 불을 끄고 입으로 후후 불면 금방 가라앉아요.

고구마수프

고구마로 만든 수프는 달콤해서 간식으로 좋아요. 제철 호박고구마를 사용하면 단맛이 더 풍부해져요. 옹심이를 넣어도 맛있어요.

재료(1회)
고구마 50g, 당근 20g, 아기 치즈 1장

양념
치킨스톡 120ml, 우유 120ml, 소금 1/2꼬집, 올리고당 1/4작은술

이렇게 요리하세요!

1. 고구마는 껍질을 깨끗하게 씻거나 벗긴 뒤 끓는 물에 삶아 완전히 익힌다.

2. 당근은 숭덩숭덩 썰어 부드러워질 때까지 삶는다.

3. 믹서에 치킨스톡과 ①, ②를 넣고 곱게 간다.

4. 냄비에 ③과 우유를 넣고 중불에 끓인다.

5. ④가 전체적으로 고르게 끓으면 소금, 올리고당, 아기 치즈를 넣고 휘젓는다.

- 삶은 고구마의 1/3은 갈지 않고 깍둑썰어 수프에 넣으면 건져먹는 재미가 있어요.

병아리콩수프

콩을 싫어하는 아이도 고소한 병아리콩수프는 좋아할 거예요. 콩 요리를 좋아하지 않는 아이에게 시도해 보라고 특별히 1회 분량으로 준비했어요.

재료(1회)
불린 병아리콩 20g, 아스파라거스 10g

양념
치킨스톡 60ml, 두유 60ml, 올리고당 1/8 작은술, 소금 약간

이렇게 요리하세요!

① 병아리콩은 10시간 동안 불린 뒤 물을 넉넉히 넣고 1시간 정도 삶는다.

② 삶은 병아리콩은 칼면으로 으깬다.

③ 믹서에 ②와 치킨스톡을 넣고 곱게 간다.

④ 아스파라거스는 잘게 다진다.

⑤ 냄비에 ③, ④, 두유를 넣고 중불에 끓인다.

⑥ 전체적으로 고르게 끓으면 올리고당과 소금으로 간을 한 뒤 불을 끈다.

- 아스파라거스는 줄기 아래쪽으로 갈수록 질겨져요. 필러로 한 겹 벗겨내고 다져주세요.

소고기 옥수수수프

구수한 옥수수수프와 소고기의 만남! 정통 서양 요리 수프 레시피를 재현해 훨씬 고소하고 맛있게 만들었어요.

재료 (2회)
다진 소고기 안심 40g, 옥수수통조림 40g, 셀러리 10g

양념
무염버터 1/4작은술, 밀가루 1큰술, 우유 120ml, 치킨스톡 120ml, 소금 1꼬집, 후추 약간

이렇게 요리하세요!

1. 셀러리는 아주 잘게 다지고 소고기는 겉면의 핏물을 닦아 준비한다.

2. 옥수수는 치킨스톡 소량과 함께 믹서에 곱게 간다.

3. 냄비를 약불에 올려 버터를 녹인 뒤 밀가루를 넣고 주걱으로 고르게 섞는다.

4. ③에 우유를 넣고 거품기로 잘 풀어 밀가루가 뭉치지 않게 한다.

5. 밀가루가 완전히 없어지면 나머지 치킨스톡을 넣고 끓인다.

6. ①, ②를 넣고 전체 재료가 고르게 익도록 중불에 끓인다.

7. 소금과 후추로 간을 한 뒤 불을 끈다.

- 밀가루와 버터를 사용해 만든 반죽을 '루roux'라고 해요. 라자냐의 베샤멜 소스도 루로 만들어요. 루를 만들 때는 밀가루 반죽이 남지 않도록 고르게 풀어야 해요. 너무 오래 저으면 브라운 루가 되니 주의하세요.

수프카레

숭덩숭덩 썬 야채가 들어간 수프카레예요. 국물 맛이 개운하고 목넘김이 편해 걸쭉한 카레를 싫어하는 아이도 잘 먹어요.

재료(2회)
양파 10g, 당근 10g, 피망 10g, 양배추 10g, 시금치 10g

양념
치킨스톡 240ml, 카레 가루 1/2작은술, 후추 약간

이렇게 요리하세요!

① 양파, 당근, 피망, 양배추는 1×1cm 크기로 깍둑썰고 시금치는 2cm 길이로 채썬다.

② 냄비에 치킨스톡을 조금 넣고 카레 가루를 잘 풀어 중불에 올린다.

③ ②에 ①을 넣고 후추를 고르게 뿌린 뒤 주걱으로 저어가며 졸이듯 볶는다.

④ 야채에 카레의 색이 배면 나머지 치킨스톡을 넣고 야채의 맛이 우러나도록 중불에서 5분간 더 끓인다.

- 단백질 반찬이 없다면 야채를 넣는 단계에서 다진 소고기나 닭고기 안심을 추가해 영양을 보충하세요.

야채크림스튜

일본 사람들이 캠핑할 때 즐겨먹는 야채크림스튜예요. 고소한 크림소스와 함께라면 특별한 향의 브로콜리도 잘 먹어요. 브로콜리를 좋아하지 않는 아이에게 만들어 주세요.

재료(2회)
양파 30g, 당근 30g, 브로콜리 30g

양념
생크림 120ml, 치킨스톡 120ml, 무염버터 1/4작은술, 소금 1꼬집, 후추 약간

이렇게 요리하세요!

1. 양파, 당근, 브로콜리는 1×1cm 크기로 깍둑썬다.
2. 냄비에 버터를 녹이고 ①을 넣어 중불에서 볶다가 소금, 후추로 간을 한다.
3. 야채의 숨이 죽으면 생크림과 치킨스톡을 넣고 전체 재료가 고르게 익도록 3~5분간 끓인다.

 • 새우를 다져 넣으면 정말 맛있어요. 생크림을 끓일 때는 넘치지 않게 불 조절에 신경 쓰세요. 끓어 넘치려고 할 때 불을 끄고 입으로 후후 불면 금방 가라앉아요.

양배추수프

위장 건강에 좋은 양배추로 만든 수프예요. 이름만 들으면 맛있어 보이지 않지만 한입 먹어보면 생각이 달라질 거예요. 변비가 있는 아이에게 좋은 수프랍니다.

재료(2회)
다진 돼지고기 40g, 양배추 80g

양념
치킨스톡 240ml, 무염버터 1/4작은술, 다진 마늘 1/4작은술, 토마토소스 3큰술, 후추 약간

이렇게 요리하세요!

① 돼지고기는 겉면의 핏물을 닦고 양배추는 2cm 길이로 아주 가늘게 채썬다.

② 버터를 녹인 냄비에 돼지고기를 넣고 겉면이 익도록 중불에서 볶는다.

③ ②에 양배추를 넣고 숨이 죽도록 충분히 볶은 다음 토마토소스와 다진 마늘, 후추를 넣고 전체적으로 고르게 볶는다.

④ 양배추에 토마토소스가 충분히 배면 치킨스톡을 넣고 한소끔 끓인 후 불을 끈다.

 맛이 충분히 우러날 수 있도록 양배추는 최대한 가늘게 써는 것이 포인트예요. 양배추의 두터운 부분까지 아주 가늘게 썰어야 오래 끓인 후 양배추의 형태가 많이 남지 않아요.

양파수프

양파수프는 대표적인 프랑스 수프 요리예요. 만드는 데 오랜 시간이 걸리지만 먹어보면 양파의 달큰한 참맛이 느껴져요. 바게트에 찍어 먹으면 정말 맛있어요. 아이에게는 부드러운 모닝빵을 곁들여 주세요.

재료(2회)
양파 80g, 아기 치즈 1장

양념
치킨스톡 240ml, 무염버터 1/4작은술, 기름 1/4작은술, 소금 1꼬집

이렇게 요리하세요!

① 양파는 일정한 두께로 짧게 채썬다.

② 기름을 두른 냄비에 ①을 넣고 주걱으로 저어가며 약불에서 볶는다.

③ 양파에서 수분이 나오면 중불로 올리고 계속해서 볶는다.

④ 양파가 갈색으로 변하고 죽처럼 부드러워지면 소금과 버터를 넣고 한 번 더 볶는다.

⑤ 치킨스톡과 아기 치즈를 넣고 한소끔 끓인 후 불을 끈다.

- 양파가 타지 않도록 약불과 중불로 계속 조절하며 볶아요. 완성된 양파수프를 볼에 담고 식빵과 치즈를 올려 전자레인지에 치즈가 녹을 때까지 돌려 먹으면 든든하고 맛있어요.

토마토수프

건강에 좋은 토마토를 맛있게 먹을 수 있는 방법을 소개할게요. 수프로 만들어 새콤하고 뜨끈하게 즐겨보세요.

재료(2회)

토마토 1/2개, 양파 20g, 파프리카 20g, 시금치 20g, 느타리버섯 10g, 피자치즈 5g

양념

치킨스톡 240ml, 다진 마늘 1/4작은술, 올리브유 1/4작은술, 소금 1꼬집, 후추 약간

이렇게 요리하세요!

① 토마토는 꼭지를 제거한 뒤 믹서에 넣고 치킨스톡 소량과 함께 간다.

② 양파와 파프리카는 깍둑 썰고, 시금치는 2cm 길이로 채썰고, 느타리버섯은 1cm 길이로 자른다.

③ 올리브유를 두른 냄비에 다진 마늘을 볶다가 향이 올라오면 ②를 넣고 중불에서 저어가며 볶는다.

④ 야채의 숨이 죽으면 ①과 남은 치킨스톡을 넣고 소금, 후추로 간을 한다.

⑤ 재료의 맛이 우러나오도록 중약불에서 5분 정도 끓인다.

⑥ 불을 끈 뒤 치즈를 올려 녹인다.

- 토마토수프는 점성이 있어 튈 수 있으니 꼭 뚜껑을 닫고 끓여요.

파프리카 감자수프

평범한 감자 수프가 아니에요. 파프리카의 선명하고 예쁜 색에 눈도 즐거운 수프랍니다.

재료(1회)
파프리카(노란색 또는 빨간색) 40g, 감자 30g

양념
생크림 60ml, 치킨스톡 60ml, 소금 1/2꼬집, 후추 약간

이렇게 요리하세요!

① 감자는 잘게 썬다.

② 파프리카는 숭덩숭덩 잘라 믹서에 넣고 치킨스톡과 함께 간다.

③ 냄비에 ①과 ②, 생크림을 넣고 중불에서 저어가며 끓인다.

④ 감자가 익도록 3~5분간 충분히 끓이고, 소금과 후추로 간을 한다.

- 파프리카는 한 가지 색으로 사용하세요. 노란색과 빨간색 파프리카를 섞으면 주황색이 될 수 있어요. 주황색을 좋아하는 아이라면 섞어도 괜찮겠죠? 감자를 넣지 않으면 간단한 '파프리카크림수프'가 된답니다.

PART 3

부드럽고 따뜻한 국

가자미찌개

순살 가자미를 맛있게 양념해서 푹 끓여 찌개를 만들었어요. 생선의 냄새를 싫어하는 아이도 향이 심하지 않은 가자미는 좋아한답니다.

재료(2회)
순살 가자미 30g, 배추 20g, 미니새송이버섯 20g, 양파 10g, 애호박 10g

양념
다시마물 200ml, 양념(간장 1/4작은술＋파프리카 가루 1/4작은술＋다진 마늘 1/4작은술＋다진 파 1/4작은술＋굴소스 1/8작은술＋소금 약간)

이렇게 요리하세요!

① 가자미는 흐르는 물에 가볍게 씻는다.

② 배추, 새송이버섯, 양파, 애호박은 2cm 길이로 가늘게 채썬다.

③ 냄비에 ②를 모두 넣고 ①을 올린다.

④ 다시마물과 양념을 넣은 뒤 뚜껑을 덮고 중불에서 5분간 끓인다.

⑤ 가자미가 다 익으면 불을 끈다.

 • 가자미를 주걱으로 약간 부수어 배식하세요.

갈치탕

제주 명물 갈치탕의 어린이용 레시피를 개발했어요. 커다란 제주산 갈치 대신 아이가 잘 먹을 수 있는 순살 갈치로 깊은 국물 맛을 내보세요. 안에 들어가는 무에도 양념이 배어 참 맛있어요.

재료 (2회)
순살 갈치 30g, 양파 20g, 무 20g, 느타리버섯 20g

양념
다시마물 200ml, 양념(간장 1/4작은술 + 파프리카 가루 1/4작은술 + 참기름 1/4작은술 + 소금 1꼬집 + 다진 마늘 1/2작은술)

이렇게 요리하세요!

1. 갈치는 흐르는 물에 깨끗하게 씻고 양파는 짧게 채 썬다.
2. 무는 얇게 썰어 2×2cm로 자르고 느타리버섯은 1cm 길이로 자른다.
3. 냄비에 ②를 깔고 위에 ①을 올린다.
4. 양념을 섞어 갈치 위에 올린 후 다시마물을 부어 뚜껑을 덮고 중불에 끓인다.
5. 육수가 팔팔 끓고 야채의 숨이 죽으면 뚜껑을 열고 주걱으로 갈치를 부순다.
6. 모든 재료를 잘 섞은 뒤 완전히 익으면 불을 끈다.

 무를 맨 밑에 깔면 갈치가 타지 않고, 갈치의 육수가 무에 배어 맛있어요. 더 맛있게 만들려면 무-갈치-무 순으로 갈치를 중간에 넣으세요.

감자된장국

구수한 된장국에 포슬포슬한 감자로 아이의 아침 식사를 준비해 보세요. 감자를 건져 국물 한 숟가락과 함께 밥에 쓱싹 비벼먹으면 최고예요.

재료(2회)
감자 60g, 양파 20g, 두부 20g

양념
멸치육수 240ml, 된장 1/2작은술, 다진 파 1/2작은술

이렇게 요리하세요!

① 감자는 1×1cm 크기로 깍둑썰고 양파는 짧게 채 썬다.

② 두부는 5×5mm 크기로 깍둑썬다.

③ 냄비에 멸치육수를 한소끔 끓이고 된장을 푼다.

④ ③에 ①을 넣은 뒤 중불에서 감자가 익을 때까지 끓인다.

⑤ ②와 다진 파를 넣고 계속 끓이다가 두부가 둥둥 떠오르면 불을 끈다.

- 빨간 파프리카 가루를 넣어 '감자찌개'로 만들어도 맛있어요. 감자가 너무 익으면 쉽게 부스러지니 적당히 익히세요.

감자탕

베리밥상의 감자탕에는 특별히 우거지 대신 해독작용이 탁월한 미나리를 넣었어요. 향긋한 미나리가 돼지 누린내를 잡아주어 더욱 깔끔하고 담백해요.

재료 (2회)
돼지 등뼈 1덩이, 미나리 30g, 양파 10g

양념
된장 1/2작은술, 생강즙 1큰술, 양념(파프리카 가루 1/4작은술＋간장 1/4작은술＋다진 파 1큰술＋다진 마늘 1/2작은술), 소금 1/2꼬집

이렇게 요리하세요!

1. 돼지 등뼈는 찬물에 1시간 동안 담가 핏물을 뺀 뒤 깨끗하게 씻는다.

2. 냄비에 등뼈가 완전히 잠기게 물을 붓고 겉면만 익도록 끓인 후 건져내어 한 번 더 씻는다.

3. 냄비에 등뼈가 완전히 잠기도록 물을 붓고 (700ml) 된장과 생강즙을 넣고 중불에서 40분간 끓인다.

4. 등뼈를 삶는 동안 미나리는 2cm 길이로 자르고, 양파는 2cm 길이로 채썬다.

5. 뼈에서 고기가 쉽게 분리될 때까지 끓인 후 등뼈를 건져 살만 발라내고 뼈는 버린다.

6. ⑤의 국물에 발라낸 살과 양념, ④를 넣어 야채가 충분히 익도록 끓인다.

7. 미나리가 부드러워지면 소금으로 간을 맞춘 뒤 한 소끔 더 끓인다.

- 끓는 동안 물이 줄어들어 등뼈가 잠기지 않는다면 물을 더 넣어요. 살을 발라낼 때 뼛조각이 섞이지 않도록 주의하세요.

고구마줄기 된장국

고구마줄기를 부드럽게 끓인 된장국이에요. 고구마줄기가 아이에게 생소할 수 있지만 부드럽고 신기한 식감에 흥미를 보인답니다.

재료(2회)
삶은 고구마줄기 30g, 양파 10g, 느타리버섯 10g

양념
다시마물 240ml, 된장 1/2작은술, 다진 파 1/4작은술

이렇게 요리하세요!

① 고구마줄기는 1cm 길이로 자르고 양파는 1cm 길이로 채썬다.

② 느타리버섯은 잘게 찢은 뒤 1cm 길이로 썬다.

③ 냄비에 다시마물을 끓인 뒤 된장을 풀고 ①, ②를 모두 넣어 중불에 끓인다.

④ 고구마줄기가 부드러워지면 다진 파를 넣고 한소끔 더 끓인다.

구수한 숭늉

바쁜 아침 시간이 없을 때 만들기 좋은 숭늉이에요. 돌솥밥으로 누룽지를 만들기 번거로우니 간편한 누룽지 만드는 법을 알려드릴게요.

재료(2회)
쌀밥(아이 양)

양념
쌀뜨물 240ml, 현미유 1/2작은술

이렇게 요리하세요!

① 쌀밥에 물 1큰술을 넣고 고루 섞는다.

② 현미유를 두른 팬에 ①을 평평하게 펴서 앞뒤로 노릇하고 바삭하게 굽는다.

③ 잘게 부셔 냄비에 넣고 쌀뜨물을 붓는다.

④ 누룽지가 부드러워질 때까지 주걱으로 저어가며 중불에서 끓인다.

국수 없는 잔치국물

색색의 고명이 들어간 시원한 멸치육수예요. 국수가 없어도 고명만으로 충분히 만족스러워요.

재료(2회)
다진 소고기 안심 40g, 당근 20g, 양파 20g, 애호박 20g, 구운 김 0.5g

양념
멸치육수 240ml, 양념(간장 1/2작은술+다진 파 1/4작은술+다진 마늘 1/4작은술+참기름 1/4작은술+깨 1꼬집)

이렇게 요리하세요!

① 소고기는 겉면의 핏물을 닦고 양파, 당근, 애호박은 2cm 길이로 가늘게 채썬다.

② 냄비에 멸치육수를 넣고 끓이다가 ①의 소고기를 넣고 겉면이 익을 때까지 젓는다.

③ ②에 ①의 야채를 넣고 양념으로 간을 한 뒤 3분간 끓인다.

④ 야채가 모두 익으면 불을 끄고, 김을 짧게 잘라 올린다.

냉이된장국

봄내음이 물씬 느껴지는 메뉴예요. 냉이된장국의 구수하고 향긋한 국물 한 모금에 봄을 만끽해 보세요. 향이 강한 재료를 싫어하는 아이라면 두부를 으깨서 끓여도 좋아요.

재료(2회)
냉이 20g, 양파 20g, 두부 20g

양념
다시마물 240ml, 된장 1/2작은술

이렇게 요리하세요!

① 냉이는 물에 흔들어 씻은 후 아주 잘게 다진다.

② 양파는 짧게 채썰고 두부는 5×5mm 크기로 깍둑썬다.

③ 냄비에 다시마물을 넣고 끓인다.

④ 끓으면 된장을 잘 풀고 ①과 ②의 양파를 넣는다.

⑤ 냉이가 부드러워지도록 중불에서 끓이다가 ②의 두부를 넣는다.

⑥ 두부가 동동 떠오르면 불을 끈다.

 • 냉이를 손질할 때 물에 넣고 마구 흔들어 씻은 뒤 뿌리의 흙을 칼등으로 긁어주면 깨끗해져요.

느타리버섯 들깨국

구수한 들깨가루를 듬뿍 넣은 느타리들깨국이에요. 오동통한 느타리와 고소한 들깨의 조합을 기대해 보세요. 밥을 넣어 죽으로 만들어도 아이가 좋아해요.

재료 (2회)
느타리버섯 40g, 양파 20g

양념
멸치육수 240ml, 간장 1/4작은술, 다진 파 1/4작은술, 소금 약간, 들깨가루 1/2작은술

이렇게 요리하세요!

① 느타리버섯은 손으로 잘게 찢은 뒤 1cm 길이로 자른다.

② 양파는 짧게 채썬다.

③ 냄비에 멸치육수를 끓이고 간장과 소금으로 간을 한다.

④ 느타리버섯과 양파를 넣고 양파가 익을 때까지 중불에 끓인다.

⑤ 야채가 고루 익으면 다진 파를 넣고 한소끔 더 끓인 뒤 불을 끈다.

⑥ 들깨가루를 넣고 휘저어 마무리한다.

• 들깨가루는 산패가 잘 되는 재료예요. 산패가 시작되면 들깨의 구수한 향이 날아가고 건강에도 좋지 않으니 소량씩 구입해 빨리 사용하세요. 밥을 넣어 구수한 '느타리버섯들깨죽'으로 만들면 아침 식사로 좋아요.

다슬기국

간과 눈에 좋은 식재료인 다슬기로 만든 국이에요. 다슬기는 여름철 계곡에서 쉽게 만날 수 있어요. 아이와 다슬기 잡는 재미도 즐기고 요리로 만들어 보세요.

재료 (2회)
껍질 깐 다슬기 20g, 부추 40g

양념
다시마물 240ml, 된장 1/4작은술, 다진 마늘 1/2큰술, 소금 1/2꼬집

이렇게 요리하세요!

① 다슬기는 물에 담가 여러 번 세척해서 불순물을 제거한 뒤 잘게 다진다.

② 부추는 뿌리 부분을 특히 신경 써서 세척한 뒤 1cm 길이로 자른다.

③ 냄비에 다시마물을 끓이고 된장을 푼다.

④ ③에 다슬기를 넣고 중불에 팔팔 끓인다.

⑤ 다슬기가 다 익으면 부추와 다진 마늘을 넣고 3분간 팔팔 끓인다.

⑥ 소금으로 간을 맞추고 고르게 젓는다.

- 다슬기의 빨판이 아이의 입천장에 붙거나 목에 걸리지 않도록 꼭 제거하세요.

다시마떡국

설날이 되면 기다려지는 음식은 바로 떡국이에요. 다시마로 깔끔하고 담백한 국물 맛을 낸 쫄깃쫄깃한 떡국이 우리 아이 아침 식사로 참 좋아요.

재료 (2회)
떡국 떡 40g, 건다시마 4×5cm 1장

양념
멸치육수 240ml, 간장 1/4작은술, 소금 1/2꼬집, 다진 파 1/2작은술

이렇게 요리하세요!

① 떡국 떡은 물에 20분간 불려 4등분한다.

② 다시마는 깨끗하게 씻은 후 물에 불려 1×1cm 크기로 자른다.

③ 냄비에 멸치육수를 넣고 끓인다.

④ ①, ②를 넣고 계속 끓이다가 떡이 부드럽게 익으면 간장, 소금, 다진 파를 넣는다.

⑤ 한소끔 끓인 후 불을 끈다.

- 멸치육수 대신 사골국물을 넣고 끓이면 더 구수한 향이 나고 맛있어요. 소고기를 볶아서 고명으로 올리면 단백질도 보충할 수 있어요.

달걀순두부국

부드러운 달걀과 부드러운 순두부가 만나 부들부들한 메뉴예요. 아이가 감기에 걸린 후 회복기 때 주면 잘 먹는 요리랍니다. 동물성 단백질인 달걀과 식물성 단백질인 순두부가 함께 있어 영양 밸런스도 좋아요.

재료(2회)
달걀 1개, 순두부 60g, 양파 20g, 표고버섯 10g

양념
멸치육수 240ml, 간장 1/2작은술, 소금 약간, 후추 약간, 다진 파 1/2작은술

이렇게 요리하세요!

① 달걀을 풀어 소금을 약간 넣고 잘 섞는다.

② 순두부는 물에 살짝 씻어 숟가락으로 숭덩숭덩 자른다.

③ 양파와 표고버섯은 2cm 길이로 채썬다.

④ 냄비에 멸치육수를 끓여 간장으로 간을 하고 ③을 넣고 중불에 끓인다.

⑤ 야채가 다 익으면 ②를 넣고 달걀물을 한 바퀴 둘러 넣는다.

⑥ 후추, 다진 파를 넣고 한소끔 더 끓인 뒤 불을 끈다.

- 육수의 양을 줄여 자작하게 끓인 후 덮밥처럼 배식해도 아이가 좋아해요.

닭개장

담백한 살코기와 여러 가지 야채를 넣고 푹 끓인 닭개장이에요. 닭 육수에 끓이니 닭고기 안심에 기름이 없어도 풍미가 깊어요. 칼국수면을 넣어도 맛있어요.

재료 (2회)
닭고기 안심 60g, 배추 30g, 무 20g, 콩나물 20g, 팽이버섯 20g

양념
치킨스톡 260ml, 양념(간장 1/8작은술 + 소금 1꼬집 + 파프리카 가루 1/2작은술 + 다진 마늘 1/2작은술 + 후추 약간)

이렇게 요리하세요!

1. 닭고기는 힘줄을 제거한 뒤 깨끗하게 씻는다.
2. 배추와 무는 2cm 길이로 채썰고 콩나물과 팽이버섯은 2cm 길이로 자른다.
3. 냄비에 치킨스톡을 넣고 ①과 함께 끓인다.
4. 닭고기가 완전히 익으면 집게로 잘게 찢는다.
5. ②와 양념을 넣고 야채가 부드럽게 익도록 5분간 더 끓인다.

- 콩나물의 콩은 개월 수가 적어 씹는 게 서툰 아이의 목에 걸릴 위험이 있어요. 안전을 위해 제거해도 되지만 콩에 영양가가 많으니 칼면으로 으깨서 요리하는 것을 추천해요.

대하탕

싱싱한 제철 대하는 소금에만 구워 먹어도 맛있죠? 탕을 끓이면 국물에서 우러나오는 새우 맛이 정말 끝내줘요. 대하를 통째로 넣어 만든 대하탕으로 아이에게 바다의 맛을 보여주세요.

재료(2회)
대하 30g, 숙주 20g, 느타리버섯 20g, 깻잎 2장

양념
양념(간장 1/4작은술 + 참기름 1/4작은술 + 파프리카 가루 1/2작은술 + 다진 마늘 1/2작은술 + 다진 파 1/2작은술), 소금 1/2꼬집

이렇게 요리하세요!

1. 대하는 물에 깨끗하게 씻는다.
2. 숙주는 2cm 길이로, 느타리버섯은 1cm 길이로 자른다.
3. 깻잎은 가늘게 채썰어 짧게 자른다.
4. 냄비에 물 240㎖를 넣고 끓이다가 대하를 넣는다.
5. 대하가 빨갛게 익으면 건져서 따로 빼둔다.
6. 냄비에 ②와 양념을 넣고 팔팔 끓인다.
7. ⑤의 머리와 껍질을 제거하고 살을 잘게 잘라 ⑥에 넣는다.
8. 소금으로 간을 맞추고 끓이다가 재료가 모두 익으면 불을 끄고 ③을 올린다.

 대하를 통째로 넣기 찝찝하다면 머리와 껍질을 제거해도 괜찮아요. 다만, 새우의 풍미는 부족할 수 있어요. 수염만 잘라낸 뒤 사용해도 충분히 깨끗해요.

돼지고기청국장

돼지고기를 듬뿍 넣어 만든 구수한 청국장이에요. 된장국보다 맛이 진하고 특유의 냄새 때문에 호불호가 갈리는 음식이지만 건강에는 아주 좋답니다.

재료 (2회)
다진 돼지고기 40g, 양파 20g, 팽이버섯 20g, 애호박 20g

양념
쌀뜨물 240ml, 청국장 1큰술, 파프리카 가루 1/4작은술

이렇게 요리하세요!

① 돼지고기는 겉면의 핏물을 닦아낸다.

② 양파, 애호박은 짧게 채썰고 팽이버섯은 2cm 길이로 자른다.

③ 냄비에 쌀뜨물을 끓인 후 청국장을 풀고 ①, ②의 재료를 넣고 중불에 팔팔 끓인다.

④ 돼지고기가 다 익으면 파프리카 가루를 넣고 3분간 끓인 뒤 불을 끈다.

- 청국장 자체에 간이 있기 때문에 따로 간을 추가할 필요가 없어요. 아이가 조금 더 간이 있는 음식을 좋아한다면 간장 1/8작은술을 추가하세요.

두부찌개

뜨끈하고 부들부들한 두부를 맛있게 양념하여 자작하게 끓였어요. 다진 마늘이 듬뿍 들어가 얼큰한 맛도 난답니다.

재료(2회)
두부 60g, 양파 20g, 애호박 20g, 팽이버섯 10g

양념
멸치육수 200ml, 양념(간장 1/4작은술 + 다진 파 1/4작은술 + 참기름 1/4작은술 + 파프리카 가루 1/2작은술 + 다진 마늘 1/2작은술 + 깨 1꼬집)

이렇게 요리하세요!

① 두부는 5×5mm 한입 크기로 깍둑썬다.

② 양파, 애호박은 짧게 채썰고 팽이버섯도 같은 크기로 자른다.

③ 냄비에 멸치육수와 양념을 넣고 섞은 뒤 ①을 넣고 ②를 올린다.

④ 육수가 1/3 정도 줄어들 때까지 중불에 끓인다.

⑤ 두부에 재료의 색이 배면 불을 끈다.

 육수를 추가하여 국물이 넉넉한 찌개로 먹어도 괜찮아요. 다만, 두부에 맛이 잘 밸 수 있게 위의 방법으로 요리한 후 육수를 추가하세요.

맑은두부국

고소한 두부를 사용해 맑게 끓인 국이에요. 가쓰오부시육수로 끓여서 더욱 시원하답니다. 부추의 은은한 향이 두부를 더 돋보이게 만들어 낸 소박하지만 개운한 국이에요.

재료(2회)
두부 60g, 양파 20g, 부추 20g

양념
가쓰오부시육수 240ml, 간장 1/4작은술, 소금 1/2꼬집, 후추 약간

이렇게 요리하세요!

① 두부는 5×5mm 한입 크기로 깍둑썬다.

② 양파는 2cm 길이로 채썰고 부추는 2cm 길이로 자른다.

③ 냄비에 가쓰오부시육수를 넣고 끓여 간장으로 간을 하고 ②를 넣어 중불에 끓인다.

④ 양파가 익으면 ①을 넣고 소금과 후추로 간을 한다.

⑤ 두부가 동동 떠오르면 불을 끈다.

- 가쓰오부시육수 대신 조개육수를 써도 시원한 맛이 일품이에요. 여러 가지 육수를 사용해 다양한 맛을 내보세요.

명란소고기국

짭짤한 명란으로 간을 한 명란소고기국이에요. 명란으로 간을 하면 간장이나 소금으로 간을 하는 것과 비교도 안 되게 풍미가 있어요. 명란은 충분히 익혀 먹이는 것을 추천해요.

재료(2회)
다진 소고기 안심 40g, 저염명란 10g, 양파 20g, 표고버섯 10g, 숙주 10g

양념
다시마물 240ml, 후추 약간, 파프리카 가루 1/4작은술, 다진 파 1작은술

이렇게 요리하세요!

① 소고기는 겉면의 핏물을 닦아내고, 명란은 껍질을 제거해 숟가락으로 으깬다.

② 양파와 표고버섯은 짧게 채썰고 숙주는 2cm 길이로 자른다.

③ 냄비에 다시마물을 끓인 뒤 소고기를 넣고 거품을 건져내며 중불에 끓인다.

④ 소고기가 얼추 익으면 명란과 ②를 넣고 후추, 파프리카 가루, 다진 파를 넣어 중불에 5분간 팔팔 끓인다.

⑤ 명란과 소고기가 완전히 익으면 불을 끈다.

- 명란은 껍질을 완전히 벗기고 사용하세요. 치아가 발달하지 않은 아이에게 질긴 식감이 거부감을 줄 수 있기 때문이에요.
- 재료를 가위로 잘게 썰어 밥을 넣고 끓여 '명란소고기죽'으로 만들어도 맛있어요.

목이버섯들깨국

식이섬유, 철분이 풍부한 목이버섯으로 구수한 국을 만들었어요. 목이버섯의 꼬들꼬들한 식감이 재미있어요.

재료 (2회)
목이버섯 30g, 시금치 20g, 양파 20g

양념
치킨스톡 240ml, 굴소스 1/8작은술, 간장 1/4작은술, 후추 약간, 전분물(전분 1작은술＋물 2작은술), 들깨가루 1/4작은술

이렇게 요리하세요!

① 목이버섯은 물에 흔들어 씻어 뿌리의 흙을 제거한 후 2cm 길이로 채썬다.

② 시금치는 2cm 길이로 자르고 양파는 2cm 길이로 채썬다.

③ 냄비에 치킨스톡 1큰술과 ①, ②를 넣고 굴소스로 간을 한 뒤 육수가 졸아들 때까지 중불에 볶는다.

④ 나머지 치킨스톡을 넣고 간장, 후추로 간을 한 후 중불에서 3분간 팔팔 끓인다.

⑤ ④에 전분물을 넣어 걸쭉하게 농도를 맞춘다.

⑥ 불을 끄고 들깨가루를 넣는다.

- 전분물을 넣을 때 저어가며 섞어야 뭉치지 않아요.
- 생목이버섯을 구하기 힘들면 건목이버섯을 사용하세요. 건목이버섯을 따뜻한 물에 30분간 불리면 부들부들해져요. 바짝 마른 목이버섯이라면 1시간 이상 불려야 하는 경우도 있어요.

무국

달달하고 시원한 무국은 환절기에 기관지 질환을 예방하기 좋은 음식이에요. 수분 가득한 무로 요리하면 아이의 수분 섭취에도 아주 좋답니다.

재료 (2회)
무 60g

양념
다시마물 200ml, 소금 1꼬집, 후추 약간, 깨 1꼬집, 참기름 1/4작은술

이렇게 요리하세요!

1 무는 2cm 길이로 채썬다.

2 냄비에 다시마물을 넣고 ①을 넣은 뒤 소금, 후추로 간을 한다.

3 무가 완전히 익어 부서질 때까지 끓이고 불을 끈다.

4 깨를 으깨 넣고 참기름을 둘러 마무리한다.

- 무의 초록 부분을 사용하면 훨씬 달짝지근한 무국이 돼요. 시원한 무국을 원한다면 흰부분을 사용하세요. 겨울철 무는 어느 부분이든 다 달고 맛있어요.

밀푀유나베

소고기와 배추를 겹겹이 쌓아 두른 모양도 맛도 좋은 밀푀유나베예요. 가쓰오부시육수를 사용하여 일식의 풍미를 냈어요. 소고기 전골의 육수와는 맛이 달라요.

재료(2회)
소고기 불고기용 40g, 배추 40g

양념
가쓰오부시육수 240ml, 양념(간장 1/2작은술, 올리고당 1/8작은술, 참기름 1/4작은술)

이렇게 요리하세요!

① 소고기는 겉면의 핏물을 닦아낸다.

② 배추는 씻어 가로로 반으로 자른다.

③ 소고기와 배추를 겹겹이 쌓아 올린 뒤 2cm 길이로 잘라 냄비에 차곡차곡 담는다.

④ 가쓰오부시육수에 양념을 섞어 ③에 붓고 뚜껑을 덮은 뒤 중불에 5분간 끓인다.

⑤ 배추가 완전히 부드러워지면 불을 끈다.

- 1~3월의 봄동이나 무청, 시래기 등의 다른 야채들을 배추 대신 겹겹이 쌓아 만들어도 좋아요. 표고버섯에 십자로 칼집을 내서 올리면 더욱 맛있어 보여요.

바지락탕

건강한 바다의 맛! 쫄깃쫄깃한 바지락으로 만든 바지락탕이에요. 시원하고 짭쪼름한 조개의 맛이 입 안에 한가득 퍼져요. 국물 요리를 좋아하지 않는 아이들도 잘 먹을 거예요.

재료(2회)
바지락살 30g, 애호박 20g, 양파 20g, 팽이버섯 10g

양념
다시마물 240ml, 소금 1꼬집, 다진 파 1큰술, 다진 마늘 1/4작은술

이렇게 요리하세요!

① 바지락살은 물에 깨끗하게 세척한 뒤 잘게 자른다.

② 애호박, 양파는 짧게 채썰고 팽이버섯은 2cm 길이로 자른다.

③ 냄비에 다시마물을 끓여 소금으로 간을 하고 ①, ②를 넣는다.

④ 바지락살이 완전히 익을 때까지 중불에서 끓이다가 다진 파, 다진 마늘을 넣는다.

⑤ 한소끔 끓으면 불을 끈다.

 • 바지락을 껍질째 사용한다면 더욱 깨끗하게 해감하세요.

배추애호박찌개

배추와 애호박이 만나 달큰한 맛이 나는 배추애호박찌개예요. 국물을 좋아하지 않는 아이들도 단맛 덕분에 대부분 좋아해요.

재료 (2회)
배추 40g, 애호박 20g, 팽이버섯 20g

양념
멸치육수 240ml, 양념(간장 1/4작은술 + 소금 1/2꼬집 + 올리고당 1/8작은술 + 다진마늘 1/4작은술), 참기름 1/4작은술

이렇게 요리하세요!

1. 배추와 애호박은 2cm 길이로 채썰고 팽이버섯도 같은 길이로 자른다.

2. 냄비에 멸치육수를 한소끔 끓여 양념을 섞은 뒤 끓으면 ①을 넣는다.

3. 배추가 부드러워질 때까지 중불에서 끓인 후 불을 끈다.

4. 참기름을 둘러 마무리한다.

- 배추 안쪽의 노랗고 작은 잎을 사용하면 더 달아요. 더욱 달큰한 국물을 내고 싶다면 노란 속배추를 사용하세요.

사천탕

바다의 맛을 담은 탕요리예요. 중식이지만 기름을 많이 쓰지 않는 레시피를 준비했어요. 생굴을 싫어하는 어른들도 함께 즐기기 좋은 요리랍니다.

재료(2회)
굴 30g, 양파 20g, 당근 10g, 애호박 10g, 느타리버섯 10g

양념
치킨스톡 240ml, 소금 1꼬집, 후추 약간, 기름 1/4작은술

이렇게 요리하세요!

① 굴은 흐르는 물에 여러 번 씻어 잘게 다진다.

② 양파, 당근, 애호박은 짧게 채썰고 느타리버섯은 가늘게 찢은 뒤 2cm 길이로 자른다.

③ 냄비에 기름을 두르고 굴을 볶다가 굴이 통통해지면 ②를 넣고 야채의 숨이 죽을 때까지 센불에서 볶는다.

④ 치킨스톡 2큰술을 넣고 소금, 후추로 간을 한 뒤 야채가 완전히 익을 때까지 계속 볶는다.

⑤ 남은 치킨스톡을 모두 넣고 3분간 팔팔 끓인 뒤 불을 끈다.

 • 우동면이나 칼국수면을 넣으면 사천탕면이 돼요. 굴은 완전히 익혀 조리해 식중독을 예방하세요.

새송이버섯 누룽지탕

쫄깃쫄깃한 식감의 새송이버섯과 구수한 누룽지의 만남! 그냥 숭늉이 아니라 중식 누룽지탕이에요. 전분이 있어 걸쭉하고 더 따뜻하게 즐길 수 있어요.

재료 (2회)
새송이버섯 40g, 애호박 20g, 밥(아이 양)

양념
치킨스톡 240ml, 간장 1/2작은술, 참기름 1/4작은술, 전분물(전분 1작은술+물 2작은술), 기름 1/2작은술

이렇게 요리하세요!

① 밥에 물 1큰술을 넣고 섞어 기름을 두른 팬에 아주 얇게 편다.

② 약불에 서서히 구워 바삭한 누룽지를 만든 뒤 꺼내서 부순다.

③ 새송이버섯과 애호박은 5×5mm 크기로 깍둑썬다.

④ 냄비에 치킨스톡을 넣고 끓으면 ③을 넣고 중불에서 끓인다.

⑤ 애호박이 뭉근하게 익으면 ②의 누룽지를 넣고 부드러워질 때까지 끓인다.

⑥ 간장으로 간을 하고 전분물을 조금씩 넣어가며 농도를 맞춘다.

⑦ 불을 끄고 참기름을 둘러 마무리한다.

- 누룽지탕의 농도는 덮밥 소스보다 묽게 맞추세요. 전분물을 조금씩 넣어가며 저어야 뭉치지 않고 고르게 농도를 낼 수 있어요.

새송이버섯 들깨국

새송이버섯과 들깨로 구수한 국을 끓였어요. 2회분을 준비해 두었다가 1회분은 칼국수를 넣어 들깨칼국수로 즐겨보세요.

재료 (2회)
미니새송이버섯 40g, 양파 20g, 감자 30g

양념
멸치육수 240ml, 간장 1/2작은술, 다진 파 1/4작은술, 들깨가루 1/2작은술, 참기름 1/4작은술

이렇게 요리하세요!

1. 새송이버섯과 양파, 감자는 5×5mm 크기로 깍둑 썬다.
2. 냄비에 멸치육수를 끓이다 간장으로 간을 하고 ①을 넣은 뒤 중불에 계속 끓인다.
3. 감자가 완전히 익으면 다진 파를 넣고 한소끔 더 끓인 뒤 불을 끈다.
4. 들깨가루와 참기름을 넣고 휘젓는다.

- 감자를 얇게 썰어 준비하면 조리 시간을 절약할 수 있어요. 아이가 감자를 좋아하지 않는다면 2cm 길이로 채써는 것도 괜찮아요.

소고기야채전골

영양 만점 소고기와 섬유질 가득한 채소를 따뜻하게 끓인 요리예요. 비슷한 재료를 사용하는 일본식 소고기나베와 다르게 다시마물을 육수로 사용해 더 담백해요.

재료(2회)

소고기 안심 60g, 양파 20g, 새송이버섯 20g, 부추 10g, 배추 10g

양념

다시마물 240ml, 간장 1/4작은술, 소금 약간, 후추 약간, 다진 파 1작은술

이렇게 요리하세요!

① 소고기는 겉면의 핏물을 닦고 1×1cm 크기로 깍둑썬다.

② 양파, 새송이버섯, 부추, 배추는 짧게 채썬다.

③ 냄비에 다시마물을 1큰술 넣고 중불에 소고기를 볶으며 간장으로 간을 한다.

④ 소고기의 겉면이 익으면 ②의 부추를 제외한 야채를 모두 넣고 충분히 익을 때까지 끓인다.

⑤ 소금, 후추, 다진 파를 넣고 3분간 더 끓인 후 불을 끈다.

⑥ 부추를 위에 올려 뚜껑을 덮고 2분간 뜸들인다.

- 부추의 향과 식감을 모두 살리고 싶다면 마지막에 넣어주세요. 부추를 미리 넣으면 부추의 향이 날아가고 형태를 알아볼 수 없게 푹 익어요. 만약 아이가 부추를 싫어한다면 다른 야채를 넣을 때 함께 넣는 것도 괜찮아요.

소고기콜라비국

무의 사촌격인 콜라비로 만든 소고기국이에요. 무보다 더 단단하고 아삭하지만 훨씬 단맛이 강해요. 시원하고 달짝지근한 소고기국을 만들어 보세요.

재료 (2회)
다진 소고기 안심 40g, 콜라비 40g, 양파 20g, 표고버섯 20g

양념
다시마물 240ml, 파프리카 가루 1/4작은술, 소금 1꼬집, 후추 약간, 다진 마늘 1/2작은술, 다진 파 1/4작은술

이렇게 요리하세요!

① 소고기는 겉면의 핏물을 닦아내고 양파와 표고버섯은 짧게 채썬다.

② 콜라비는 잎과 아랫부분을 잘라내고 껍질을 깐 후 2×2cm 크기로 깍둑썬다.

③ 냄비에 다시마물을 넣고 끓으면 소고기를 넣고 중불에 계속 끓인다.

④ 끓이며 나오는 거품은 걷어낸 후 ②와 양파, 표고버섯을 넣고 파프리카 가루, 소금, 후추, 다진 마늘, 다진 파를 추가한다.

⑤ 콜라비가 완전히 익으면 불을 끈다.

- 콜라비는 껍질까지 사용해도 괜찮지만 보라색 물이 나와 국물 색이 이상해질 수 있어요. 껍질까지 사용하는 콜라비는 생채로 만드는 것도 괜찮아요.

스키야키

일본식 불고기 스키야키는 단맛과 간장 맛이 진해요. 정석은 짜게 만들어서 달걀물에 찍어 먹는 요리지만 생달걀을 먹으면 안 되는 아이를 위해 특별히 유아식 버전으로 만들었어요.

재료(2회)
소고기 불고기용 60g, 양파 20g, 당근 10g, 느타리버섯 10g, 양배추 10g, 달걀 1개

양념
가쓰오부시육수 50ml, 간장 1/2작은술, 올리고당 1/8작은술, 참기름 1/4작은술

이렇게 요리하세요!

① 소고기는 겉면의 핏물을 닦고 2cm 길이로 채썬다.

② 양파, 당근, 양배추는 2cm 길이로 채썰고 느타리버섯은 잘게 찢어 2cm 길이로 자른다.

③ 볼에 달걀을 풀어서 가쓰오부시육수 1/2큰술, 참기름과 함께 섞는다.

④ 냄비에 남은 가쓰오부시육수와 간장, 올리고당을 섞은 뒤 ①, ②를 넣고 졸이듯이 중불에 끓인다.

⑤ 소고기가 완전히 익으면 약불로 줄이고 ③을 부어 젓는다.

⑥ 한소끔 끓인 후 불을 끈다.

 • 달걀물을 붓고 잘 저어주지 않으면 달걀찜처럼 익어버릴 수 있으니 주의하세요.

시금치된장국

어릴 때 김밥을 하나씩 먹다보면 목이 막히잖아요? 그때 한 모금 마시는 시금치된장국은 가뭄의 단비 같았어요. 아이의 아침 식사로 구수한 시금치된장국을 준비해 보세요.

재료(2회)
시금치 40g, 양파 20g, 표고버섯 20g

양념
다시마물 240ml, 된장 1/2작은술, 다진 파 1/2작은술

이렇게 요리하세요!

① 시금치는 2cm 길이로 자르고 양파와 표고버섯은 2cm 길이로 채썬다.

② 냄비에 다시마물을 끓여 된장을 풀고 ①을 모두 넣는다.

③ 중불에 팔팔 끓이다가 다진 파를 넣고 시금치가 부드러워질 때까지 끓인다.

④ 모든 재료가 부드러워지면 불을 끈다.

 • 다시마물 대신 멸치육수를 사용해도 아주 맛있어요. 시금치는 뿌리 부분을 제거하고 사용하면 질기지 않아요.

어묵탕

어묵을 넣고 푹 끓인 시원한 어묵탕이에요. 어묵을 오래 끓이면 부들부들한 식감이 정말 좋답니다. 겨울철 쌀쌀한 아침을 따뜻한 국 요리로 맞아보세요.

재료 (2회)
어묵 40g, 양파 20g, 팽이버섯 10g, 부추 10g

양념
다시마물 240ml, 간장 1/2작은술, 다진 파 1큰술

이렇게 요리하세요!

① 어묵은 흐르는 물에 살짝 씻어 한입 크기로 자른다.

② 양파는 짧게 채썰고 팽이버섯과 부추는 2cm 길이로 자른다.

③ 냄비에 다시마물을 넣고 ①, ②를 넣어 중불에 팔팔 끓인다.

④ 어묵이 부드러워지면 간장과 다진 파를 넣고 3분간 더 끓인 후 불을 끈다.

 • 아이가 어묵을 좋아하면 뾰족한 끝을 자른 꼬치에 어묵을 끼워주세요. 아이가 미끄러운 어묵을 손으로 잡고 먹기 좋아요.

우동국물

뜨끈한 우동에 국물 한 모금! 겨울철 추위를 날려버릴 국물 요리예요. 우동면이 없다고 아쉬워하지 마세요. 정통 일식 우동 국물의 풍미가 아쉬움을 날려버릴 거예요.

재료(2회)
느타리버섯 40g, 구운 김 3×4cm 2장

양념
가쓰오부시육수 200ml, 간장 1/2작은술, 후추 약간, 다진 파 1/4작은술

이렇게 요리하세요!

① 느타리버섯을 잘게 자른다.

② 냄비에 가쓰오부시육수를 끓인 뒤 간장, 후추로 간을 한다.

③ ①과 다진 파를 넣고 3분간 더 끓인 후 불을 끈다.

④ 김을 가늘게 잘라 넣는다.

- 일본식 우동국물에는 튀김반죽을 튀긴 '덴가스'라고 하는 고명이 들어가는데, 우동국물이 훨씬 맛있어져요. 추가하고 싶다면 튀김반죽을 묽게 만들어 튀겨 보세요.

유부된장국

튀긴 유부에 된장국물이 배어 재미있는 국물 요리예요. 유부를 깨물면 쭉 나오는 따뜻한 된장국물이 참 맛있어요. 튀긴 유부라 고소함도 2배랍니다.

재료(2회)
튀긴 유부 10g, 표고버섯 20g, 청경채 20g

양념
멸치육수 240ml, 된장 1/2작은술, 다진 파 1/2작은술

이렇게 요리하세요!

① 튀긴 유부는 5×5mm 크기로 자른다.

② 표고버섯과 청경채는 짧게 채썬다.

③ 냄비에 멸치육수를 끓이고 된장을 푼다.

④ ①, ②의 재료를 모두 넣고 중불에 팔팔 끓인다.

⑤ 청경채가 물렁해지면 다진 파를 넣고 한소끔 끓인 후 불을 끈다.

 • 가끔 유부초밥을 만드는 조미용 유부를 사는 실수를 해요. 된장국용 유부는 마트 냉동 식품 코너에 있는 튀긴 유부예요.

유부주머니탕

유부 안에 야채와 고기를 듬뿍 넣은 깊은 맛의 국물 요리예요. 유부주머니 2개만으로도 든든한 한 끼 식사가 된답니다.

재료 (2회)
튀긴 유부 4개, 소고기 불고기용 40g, 당면 5g, 양파 10g, 당근 10g, 뾰족한 끝을 자른 이쑤시개나 스파게티면 4개

양념
가쓰오부시육수 240ml, 간장 1/4작은술, 양념(간장 1/4작은술+다진 마늘 1/8작은술+다진 파 1/8작은술+참기름 1/8작은술+깨 1/2꼬집)

이렇게 요리하세요!

① 당면은 따뜻한 물에 20분간 불린 후 가위로 짧게 자른다.

② 소고기는 가늘게 채썰어 볼에 담는다.

③ 양파와 당근은 1cm 길이로 가늘게 채썰고, ①과 함께 ②에 담는다.

④ ③에 양념을 넣고 버무려 유부 위쪽에 칼집을 내어 담은 뒤 이쑤시개나 스파게티면으로 고정한다.

⑤ 냄비에 가쓰오부시육수를 끓인 후 간장으로 간을 하고 ④를 넣는다.

⑥ 유부 속 재료가 완전히 익을 때까지 중불에서 5분간 끓인 뒤 불을 끈다.

- 아이에게 줄 때는 유부주머니를 꼭 잘라주세요. 유부주머니 안에 뜨거운 육수가 배어 있어 입안에 화상을 입을 위험이 있어요.

주꾸미탕

3~4월의 보양 재료 주꾸미로 끓인 시원한 국 요리예요. 쫄깃한 주꾸미와 향긋한 미나리가 함께라서 더욱 맛있어요.

재료(2회)
주꾸미 30g, 미나리 20g, 양파 20g, 굵은소금 또는 밀가루 1큰술(세척용)

양념
다시마물 240ml, 기름 1/4작은술, 양념(간장 1/4작은술+소금 1/2꼬집+파프리카가루 1/2작은술+다진 파 1/4작은술+다진 마늘 1/2작은술+참기름 1/8작은술)

이렇게 요리하세요!

① 주꾸미는 굵은소금이나 밀가루를 뿌려 바락바락 치댄 후 헹군다.

② 주꾸미를 1cm 길이로 자른다.

③ 미나리는 5mm 길이로 잘게 자르고 양파는 짧게 채썬다.

④ 기름을 두른 냄비에 ②를 센불에서 볶는다.

⑤ 주꾸미가 통통하게 익으면 ③의 미나리와 양파를 넣고 계속 볶는다.

⑥ 야채의 숨이 죽으면 다시마물과 양념을 넣고 중불에 팔팔 끓인다.

⑦ 야채가 익으면 불을 끈다.

 • 주꾸미의 식감이 아이에게 질길 수 있어요. 개월 수가 적은 아이라면 주꾸미를 잘게 다지고 유아식을 잘 먹는 아이라면 조금 큰 크기로 잘라 준비하세요.

청포묵국

녹두를 갈고 남은 앙금으로 만든 청포묵은 녹두의 사포닌 성분을 그대로 가져와 건강에도 좋고 탱글탱글 식감도 재밌어요. 묵을 좋아하는 아이라면 비슷한 식감을 가진 청포묵에 도전해 보세요.

재료(2회)
청포묵 40g, 느타리버섯 20g, 양파 20g, 구운 김 3×4cm 2장

양념
멸치육수 240ml, 양념(간장 1/2작은술+다진 마늘 1/4작은술+다진 파 1/4작은술), 참기름 1/4작은술

이렇게 요리하세요!

① 청포묵은 5×5mm 크기로 깍둑썬다.

② 느타리버섯은 1cm 길이로 자르고 양파는 1cm 길이로 채썬다.

③ 김은 잘게 자른다.

④ 냄비에 멸치육수를 끓여 양념으로 간을 하고 ①, ②를 모두 넣는다.

⑤ 청포묵이 투명해지면 불을 끄고 참기름과 김을 넣은 후 휘젓는다.

- 청포묵은 도토리묵보다 탱글탱글하기 때문에 한 번에 삼키지 않도록 작게 잘라주세요.

콜라비순두부국

부들부들한 순두부와 아삭아삭한 콜라비의 조화가 잘 어우러져요. 부드러운 맛이라 이유식을 막 끝낸 아이들도 잘 먹어요.

재료(2회)
콜라비 30g, 순두부 60g, 표고버섯 10g, 양배추 10g

양념
치킨스톡 240ml, 소금 1꼬집, 다진 파 1/4 작은술

이렇게 요리하세요!

① 콜라비는 잎과 아래를 자르고 껍질을 벗긴 뒤 얇게 썰고 2×2cm 크기로 자른다.

② 순두부는 물에 살짝 세척한 후 숟가락으로 숭덩숭덩 자른다.

③ 표고버섯과 양배추는 1×1cm 크기로 깍둑썬다.

④ 냄비에 치킨스톡을 끓인 후 ①, ②, ③을 모두 넣고 중불에 푹 끓인다.

⑤ 소금으로 간을 하고 다진 파를 넣어 한소끔 끓인다.

⑥ 재료가 모두 익으면 불을 끈다.

- 콜라비는 식초에 담가 세척하는 방법도 있어요. 깨끗하게 씻었다면 껍질까지 사용해도 괜찮아요.

톤지루

돼지고기와 야채를 깍둑썰어 만든 일본식 된장국이에요. 돼지고기를 넣고 끓이지 않는 한국의 된장국에 비해 풍미가 좋아요. 야채와 고기가 충분히 들어있어 먹으면 아주 든든해요.

재료(2회)
다진 돼지고기 40g, 연근 20g, 양파 20g, 당근 10g

양념
가쓰오부시육수 240ml, 된장 1/2작은술, 다진 파 1/2작은술

이렇게 요리하세요!

① 돼지고기는 겉면의 핏물을 닦아낸다.

② 연근, 양파, 당근은 5×5mm 크기로 깍둑썬다.

③ 냄비에 가쓰오부시육수를 끓이고 된장을 체에 밭쳐 푼다.

④ ①, ②를 넣고 중불에 팔팔 끓인다.

⑤ 재료가 얼추 익으면 다진 파를 넣고 재료가 완전히 익을 때까지 끓인 후 불을 끈다.

- 체에 밭쳐 된장을 풀 때 체에 걸러진 찌꺼기는 버리세요. 된장보다 일본식 미소를 사용하면 더 진한 일식의 풍미가 느껴져요.

팽이버섯된장국

씹는 식감이 특별한 팽이버섯으로 만든 구수한 된장국이에요. 아침용 간단한 국 메뉴로 안성맞춤이에요. 소박한 맛이 나는 팽이버섯된장국은 생선구이와 잘 어울려요.

재료(2회)
팽이버섯 40g, 양파 20g, 애호박 10g

양념
다시마물 240ml, 된장 1/2작은술, 다진 마늘 1/4작은술, 참기름 1/4작은술

이렇게 요리하세요!

① 팽이버섯은 1cm 길이로 자르고 양파는 2cm 길이로 채썬다.

② 애호박은 4등분해서 나박 썬다.

③ 냄비에 다시마물을 넣고 된장을 푼 다음 ①, ②를 넣는다.

④ 호박이 얼추 익으면 다진 마늘을 넣고 완전히 익을 때까지 중불에 끓인다.

⑤ 전체 재료가 다 익으면 불을 끄고 참기름을 넣은 뒤 휘젓는다.

- 팽이버섯을 자른 후 뭉친 부분은 잘게 찢어주세요. 참기름을 넣는 것과 넣지 않는 것은 맛에 큰 차이가 있어요. 아이가 좋아하는 쪽으로 요리하세요.

PART 4
상큼한 샐러드

고구마 요거샐러드

달달한 고구마와 새콤달콤한 파프리카, 토마토로 샐러드를 만들었어요. 고구마의 부드럽고 달콤한 맛이 극대화되는 맛있는 샐러드예요.

재료(2회)
고구마 50g, 파프리카 20g, 토마토 20g

양념
소금 1/2꼬집, 드레싱(요거트 1큰술+올리고당 1/8작은술+레몬즙 1방울)

이렇게 요리하세요!

① 고구마는 껍질째 깨끗하게 씻고 양끝을 자른다.

② 냄비에 고구마가 반 정도 잠길 만큼 물을 붓고, 소금을 넣어 중불에 15~20분 정도 삶는다.

③ 파프리카와 토마토는 1×1cm 크기로 깍둑썬다.

④ ②의 고구마가 다 삶아지면 껍질을 벗기고 1×1cm 크기로 깍둑썬다.

⑤ 볼에 드레싱 소스를 만든 뒤 ③, ④를 넣고 골고루 섞는다.

 토마토를 쇠숟가락으로 먹으면 비린내가 많이 나요. 아이가 평소 잘 먹는 토마토를 입에도 대지 않는다면 아마 쇠숟가락의 비린 맛을 느꼈기 때문이에요.

단호박샐러드

단호박을 가장 쉽고 맛있게 먹을 수 있는 조리법이에요. 단호박을 부드럽게 으깨고 아이가 좋아하는 토핑을 추가하면 달콤한 단호박샐러드가 완성돼요.

재료(2회)
단호박 70g, 호두 10g

양념
마요네즈 1/2작은술, 올리고당 1/8작은술

이렇게 요리하세요!

① 단호박은 깨끗이 씻어 반으로 잘라 씨를 제거하고 찜기에 5~9분간 찐다.

② 호두는 지퍼백에 넣고 방망이로 두드려 아주 잘게 으깬다.

③ 단호박이 부드럽게 익으면 노란 속 부분만 떠서 가볍게 으깬 후 볼에 담는다.

④ ③에 ②와 마요네즈, 올리고당을 넣고 골고루 섞는다.

- 단호박은 껍질이 찜기에 닿도록 놓고 쪄야 퍽퍽하지 않고 부드러워져요. 찌는 시간은 단호박 크기에 따라 알맞게 조절하세요.
- 호두 대신 아몬드나 피칸 등 다양한 견과류로 대체할 수 있어요.

된장오이스틱

삼겹살을 구워먹을 때 쌈장에 찍어 먹는 오이가 꿀맛이죠? 쌈장을 못 먹는 우리 아이를 위해 단짠단짠한 된장소스를 만들어 보세요.

재료 (2회)
오이 40g

양념
다시마물 1큰술, 된장 1/8작은술, 파프리카 가루 1/8작은술, 매실액 1/8작은술, 참기름 1/8작은술, 깨 1/2꼬집

이렇게 요리하세요!

1. 오이는 필러로 껍질을 벗기고 4cm 길이로 자른 뒤 세로로 8등분한다.

2. 볼에 양념 재료를 모두 섞고 ①과 함께 낸다.

- 아이 밥상에는 단단한 콩이 섞여 있는 된장을 추천하지 않아요. 만약 콩이 크게 들어간 된장만 있다면 콩을 체에 걸러 으깬 후 소스를 만드세요.

무순샐러드

새싹 모양의 무순을 귀여운 양송이버섯과 섞어 샐러드로 만들었어요. 부드러운 마요네즈가 무순의 쌉쌀한 맛을 잡아줄 거예요. 치즈까지 넣어 정말 맛있어요.

재료 (2회)
무순 40g, 양송이버섯 20g, 아기 치즈 1/2장

양념
기름 1/8작은술, 소금 약간, 후추 약간, 드레싱(마요네즈 1작은술+레몬즙 1/8작은술)

이렇게 요리하세요!

① 무순은 물에 흔들어 깨끗하게 씻은 뒤 1cm 길이로 자른다.

② 양송이버섯은 반으로 잘라 아주 얇게 썬다.

③ 기름을 두른 팬에 ②를 넣고 소금, 후추로 간을 한 뒤 약불에 볶는다.

④ 양송이버섯이 완전히 익으면 볼에 담아 식힌다.

⑤ 새 볼에 드레싱 소스를 만든 뒤 ①, ④를 넣고 골고루 섞는다.

⑥ 치즈를 사각 모양으로 잘게 잘라 ⑤ 위에 올린다.

- 냉장된 치즈를 상온에 20분 정도 둔 뒤 사용하세요. 샐러드 위에는 차갑고 딱딱한 치즈보다 부드러워진 치즈를 올리는 것이 좋아요. 치즈를 동그랗게 말아 모양을 내는 것도 예뻐요.

브로콜리 두부샐러드

브로콜리와 고소한 두부, 치즈로 샐러드를 만들었어요. 브로콜리의 신선함과 두부, 치즈의 고소한 풍미만으로 맛있는 샐러드 완성! 치즈를 동글동글한 모양으로 만들어 올리면 귀여워요.

재료(2회)
브로콜리 40g, 두부 20g, 아기 치즈 1/2장

양념
드레싱(마요네즈 1/4작은술＋케첩 1/8작은술＋올리고당 1/8작은술＋레몬즙 2방울)

이렇게 요리하세요!

① 브로콜리는 물에 거꾸로 담가 흔들어 씻은 뒤 작은 나무 모양으로 자른다.

② 두부는 면포에 짜서 물기를 제거한 뒤 으깬다.

③ 치즈는 새끼손톱만큼 잘라 동글동글하게 뭉친다.

④ 끓는 물에 ①을 1분간 데친 뒤 건져 찬물에 헹군다.

⑤ ④의 냄비에 ②를 체에 받쳐 살짝 데친 뒤 물기를 뺀다.

⑥ 볼에 드레싱 소스를 만든 뒤 ③, ④, ⑤를 넣고 골고루 섞는다.

- 브로콜리를 너무 오래 데치면 아삭한 식감이 없으니 1분 내로 빠르게 데친 뒤 찬물에 헹구세요. 아이가 브로콜리의 식감을 좋아하지 않는다면 조금 더 오래 데치는 것도 괜찮아요.

브로콜리 콘샐러드

아이가 브로콜리를 좋아하지 않는다면 이 레시피에 주목하세요. 고소한 마요네즈소스가 톡톡 터지는 찰옥수수와 어우러져 브로콜리를 색다르게 만들어줘요.

재료 (2회)
브로콜리 30g, 찰옥수수 30g, 양파 10g

양념
드레싱 (마요네즈 1작은술, 머스터드 1/8작은술, 올리고당 1/8작은술, 레몬즙 1/8작은술)

이렇게 요리하세요!

① 브로콜리는 물에 거꾸로 담가 흔들어 씻은 뒤 작은 나무 모양으로 자른다.

② 찰옥수수는 알알이 떼고, 양파는 잘게 다진다.

③ 끓는 물에 ①, ②를 가볍게 데친다.

④ 볼에 드레싱 소스를 만든 뒤 ③을 넣고 골고루 섞는다.

- 찰옥수수는 통조림 옥수수에 비해 단단한 편이라 치아가 발달되지 않은 아이에게는 목 넘김이 불편할 수 있어요. 옥수수 알을 삶아 으깨거나 잘게 다져서 사용하세요.

새콤달콤토마토

토마토는 어떤 요리와도 잘 어울려요. 샐러드로 만들어도 너무 맛있어서 베리맘이 간식으로 자주 만드는 메뉴 중 하나예요. 끝내주게 맛있는 드레싱 비율도 알려드릴게요.

재료(2회)
토마토 1/2개, 양파 20g

양념
드레싱(마요네즈 1/2작은술＋머스터드 1/8작은술＋올리고당 1/8작은술＋레몬즙 1/8작은술)

이렇게 요리하세요!

① 토마토는 속을 제거하고 과육만 5×5mm 크기로 깍둑썬다.

② 양파도 토마토와 같은 크기로 잘라 찬물에 30분간 담근다.

③ 양파의 매운 기가 빠지면 체에 밭쳐 물기를 뺀다.

④ 볼에 드레싱 소스를 만든 뒤 ①, ③을 넣고 골고루 섞는다.

⑤ 냉장고에서 20분 정도 숙성한다.

• 양파의 매운 기가 덜 빠졌다면 드레싱을 섞은 뒤 냉장 숙성을 오래 해주세요. 토마토의 속도 함께 다져 넣고 만들면 물기가 생겨 더욱 시원하고 달콤해요.

셀러리스틱

셀러리 특유의 향을 싫어하는 아이들도 달달한 소스에 푹 찍어 주면 맛있게 먹어요. 베리는 셀러리를 좋아하지 않지만 달달한 소스를 곁들여주니 먹더라고요.

재료(2회)
셀러리 40g

양념
마요네즈 1/2작은술, 꿀 1/8작은술, 레몬즙 1/8작은술, 파슬리 1/2꼬집

이렇게 요리하세요!

1 셀러리는 필러로 겉면의 질긴 섬유질을 제거한 뒤 4cm 길이로 자른다.

2 ①을 세로로 4등분한다.

3 볼에 양념 재료를 모두 섞은 뒤 ②와 함께 낸다.

- 스틱으로 만들 수 있는 채소로는 파프리카, 오이, 당근 등이 있어요. 달달한 마요네즈와 함께라면 편식하는 그 어떤 야채라도 먹을 수 있어요.
- 과일 파프리카를 생으로 먹으면 더 아삭하고 달아요. 일반 파프리카는 엉덩이가 4개로 쪼개진 것을 고르세요.

양배추샐러드

베리맘이 가장 즐겨 요리하는 메뉴 중의 하나인 양배추샐러드는 돈가스와 궁합이 좋아요. 케요네즈소스와 함께라면 든든한 밥반찬이 된답니다.

재료(2회)
양배추 50g, 브로콜리 20g

양념
드레싱(마요네즈 1작은술, 케첩 1/2작은술, 꿀 1/8작은술)

이렇게 요리하세요!

① 양배추는 잎을 떼어 물에 깨끗이 씻고 2cm 길이로 아주 가늘게 채썬다.

② 브로콜리는 잎 부분만 숭덩숭덩 잘라 체에 밭쳐 끓는 물에 30초간 데친다.

③ 색이 선명해진 브로콜리를 찬물에 헹군 후 잘게 다진다.

④ 볼에 드레싱 소스를 만든 뒤 ①, ③을 넣고 골고루 섞는다.

- 양배추를 마요네즈, 케첩과 함께 버무리면 맛이 2배랍니다. 버무린 채로 보관하면 숨이 죽어 아삭함이 사라지니 먹기 직전에 버무리는 것이 좋아요.

양송이버섯 사과샐러드

양송이버섯을 사과와 함께 버무려 샐러드를 만들었어요. 달콤한 사과가 양송이버섯의 맛을 더욱 풍부하게 만들어요.

재료(2회)
양송이버섯 40g, 사과 30g

양념
드레싱(마요네즈 1작은술+레몬즙 1/8작은술+올리고당 1/8작은술+파슬리 1꼬집+현미유 1/4작은술)

이렇게 요리하세요!

① 양송이버섯은 깨끗하게 씻어 8등분한다.

② 사과는 껍질을 벗기고 1×1cm 크기로 깍둑썬다.

③ 냄비에 물을 끓여 양송이버섯을 가볍게 데친 뒤 찬물에 헹군다.

④ 볼에 드레싱 소스를 만든 뒤 ②, ③을 넣고 골고루 섞는다.

- 사과는 공기에 노출되면 쉽게 갈변하기 때문에 사용하기 직전에 손질하는 것이 좋아요. 미리 사과를 손질한다면 설탕물에 담가두었다가 사용하세요.

오이샐러드

오이는 비타민과 수분이 많아 여름철에 간식으로도 많이 먹어요. 아주 상큼하고 시원한 맛이 나는 샐러드를 만들어 보세요.

재료 (2회)
오이 40g, 양파 10g, 당근 10g, 피망 10g, 아기 치즈 1/2장

양념
드레싱(올리브유 1/4작은술, 간장 1/4작은술, 들깨가루 1/4작은술, 레몬즙 1/8작은술, 다진 마늘 1/8작은 술)

이렇게 요리하세요!

① 오이는 필러로 껍질을 제거하고 반으로 잘라 얇게 썬다.

② 양파, 당근, 피망은 5×5mm 크기로 얇게 썬다.

③ 양파는 찬물에 30분간 담가 매운 기를 뺀다.

④ 아기 치즈는 새끼손톱만큼 잘라 동글동글하게 뭉친다.

⑤ 볼에 드레싱 소스를 만든 뒤 ①, ②, ③, ④를 넣고 골고루 섞는다.

오이피클

새콤달콤한 오이피클을 만들었어요. 베리맘은 싱싱한 제철 오이를 저렴하게 구매할 때마다 오이피클을 담궈요. 평소에 양식을 즐겨 먹는다면 미리 만들어 두었다가 반찬으로 곁들이세요.

재료(4회)
다다기오이 80g

양념
물 50ml, 설탕 40g, 식초 50ml, 피클 스파이스 1/8작은술

이렇게 요리하세요!

① 오이는 필러로 껍질을 벗기고 5mm 두께로 얇게 자른다.

② 열탕 소독한 유리 용기에 ①을 넣는다.

③ 냄비에 물, 설탕을 넣어 약불로 끓인다. 젓지 않고 설탕이 녹을 때까지 기다린다.

④ 설탕이 녹으면 식초를 넣고 약불에 끓인다.

⑤ 3분간 더 끓이고 ②의 오이가 잠길 정도로 붓는다. 식히지 않고 바로 넣어야 식감이 아삭하고 맛있다.

⑥ 상온에서 하루 정도 숙성하고 냉장고에 하루 정도 보관한다.

- 피클을 만드는 방법은 재료에 상관없이 똑같아요. 양파와 당근으로 만들어 색이 예쁜 '양파당근피클'이나 셀러리를 숭덩숭덩 자른 '셀러리피클', 무의 친구인 콜라비를 길쭉하게 자른 '콜라비피클' 등 다양한 피클을 만들어 보세요.

토마토카프레제

카프레제는 토마토와 치즈를 번갈아 놓고 드레싱을 끼얹은 샐러드예요. 귀여운 방울토마토와 치즈로 새콤달콤하게 만들면 어떤 메뉴와도 잘 어울려요.

재료(2회)
방울토마토 6개, 아기 치즈 1장

양념
드레싱(올리브유 1/4작은술＋간장 1/2작은술＋깨 1/2꼬집＋레몬즙 1/8작은술＋후추 약간)

이렇게 요리하세요!

① 토마토는 3mm 두께로 얇게 썰고 아기 치즈는 토마토 크기의 사각으로 자른다.

② 그릇에 토마토와 아기 치즈를 번갈아 올린다.

③ 드레싱을 섞어 ② 위에 고르게 뿌린다.

- 아이가 토마토의 껍질이 질겨 싫어한다면 십자로 칼집을 내 끓는 물에 살짝 데친 후 껍질을 제거하고 요리하세요. 잘 숙성된 완숙 토마토로 만들어도 좋아요.

파프리카샐러드

아삭한 파프리카를 달콤한 요거트 드레싱과 곁들이면 멋진 요리가 된답니다. 파프리카를 가장 쉽고 맛있게 먹을 수 있어 베리맘이 자주 하는 샐러드예요.

재료(2회)
파프리카 50g, 당근 10g

양념
드레싱(요거트 1큰술, 올리고당 1/4 작은술, 레몬즙 1/8작은술)

이렇게 요리하세요!

① 속을 제거한 파프리카, 당근은 2cm 길이로 아주 가늘게 채썬다.

② 볼에 드레싱 소스를 만든 뒤 ②를 넣고 골고루 섞는다.

파프리카요거스틱

비타민이 풍부한 파프리카를 볶으면 영양이 더욱 풍부해져요. 볶지 않은 파프리카를 스틱으로 잘라 요거트와 곁들여도 아주 맛있어요. 아삭아삭한 식감에 나도 모르게 다 먹어버리는 재미있는 요리예요.

재료(2회)
파프리카 40g

양념
드레싱(요거트 1큰술＋올리고당 2방울＋레몬즙 1방울)

이렇게 요리하세요!

① 파프리카는 속을 제거하고 5mm 두께, 4cm 길이로 썬다.

② 볼에 드레싱 재료를 모두 섞은 뒤 ①과 함께 낸다.

• 당근이나 오이를 길쭉한 스틱 형태로 썰어 '당근요거스틱', '오이요거스틱'으로 만들어 보세요. 당근은 단단하기 때문에 더 가늘게 써는 것이 좋아요.

PART
5

아삭아삭한
무침과 나물

가지된장무침

보라 빛깔의 가지를 구수한 된장에 무쳤어요. 가지를 익히면 식감이 부드러워져서 치아가 덜 발달한 아이들도 쉽게 잘 먹어요.

재료 (2회)
가지 50g

양념
다시마물 1큰술, 된장 1/8작은술, 파프리카 가루 1/8작은술, 매실액 1/8작은술, 참기름 1/8작은술, 깨 1꼬집

이렇게 요리하세요!

① 가지는 4등분해 얇게 썬다.

② ①을 끓는 물에 40초간 가볍게 데친 뒤 체에 밭쳐 물기를 뺀다.

③ 볼에 양념 재료를 모두 섞은 뒤 ②와 버무린다.

 • 가지를 데친 뒤 물기를 손으로 꾹 짜면 안 돼요. 체에 밭쳐서 10분간 물기만 빼주는 것이 좋아요.

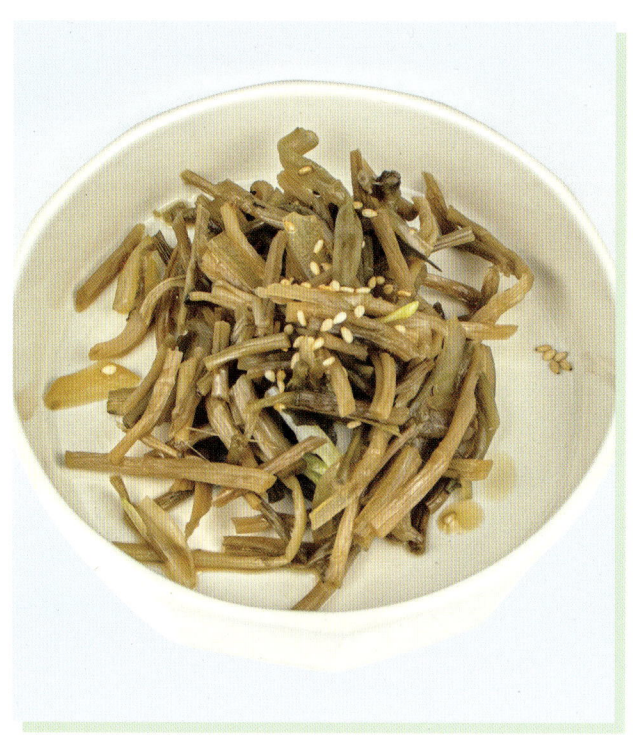

고구마줄기무침

고구마줄기에는 비타민과 칼슘이 많아 성장기 아이들에게 정말 좋아요. 우유보다 칼슘 함량이 높다고 하니 얼마나 좋은 재료인지 감이 오지요? 아이도 잘 먹을 수 있도록 고소하게 만들었어요.

재료(2회)
고구마줄기(순) 40g, 양파 10g

양념
다시마물 1큰술, 간장 1/4작은술, 다진 마늘 1/4작은술, 들깨가루 1/4작은술, 참기름 1/8작은술, 깨 1/2꼬집

이렇게 요리하세요!

1. 고구마줄기는 물에 흔들어 깨끗하게 씻고 툭툭 부러트려 껍질을 제거한다.
2. ①을 2cm 길이로 자르고 끓는 물에 10분간 삶은 뒤 건진다.
3. 양파는 2cm 길이로 채썬다.
4. 팬에 다시마물을 넣고 끓으면 ②와 ③을 넣고 중불에서 완전히 익을 때까지 끓인다.
5. 간장, 다진 마늘을 넣고 고루 섞은 뒤 불을 끄고 들깨가루, 참기름, 깨를 넣어 무친다.

꿀팁: 손질이 까다로운 고구마줄기는 대량으로 구입해 미리 손질해서 냉동 보관하면 일 년 내내 먹을 수 있어요. 삶은 고구마줄기를 구입했는데 너무 질기다면 끓는 물에 30분간 더 삶아주세요.

냉이무침

향긋한 봄의 요정 냉이를 고소하게 무쳤어요. 냉이를 요리하는 법은 다양하지만 냉이 향을 가장 잘 즐길 수 있는 요리는 단연 무침이에요. 야채를 잘 먹는 아이라면 냉이까지 도전해 보세요.

재료 (2회)
냉이 50g

양념
간장 1/4작은술, 매실액 1/8작은술, 다진 마늘 1/8작은술, 참기름 1/4작은술, 깨 1/2꼬집

이렇게 요리하세요!

① 냉이는 물에 흔들어 헹궈 1cm 길이로 잘게 자른다.

② 끓는 물에 냉이를 부드럽게 데친 후 건져서 찬물에 헹군다.

③ 볼에 양념 재료를 모두 섞은 뒤 ②를 넣고 양념이 골고루 섞이도록 무친다.

 • 냉이는 억세기 때문에 끓는 물에 오랫동안 데치고 잘게 자르는 것을 권장해요. 치아가 발달하지 않은 아이에게는 뿌리 부분을 잘라내고 잎만 사용해도 괜찮아요.

늙은호박나물

할로윈에 쓰는 노란색 늙은호박을 아시나요? 못생겼지만 맛 하나는 대단해요. 달콤한 늙은호박을 볶아 나물 요리로 만들어 아이의 마음을 단박에 사로잡아요.

재료(2회)
늙은호박 40g

양념
멸치육수 100㎖, 소금 1/2꼬집, 올리고당 1/8작은술, 참기름 1/4작은술, 깨 1꼬집

이렇게 요리하세요!

① 호박은 반으로 잘라 껍질과 씨를 제거한다.

② ①을 한입 크기로 자른다.

③ 팬에 멸치육수를 끓여 ②와 소금, 올리고당을 넣고 호박이 무르게 익을 때까지 중불에 볶는다.

④ 불을 끄고 참기름과 깨를 넣고 뒤섞는다.

 • 늙은호박의 껍질은 아주 단단하니 손질할 때 다치지 않도록 주의가 필요해요. 쉽게 껍질을 제거하고 싶다면 전자레인지에 3분간 돌려주세요. 크기에 따라 익히는 시간이 다르니 조금씩 돌리는 것을 권장해요. 손질된 늙은호박을 구입해도 좋아요.

단호박나물

달달한 단호박을 고소한 참기름과 함께 볶았어요. 비빔밥에 넣어주면 비빔밥이 2배로 맛있어져요. 고소한 단맛이 아이의 미각을 살리는 데 최고랍니다.

재료(2회)
단호박 60g

양념
기름 1/4작은술, 참기름 1/4작은술, 깨 1꼬집

이렇게 요리하세요!

1. 단호박은 반으로 잘라 씨를 제거하고 전자레인지에 1분간 돌린다.

2. ①의 껍질을 제거하고 짧게 채썬다.

3. 팬에 기름을 두르고 ②를 중불에 저어가며 볶는다.

4. 단호박을 주걱으로 눌렀을 때 부서지면 불을 끄고 참기름을 둘러 한 번 더 가볍게 볶는다.

- 단호박을 전자레인지에 1분간 돌려도 계속 딱딱하면 30초씩 추가해서 조금 더 익혀주세요. 단호박의 크기나 전자레인지 성능마다 적절한 조리 시간이 달라요.

무나물

어릴 때는 무나물이 싫었는데 어른이 된 후 참맛을 알게 되었어요. 무나물 레시피로 우리 아이에게는 무나물의 매력을 미리 알려주세요.

재료(2회)
무 60g

양념
멸치육수 50ml, 간장 1/8작은술, 소금 1/2꼬집, 참기름 1/4작은술, 깨 1꼬집

이렇게 요리하세요!

① 무는 껍질을 제거하고 2cm 길이로 채썬다.

② 팬에 멸치육수를 넣고 간장, 소금으로 간을 한 뒤 ①을 넣는다.

③ 중불에 저어가며 볶다가 육수가 졸아들면 불을 끈다.

④ 참기름과 깨를 넣고 뒤섞는다.

무생채

하얀 무를 빨갛게 무쳤어요. 따끈한 밥에 무생채를 듬뿍 올리거나 밥과 슥슥 비벼먹으면 꿀맛이에요.

재료(2회)
무 50g

양념
소금 약간, 양념(다시마물 1큰술 +파프리카 가루 1/4작은술+다진 파 1/8작은술+다진 마늘 1/8작은술 +참기름 1/4작은술+깨 1/2꼬집)

이렇게 요리하세요!

① 무는 초록 부분을 2cm 길이로 채썰어 소금을 뿌리고 20분간 절인다.

② ①의 무를 물에 헹군 뒤 볼에 양념과 함께 넣고 버무린다.

 꿀팁 • 콜라비로 대체해 '콜라비생채'를 만들어도 좋아요.

무순무침

비타민과 섬유소가 풍부한 무순으로 무침을 만들었어요. 무순은 집에서 쉽게 키울 수 있어 새싹이 자라는 과정을 아이와 함께 지켜보고 수확해 먹는 재미가 있어요.

재료(2회)
무순 40g, 당근 10g, 파프리카 10g

양념
파프리카 가루 1/4작은술, 간장 1/8작은술, 다진 마늘 1/8작은술, 레몬즙 2방울, 참기름 1/4작은술, 깨 1꼬집

이렇게 요리하세요!

① 무순은 물에 흔들어 깨끗하게 씻는다.

② 무순은 2cm 길이로 자르고 당근, 파프리카는 같은 길이로 채썬다.

③ 볼에 양념과 함께 ②를 넣고 버무린다.

- 무순이 깨끗하지 않다면 식초를 2방울 떨어트린 후 물에 헹궈요. 무순을 물에 흔들어 씻을 때 색이 바랜 잎은 건져내세요.

바지락무침

바지락은 타우린과 칼슘이 풍부해 빈혈을 예방하는 등 성장기 아이에게 도움이 돼요. 다채로운 야채를 넣어 무치면 맛도 있고, 색도 예뻐요.

재료 (2회)
바지락살 30g, 양파 10g, 당근 10g, 오이 10g

양념
바지락 데친 물 3큰술, 간장 1/4작은술, 매실액 1/4작은술, 다진 마늘 1/8작은술, 참기름 1/4작은술, 깨 1꼬집

이렇게 요리하세요!

1. 바지락살은 흐르는 물에 깨끗하게 씻은 후 남은 조개껍질이 없는지 손으로 만져가며 확인한다.

2. ①을 아이가 먹기 좋은 크기로 잘라 끓는 물에 살짝 데쳐 건져둔다.

3. 양파는 1cm 길이로 채썰어 물에 20분간 담가 매운기를 뺀다.

4. 당근, 오이는 2cm 길이로 채썬다.

5. 볼에 양념 재료와 ②, ③, ④를 넣고 버무린다.

 바지락살은 짠 경우가 많으니 끓는 물에 살짝 데쳐 준비하세요. 바지락살이 아이에게 조금 질길 수 있으니 작게 다져서 요리하는 것이 좋아요.

배추나물

배추를 데쳐 양념에 무쳤어요. 노란 배추 속잎을 사용해 달면서도 고소한 맛이 일품이에요. 양념에 다시마물이 들어가 더 시원한 맛이 난답니다.

재료(2회)
배추 60g

양념
다시마물 1큰술, 간장 1/8작은술, 소금 약간, 참기름 1/4작은술, 깨 1/2꼬집

이렇게 요리하세요!

1 배추는 2cm 길이로 가늘게 썰어 끓는 물에 부드럽게 데친다.

2 ①을 건져 찬물에 헹군 뒤 물기를 꼭 짠다.

3 ②를 볼에 담은 뒤 간장, 소금, 참기름, 깨를 넣고 잘 버무린다.

- 김을 추가하면 더 풍부한 맛의 배추나물을 만들 수 있어요.

백김치

맵지 않아 아이들도 잘 먹는 백김치예요. 시원하고 톡 쏘는 맛이 고기 요리와 잘 어울려요. 백김치를 이용한 다양한 요리가 많아 만들어 놓으면 든든하답니다.

재료 (1개월)
배추 150g, 무 25g, 당근 10g, 쪽파 10g

양념
배 25g, 양파 13g, 마늘 1쪽, 소금 20g, 찹쌀가루 1큰술, 소금 1작은술, 설탕 1작은술

이렇게 요리하세요!

1. 배추는 소금물(물 2컵+소금 20g)에 30분간 절인다.
2. 쪽파, 당근은 2cm 길이로 가늘게 채썰고, 무는 2×2cm 크기로 썬다.
3. ①의 절인 배추는 물에 3번 이상 헹군다.
4. ②를 밀폐용기에 담은 후 소금, 설탕을 넣어 10분 정도 둔다.
5. 물기를 제거한 ③을 2×2cm 크기로 썬다.
6. ④와 ⑤를 잘 섞은 후 랩을 씌워 밀봉해 6~12시간 상온 보관한다.
7. 배, 마늘, 양파를 믹서에 갈아 면포에 걸러 물기를 제거한다.
8. 물 120ml에 찹쌀가루를 풀어 약불에 끓인다. 찹쌀가루가 다 익으면 불을 끄고 완전히 식힌다.
9. 숙성된 ⑥에 ⑦, ⑧을 넣고 잘 버무린다.
10. ⑨를 그늘진 상온에 하루 정도 두었다가 냉장 보관한다.

- 배추를 절일 때는 소금물에 잘 절여질 수 있도록 배추를 뒤집어 주세요. 배추가 고루 잘 절여지면 물에 3번 이상 헹궈 염분을 제거해요.

백김치김무침

시원한 백김치를 고소하게 무쳤어요. 김치와 김의 조합이 어색할 수 있지만 일반 배추나물보다 더 깊은 맛이 나서 맛있어요. 우리 베리도 백김치김무침이라면 "또요! 또요"하며 손을 번쩍 든답니다.

재료(2회)
백김치 40g, 김 1g

양념
다시마물 1큰술, 간장 1/8작은술, 참기름 1/4작은술, 깨 1/2꼬집

이렇게 요리하세요!

① 백김치를 2cm 길이로 가늘게 채썬다.

② 김은 가늘게 자른다.

③ 볼에 양념 재료를 모두 섞은 뒤 ①, ②를 넣고 골고루 뒤섞는다.

- 백김치의 물기가 너무 많다면 손으로 물기를 꼭 짠 뒤 사용하세요.

부추무침

부추는 약간의 매운 기가 있어 아이들이 좋아하지 않는 채소 중 하나지만 소화를 돕고 철분이 가득해 빈혈까지 예방해주는 고마운 식재료랍니다. 빨갛게 무쳤지만 매운맛이 없으니 걱정하지 마세요.

재료 (2회)
부추 40g, 양파 10g, 당근 10g

양념
다시마물 1작은술, 간장 1/4작은술, 파프리카 가루 1/4작은술, 다진 마늘 1/4작은술, 참기름 1/4작은술, 깨 1꼬집

이렇게 요리하세요!

① 부추는 줄기를 깨끗하게 씻어 1cm 길이로 자른다.

② 양파와 당근은 1cm 길이로 채썰어 끓는 물에 30초간 데친다.

③ ①, ②를 볼에 담은 뒤 양념 재료를 넣고 골고루 버무린다.

무침과 나물

- 부추는 줄기에 흙이 많이 묻어있어 꼼꼼히 씻어야 해요. 줄기 부분을 가닥가닥 손으로 비벼 흙을 제거한 후 물에 여러 번 헹구세요.
- 아이가 부추에 거부감이 있다면 양파와 당근을 데칠 때 부추도 함께 살짝 데쳐서 준비해요. 너무 오래 데치면 죽처럼 되니 주의하세요. 억센 부추보다 야들야들한 부추로 만들어야 더 맛있어요.

브로콜리 들깨무침

브로콜리는 비타민C가 풍부해 꾸준히 먹으면 감기 예방에 효과가 탁월하고 변비 해소에도 도움이 돼요. 들깨가루의 고소한 풍미를 살려 맛있게 만들어 보세요.

재료(2회)
브로콜리 40g, 양파 20g, 팽이버섯 10g

양념
다시마물 1작은술, 간장 1/4작은술, 참기름 1/4작은술, 들깨가루 1/4작은술

이렇게 요리하세요!

1. 브로콜리는 물에 거꾸로 담가 흔들어 씻은 뒤 작은 나무 모양으로 자른다.
2. 양파는 2cm 길이로 채썰고 팽이버섯은 2cm 길이로 자른다.
3. 냄비에 물을 끓여 ①, ②를 1분간 데친 뒤 체에 밭쳐 찬물에 헹군다.
4. 볼에 양념 재료를 모두 섞은 뒤 ③을 넣고 골고루 뒤섞는다.

- 브로콜리는 잎이 빽빽해서 꼼꼼하게 세척해야 합니다. 식초나 베이킹소다를 푼 물에 5분 이상 담갔다가 꺼내 깨끗한 물에 여러 번 흔들어 헹구세요.

사과채무침

사과는 아침의 금이라고 할 만큼 건강에 좋은 과일이에요. 아이의 변비도 예방할 수 있어 과일로 주는 것도 좋지만 식사와 함께 곁들여 주는 것도 좋아요.

재료(2회)
사과 40g

양념
드레싱(요거트 1작은술, 올리고당 1/8작은술, 사과즙 1/2작은술)

이렇게 요리하세요!

1. 사과는 껍질을 벗기고 2cm 길이로 채썬다.
2. 드레싱을 섞은 뒤 ①의 사과와 버무린다.

숙주나물

숙주나물의 모양은 콩나물과 비슷하지만 맛은 전혀 달라요. 데쳐도 식감이 아삭아삭하고, 입맛을 돋우는 반찬으로 제격이에요.

재료(2회)
숙주 60g

양념
다시마물 50ml, 소금 1/2꼬집, 다진 파 1/4작은술, 참기름 1/4작은술

이렇게 요리하세요!

1. 숙주는 물에 흔들어 깨끗하게 씻은 뒤 2cm 길이로 자른다.
2. 팬에 다시마물과 ①을 넣고 볶는다.
3. 소금과 다진 파를 넣어 육수가 완전히 졸아들 때까지 볶은 후 불을 끈다.
4. 참기름을 둘러 완성한다.

무침과 나물

시금치나물

철분, 식이섬유 등이 풍부한 시금치는 누구에게나 유익한 채소로 알려져 있어요. 시금치를 생으로 먹으면 약간의 아릿한 맛이 있지만 데쳐서 나물로 만들어 먹으면 정말 고소해요.

재료(2회)
시금치 60g

양념
소금 1/2꼬집, 참기름 1/4작은술, 깨 1꼬집

이렇게 요리하세요!

① 시금치는 뿌리를 제거하고 물에 흔들어 씻은 후 2cm 길이로 썬다.

② 냄비에 물을 끓여 시금치를 데친 뒤 찬물에 헹궈 물기를 꼭 짠다.

③ ②를 볼에 담아 소금, 참기름, 깨를 넣고 버무린다.

- 시금치의 물기를 짤 때 초록 거품이 나오도록 너무 꼭 짜면 채즙이 다 빠져나와 맛이 없어지니 살짝 짜세요. 버무릴 때 소금이 한쪽에 뭉치지 않도록 고르게 뿌려주는 것도 잊지 마세요.

아스파라거스 나물

스테이크 메뉴의 사이드로 자주 등장하는 아스파라거스를 단독으로 먹기는 쉽지 않아요. 아스파라거스도 나물로 만들면 순식간에 먹어치울 만큼 맛있어요.

재료 (2회)
아스파라거스 60g

양념
무염버터 1/4작은술, 소금 1/2꼬집, 후추 약간

이렇게 요리하세요!

① 아스파라거스는 필러로 줄기 부분의 질긴 섬유질을 한 겹 벗겨낸다.

② ①을 얇게 어슷썬다.

③ 팬에 버터를 녹인 뒤 ②를 넣고 중불에 볶는다.

④ 소금과 후추로 간을 하고 충분히 익으면 불을 끈다.

• 어린 아스파라거스는 굳이 줄기를 벗겨내지 않아도 부드러워요.

애호박김무침

비타민A가 풍부한 애호박을 단백질 함량이 높은 김과 함께 무치면 완벽한 건강 반찬이 완성돼요.

재료(2회)
애호박 50g, 양파 10g, 구운 김 1g

양념
다시마물 3큰술, 간장 1/4작은술, 참기름 1/8작은술, 깨 1꼬집

이렇게 요리하세요!

1. 애호박은 가늘게 썬다.
2. 양파는 2cm 길이로 채썰고 김은 같은 길이로 가늘게 자른다.
3. 팬에 다시마물과 간장, 애호박, 양파를 넣은 뒤 중불에 저어가며 볶는다.
4. 애호박이 뭉근하게 익으면 불을 끄고 참기름, 깨, 김을 넣고 뒤섞는다.

- 소금과 기름을 뿌려 구운 조미김은 맛있지만 염도가 높아요. 무염김을 사용하는 것을 추천해요.

애호박나물

애호박나물은 어디든지 어울리는 만능 반찬이에요. 잔치국수의 고명으로도 올라가고, 비빔밥에도 잘 어울려요. 단독으로 먹어도 고소하니 맛있답니다.

재료(2회)
애호박 60g, 양파 10g

양념
멸치육수 2큰술, 간장 1/8작은술, 소금 약간, 다진 마늘 1/4작은술, 참기름 1/4작은술

이렇게 요리하세요!

1. 애호박은 4등분해 나박썰고 양파는 2cm 길이로 채썬다.
2. 냄비에 멸치육수와 ①, 간장, 소금, 다진 마늘을 넣고 중불에 볶는다.
3. 애호박이 뭉근하게 익으면 불을 끄고 참기름을 두른다.

- 애호박을 오래 볶으면 부서져 형태가 남지 않을 수 있으니 너무 오래 볶지 마세요.

양파절임

음식점에서 삼겹살과 함께 곁들여 나오는 양파절임을 아이도 먹을 수 있도록 자극적이지 않게 만들어 보았어요. 대량으로 만들어 숙성했다가 돼지고기와 함께 배식하면 환상의 궁합이랍니다.

재료(2회)
양파 60g, 부추 10g

양념
다시마물 5큰술, 간장 1/4작은술, 레몬즙 1/8작은술, 매실청 1/8작은술(생략 가능), 올리고당 1/8작은술, 깨 1꼬집

이렇게 요리하세요!

① 양파는 반으로 잘라 가로로 아주 얇게 썬 뒤 2cm 길이로 자른다.

② 부추는 줄기를 깨끗이 씻어 1cm 길이로 자른다.

③ 볼에 양념 재료를 모두 섞고 ①, ②를 소스에 잠기도록 넣은 뒤 20분간 냉장 숙성한다.

- 양파는 가늘게 썰수록 숙성 기간이 짧아지고 양념 맛이 잘 배요. 또한 매운맛도 잘 빠지기 때문에 아이가 먹기 좋도록 가능한 곱게 채썰어 주세요.

연근나물

연근은 비타민C와 식이섬유가 풍부해서 땅의 보물이라고 해요. 아삭한 식감을 아이가 먹기 어려워할 수 있어 다져서 요리했어요.

재료 (2회)
연근 40g, 양파 20g

양념
다시마물 40g, 간장 1/4작은술, 올리고당 1/8작은술, 참기름 1/4작은술

이렇게 요리하세요!

① 연근 겉의 흙은 깨끗하게 씻어내고 껍질을 제거한 뒤 작게 다진다.

② 양파도 연근과 같은 크기로 다진다.

③ 팬에 다시마물과 간장, 올리고당을 넣고 끓으면 ①, ②를 넣는다.

④ 중불에 졸이듯 볶다가 육수가 완전히 졸아들면 불을 끄고 참기름을 두른 뒤 뒤섞는다.

- 연근을 다지지 않고 구멍난 특이한 모양을 살려 아주 얇게 썰어 만들면 호기심 많은 아이가 재밌어하며 먹을 수도 있어요.

오이된장무침

여름철 시원하게 먹기 좋은 오이는 된장과 정말 잘 어울려요. 그냥 된장보다 베리밥상표 맛된장소스와 곁들여주면 오이에 거부감이 있는 아이들도 좋아한답니다.

재료(2회)
오이 40g, 당근 20g, 피망 10g

양념
다시마물 1큰술, 된장 1/8작은술, 파프리카 가루 1/8작은술, 다진 마늘 1/8작은술, 참기름 1/8작은술, 깨 1/2꼬집

이렇게 요리하세요!

① 오이는 굵은소금으로 비벼 씻은 뒤 필러로 껍질을 얇게 벗긴다.

② 깨끗하게 헹군 오이는 2cm 길이로 자르고 세로로 8등분한다.

③ 당근과 피망은 2cm 길이로 가늘게 채썬다.

④ 볼에 양념 재료를 모두 섞고 ②, ③을 넣어 골고루 뒤섞는다.

 • 오이의 껍질을 벗기기 전에 굵은소금으로 비벼 씻으면 오이 가시 사이에 있는 먼지가 깨끗이 제거돼요. 된장은 순한 어린이용 된장으로 구입하세요.

오이무침

오이무침의 두 번째 버전이에요. 간장과 참기름으로 고소하게 무친 오이무침도 굉장히 맛있어요. 노릇하게 구운 돼지고기와 함께 먹으면 더욱 맛있답니다.

재료 (2회)
오이 50g, 양파 10g, 당근 10g

양념
다시마물 1/2작은술, 간장 1/4작은술, 파프리카 가루 1/8작은술, 다진 마늘 1/8작은술, 다진 파 1/8작은술, 참기름 1/8작은술, 깨 1/2꼬집

이렇게 요리하세요!

① 오이는 굵은소금으로 비벼 씻은 뒤 필러로 껍질을 얇게 벗긴다.

② 깨끗하게 헹군 오이는 세로로 반을 갈라 얇게 썬다.

③ 양파는 1cm 길이로 아주 가늘게 채썰고 물에 20분간 담가 매운 기를 뺀다.

④ 당근은 1cm 길이로 아주 가늘게 채썬다.

⑤ 볼에 양념 재료를 모두 섞고 ②, ③, ④를 넣어 골고루 뒤섞는다.

⑥ 양념이 잘 배도록 상온에서 20분간 숙성한다.

- 양파의 매운맛을 충분히 빼주는 것이 정말 중요해요. 물을 여러 번 갈아주며 헹구면 완벽하게 매운맛을 제거할 수 있어요. 아이가 생양파의 맛을 싫어한다면 끓는 물에 한 번 데쳐주세요.

청포묵김무침

중금속 배출에 탁월한 청포묵은 생선을 많이 먹는 아이에게 좋은 재료예요. 탱글하고 쫀득한 식감이 재미있고, 도토리묵처럼 쓴맛이 없어 아이도 잘 먹어요.

재료 (2회)
청포묵 60g, 구운 김 1g, 대파 5g

양념
멸치육수 1큰술, 간장 1/4작은술, 참기름 1/4작은술, 깨 1/2꼬집

이렇게 요리하세요!

① 청포묵은 물에 살짝 헹군 뒤 5mm 두께, 1×1cm 크기로 자른다.

② 끓는 물에 ①을 1분간 데치고 찬물에 헹군다.

③ 김은 2cm 길이로 가늘게 자르고 대파는 아주 얇게 썬다.

④ 볼에 양념 재료를 모두 섞고 ②, ③을 넣어 골고루 뒤섞는다.

 • 청포묵은 데치지 않으면 쫀득한 식감이 살지 않아요. 반투명해질 때까지 데치는 것이 좋아요. 아이가 매운맛에 예민하다면 청포묵을 데칠 때 대파도 함께 넣으세요.

콜라비나물

보라색 무인 콜라비는 무보다 단맛이 더 많아요. 아이가 무나물의 매운맛을 싫어한다면 콜라미나물을 만들어 주세요. 콜라비의 달큰한 맛에 반할 거예요.

재료(2회)
콜라비 60g

양념
다시마물 50ml, 소금 1/2꼬집, 다진 마늘 1/4작은술, 참기름 1/4작은술, 깨 1꼬집

이렇게 요리하세요!

1. 콜라비는 잎과 아래를 잘라내고 껍질을 제거한 뒤 2cm 길이로 채썬다.

2. 팬에 다시마물과 ①을 넣고 중불에 볶는다.

3. 소금, 다진 마늘을 넣고 계속 볶는다.

4. 콜라비가 충분히 익으면 불을 끄고 참기름, 깨를 넣어 뒤섞는다.

- 독특한 색감을 보여주고 싶다면 보라색 껍질을 제거하지 않고 볶아요.

콩나물무침

밥반찬이 없을 때 콩나물무침만한 게 없죠. 매운 고춧가루 대신 파프리카 가루를 넣어 아이도 먹을 수 있는 콩나물무침을 만들었어요. 자박하게 생긴 국물도 맛이 좋아요.

재료 (2회)
콩나물 50g

양념
콩나물 데친 물 2큰술, 간장 1/4작은술, 파프리카 가루 1/4작은술, 다진 파 1/8작은술, 다진 마늘 1/8작은술, 참기름 1/8작은술, 깨 1/2꼬집

이렇게 요리하세요!

1. 콩나물은 상한 뿌리를 제거하고 2cm 길이로 자른 뒤 물에 담가 씻는다.

2. 끓는 물에 콩나물을 넣고 1분간 데친 뒤 체에 밭쳐 물기를 뺀다.

3. 양념 재료를 모두 섞은 뒤 ②를 넣고 버무린다.

- 콩나물의 콩은 개월 수가 적어 씹는 게 서툰 아이의 목에 걸릴 위험이 있어요. 안전을 위해 제거해도 되지만 콩에 영양가가 많으니 칼면으로 으깨서 요리하는 것을 추천해요.

표고버섯나물

표고버섯을 가장 먹기 쉽게 만든 나물요리예요. 향긋한 표고버섯의 향과 고소한 참기름의 향이 어우러져 더 맛있답니다.

재료(2회)
표고버섯 40g, 양파 20g

양념
가쓰오부시육수 50ml, 간장 1/4작은술, 다진 마늘 1/4작은술, 참기름 1/4작은술

이렇게 요리하세요!

① 표고버섯은 기둥을 제거하고 반으로 잘라 아주 얇게 썬다.

② 양파는 짧게 채썬다.

③ 팬에 가쓰오부시육수와 ①, ②를 넣고 중불에 볶다가 숨이 죽으면 간장으로 간을 한다.

④ 다진 마늘을 넣은 뒤 표고버섯이 완전히 익고 육수가 졸아들 때까지 볶은 후 불을 끈다.

⑤ 참기름을 넣고 뒤섞는다.

• 표고버섯은 크기가 제각각이라 얇게 슬라이스한 후 한입 크기로 잘라주세요. 모든 버섯은 약간의 탄성이 있어 개월수가 적은 아이는 먹기 어려울 수 있어요. 이때는 더 작은 입자로 다져주세요.

PART 6

달콤짭짤한 조림

가지사과조림

폭신폭신한 가지를 요리하면 소스가 속까지 스며들어 아주 맛있어져요. 달달한 사과소스와 함께 졸여 더욱 맛있는 가지사과조림을 만들었어요. 가지를 싫어하는 아이에게도 꼭 맛보여 주세요.

재료(2회)
가지 50g, 양파 10g, 사과 1/8개

양념
치킨스톡 1큰술, 기름 1/4작은술, 올리고당 1/8작은술, 레몬즙 1/8작은술

이렇게 요리하세요!

① 가지는 1×1cm 크기로 깍둑썰고 양파는 큰 입자로 다진다.

② 껍질을 제거한 사과를 치킨스톡과 함께 믹서에 넣고 간다.

③ 기름을 두른 팬에 ①을 넣고 중불에 볶다가 숨이 죽으면 ②를 넣는다.

④ 끓어오르면 올리고당, 레몬즙을 넣고 주걱으로 저어가며 볶는다.

⑤ 사과소스가 졸아들어 소스가 가지에 붙으면 불을 끈다.

- 사과는 공기에 노출되면 쉽게 갈변하기 때문에 사용하기 직전에 손질하는 것이 좋아요. 미리 사과를 손질한다면 설탕물에 담가두었다가 사용하세요.

갈치무조림

갈치를 가장 맛있게 만들 수 있는 레시피예요. 무의 시원한 맛이 갈치에 쏙쏙 배어들어요. 감칠맛이 풍부한 양념에 밥을 비벼주면 아이도 정말 맛있게 먹어요.

재료(2회)
순살 갈치 30g, 무 40g

양념
다시마물 120ml, 간장 1/4작은술, 파프리카 가루 1/2작은술, 다진 마늘 1/2작은술, 다진 파 1/4작은술, 참기름 1/8작은술

이렇게 요리하세요!

① 갈치는 흐르는 물에 가볍게 씻는다.

② 무는 초록 부분과 흰 부분을 각각 2×2cm 크기로 나박썬다.

③ 냄비에 양념을 넣고 무와 갈치를 차례로 올려 뚜껑을 덮은 뒤 중불에서 팔팔 끓인다.

④ 무가 완전히 익고 육수가 자작해지면 불을 끈다.

• 무를 두껍게 썰면 더 오래 조리해야 하지만 무에 양념이 잘 배어 밥반찬으로 활용할 수 있어요.

감자간장조림

포슬포슬한 감자를 짭조름하면서도 달콤한 간장에 조렸어요. 식판에 올라가면 밥 한 그릇 뚝딱인 밥도둑이에요.

재료(2회)
감자 60g, 양파 20g

양념
소스(다시마물 120ml + 간장 1/4작은술 + 올리고당 1/8작은술 + 참기름 1/4작은술), 깨 1꼬집

이렇게 요리하세요!

① 감자와 양파는 1×1cm 크기로 깍둑썬다.

② 냄비에 소스 재료를 넣어 끓이다가 감자와 양파를 넣고 중불로 계속 끓인다.

③ 감자가 익으면 저어가며 육수가 거의 없어질 때까지 졸인다.

④ 깨를 뿌려 마무리한다.

- 감자가 너무 많이 익으면 감자의 모서리가 부서져 국물이 탁해져요. 그것도 나름대로 맛있지만 뻑뻑해지면 아이가 먹기 힘들 수 있으니 적당히 익히는 것이 좋아요.

굴파프리카조림

기름에 볶으면 비타민A의 흡수를 도와 건강에 좋은 파프리카를 특별히 굴소스에 졸였어요. 소금으로 간을 하는 것보다 2배로 맛있어요.

재료 (2회)
파프리카 40g, 굴 6알, 느타리버섯 20g

양념
소스(다시마물 50ml + 간장 1/4작은술 + 참기름 1/4작은술), 기름 1/4작은술

이렇게 요리하세요!

① 파프리카는 반을 갈라 씨를 제거하고 1×1cm 크기로 자른다.

② 느타리버섯은 1cm 길이로 자른다.

③ 굴은 잘게 다지고 소스 재료와 함께 섞는다.

④ 기름을 두른 냄비에 ①을 중불에 볶다가 숨이 죽으면 ③을 넣고 끓인다.

⑤ ②를 넣은 뒤 재료가 충분히 익고 육수가 없어질 때까지 중불에 저어가며 졸인다.

• 두꺼운 파프리카를 아이가 먹기 힘들어하면 1cm 길이로 가늘게 채썰어 요리해요.

달걀장

달걀은 완전식품이라 매일 1개씩 먹으면 좋아요. 달걀을 간장에 담가 숙성시킨 달걀장을 밥에 슥슥 비벼주면 밥을 잘 안 먹는 아이도 한 그릇 뚝딱이에요.

재료 (2회)
달걀 2개, 양파 20g

양념
소금 약간, 식초 1방울, 소스(다시마물 240ml + 간장 1/2작은술 + 다진 파 1/4작은술 + 다진 마늘 1/4작은술 + 참기름 1/4작은술)

이렇게 요리하세요!

① 달걀은 가볍게 헹궈 냄비에 넣고 달걀이 500원 동전 크기만큼 보일 정도로 물을 채운다.

② ①에 소금, 식초를 넣고 센 불에 끓으면 중불로 낮춰 7~8분간 더 끓인다.

③ 달걀이 익는 동안 양파를 아주 잘게 자른다.

④ 달걀이 충분히 익으면 건진 후 찬물에 10분간 담가 식혀 껍질을 벗긴다.

⑤ 냄비에 소스와 ③을 넣고 한소끔 끓인 뒤 한 김 식혀 밀폐용기에 담는다.

⑥ ⑤에 ④의 달걀을 넣고 하루 정도 냉장 숙성한다.

- 24시간 숙성하는 것이 가장 맛있지만 시간이 없다면 12시간은 꼭 숙성하세요.

달달당근조림

그냥 당근조림이 아니에요. 꿀을 넣어 달달한 당근조림이에요. 색도 예쁘고 당근을 싫어하는 아이도 한입 맛보면 반하게 되는 1등 당근요리랍니다.

재료(2회)

당근 50g

양념

다시마물 100ml, 간장 1/4작은술, 올리고당 1/8작은술, 꿀 1/8작은술, 참기름 1/4작은술

이렇게 요리하세요!

1. 당근은 필러로 껍질을 벗기고 1x1cm 크기로 깍둑 썬다.

2. 냄비에 양념을 넣고 끓으면 ①을 넣어 육수가 거의 없어질 때까지 저어가며 졸인다.

 • 양념에 양파를 갈아 넣으면 더 달달한 당근조림이 돼요. 아이의 취향에 맞게 재료를 추가하세요.

달달마늘조림

마늘은 건강식품의 대표주자라고 불릴 만큼 면역력 강화에 좋아요. 하지만 아이가 반찬으로 마늘을 먹는 게 쉽지 않죠. 알싸한 맛을 없앤 베리밥상표 달달마늘조림으로 편식하는 습관을 바꿔보세요.

재료(2회)
마늘 6알

양념
다시마물 120ml, 간장 1/4작은술, 꿀 1/4작은술, 파프리카 가루 1/4작은술

이렇게 요리하세요!

① 마늘은 깨끗하게 씻은 후 꼭지를 제거한다.

② 마늘의 크기에 따라 2등분 혹은 4등분하고 한입 크기로 썬다.

③ 냄비에 양념을 넣고 끓인 후 ②를 넣는다.

④ 마늘이 완전히 익을 때까지 주걱으로 저어가며 중불에서 졸인다.

⑤ 육수가 거의 없어지면 불을 끈다.

- 마늘이 덜 익으면 알싸한 맛이 남아 아이가 거부하거나 위통을 일으킬 수 있으니 잘 으깨질 정도로 충분히 익히세요.

달달무조림

다양한 식재료로 달달 조림을 만들어 봤는데, 그중 끝판왕은 무조림! 일본식 가쓰오부시육수로 조리해 달달하고 시원한 맛이 일품이에요. 아이는 물론 엄마도 반할 맛이니 함께 즐겨보세요.

재료(2회)

무 60g

양념

가쓰오부시육수 120ml, 간장 1/4작은술, 올리고당 1/4작은술, 다진 파 1큰술

이렇게 요리하세요!

① 무는 껍질을 벗긴 후 초록 부분만 1×1cm 크기로 깍둑썬다.

② 냄비에 가쓰오부시육수를 끓여 간장과 올리고당으로 간을 하고 ①을 넣어 중불에 끓인다.

③ 무가 거의 익어가면 다진 파를 넣고 계속 끓인다.

④ 무가 완전히 무르게 익으면 주걱으로 저어가며 육수가 거의 없어질 때까지 졸인 후 불을 끈다.

- 무의 초록 부분을 사용해야 달달한 무조림을 맛볼 수 있어요. 흰 부분은 단맛이 적고 시원한 맛이 많아 달콤하게 만드는 무조림에 적당하지 않아요.

달달양파조림

대부분의 아이에게 양파를 먹이는 게 쉽지 않지만 달달양파조림이라면 시도해볼 만해요. 부드럽게 익힌 양파에 달콤하고 짭짤한 양념으로 간을 해 맛있거든요.

재료(2회)
양파 50g

양념
무염버터 1/4작은술, 치킨스톡 50ml, 간장 1/4작은술, 올리고당 1/8작은술

이렇게 요리하세요!

① 양파는 1×1cm 크기로 자른다.

② 버터를 녹인 냄비에 ①을 넣고 중불에서 저어가며 볶는다.

③ 양파의 숨이 죽으면 치킨스톡, 간장, 올리고당을 넣고 양파가 익을 때까지 저어가며 졸인다.

④ 양파가 익고 육수가 거의 없어지면 불을 끈다.

 • 비타민E가 풍부한 호두 가루를 추가하여 '달달호두양파조림'을 만들어 보세요. 호두는 단단해 아이의 기도에 걸릴 수 있으니 호두를 지퍼백에 넣고 방망이로 두드려 완전히 가루로 만들어 사용하세요.

달달토마토조림

앙증맞은 방울토마토를 졸여 고급스러운 맛을 냈어요. 새콤달콤한 토마토에 단맛을 추가했으니 아이들이 좋아할 수밖에 없겠죠? 더운 여름에 입맛을 돋워 줄 메뉴예요.

재료(2회)
방울토마토 6개

양념
무염버터 1/4작은술, 치킨스톡 50ml, 소금 약간, 올리고당 1/8작은술, 레몬즙 1/8작은술

이렇게 요리하세요!

① 토마토는 꼭지를 제거하고 아이의 한입 크기로 자른다.

② 냄비에 버터를 녹여 ①을 가볍게 볶다가 소금, 올리고당으로 간을 한다.

③ 토마토의 숨이 죽으면 치킨스톡을 넣고 육수가 거의 없어질 때까지 중불에 저어가며 졸인다.

④ 레몬즙을 넣고 뒤섞는다.

• 아이가 토마토의 껍질이 질겨 싫어한다면 십자로 칼집을 내 끓는 물에 살짝 데친 후 껍질을 제거하고 요리하세요. 잘 숙성된 완숙 토마토로 만들어도 좋아요.

달콤메추리조림

밥반찬으로 인기 만점인 메추리조림을 달달하게 만들었어요. 메추리알은 필수 아미노산과 단백질이 풍부해 건강을 든든하게 챙길 수 있는 메뉴예요.

재료 (2회)
메추리알 6개, 사과 40g

양념
치킨스톡 50ml, 소금 약간, 올리고당 1/4 작은술

이렇게 요리하세요!

① 메추리알은 물에 가볍게 씻은 후 냄비에 넣고 알이 잠길 정도로 물을 넣는다.

② ①에 소금과 식초를 넣고 센불에 끓인다.

③ 끓기 시작하면 중불로 줄이고 5분간 삶은 뒤 건져 찬물에 식힌다.

④ 사과는 숭덩숭덩 썰어 치킨스톡, 소금, 올리고당과 믹서에 넣고 곱게 간다.

⑤ 껍질을 벗긴 메추리알과 ④를 냄비에 넣는다.

⑥ 중불에 저어가며 졸이다가 소스가 반으로 줄어들면 불을 끈다.

- 삶은 메추리알을 플라스틱 용기에 담고 물을 가득 넣은 뒤 마구 흔들어 주면 메추리알 껍질을 쉽게 벗길 수 있어요.

돼지고기무조림

돼지고기의 풍미와 무의 시원함이 만나 돼지고기는 시원해지고 무는 고소해져요. 돼지고기와 무가 완벽한 조화를 이루는 메뉴예요.

재료(2회)
다진 돼지고기 60g, 무 40g, 양파 10g, 당근 10g

양념
다시마물 120ml, 간장 1/2작은술, 올리고당 1/4작은술, 다진 파 1/2큰술, 참기름 1/4작은술

이렇게 요리하세요!

1. 돼지고기는 겉면의 핏물을 닦고 무, 양파, 당근은 1×1cm 크기로 깍둑썬다.

2. 냄비에 다시마물을 끓이다가 간장, 올리고당으로 간을 하고 ①을 넣은 뒤 중불에 계속 끓인다.

3. 고기와 야채가 익으면 다진 파를 넣고 육수가 거의 없어질 때까지 졸인다.

4. 불을 끄고 참기름을 두른 후 뒤섞는다.

- 아이가 무를 좋아한다면 2×2cm 크기로 만들어 보세요. 커진 크기만큼 맛도 좋아질 거예요.

돼지목살조림

기름기가 적은 담백한 돼지목살을 데리야키소스에 졸인 요리예요. 돼지고기에서 나오는 기름과 양파가 만나 감칠맛이 좋아져 더욱 맛있어요.

재료(2회)
돼지고기 목살 60g, 양파 30g

양념
가쓰오부시육수 3큰술, 간장 1/4작은술, 올리고당 1/4작은술, 깨 1꼬집, 기름 1/8작은술

이렇게 요리하세요!

① 돼지고기는 겉면의 핏물을 닦아내고 과도한 지방을 제거한 뒤 1×1cm 크기로 깍둑썬다.

② 양파도 1×1cm 크기의 사각으로 깍둑썬다.

③ 기름을 두른 냄비에 ①을 넣고 겉면이 갈색이 될 때까지 볶는다.

④ 돼지기름이 나오면 ②를 넣고 양파가 완전히 익도록 중불에 볶는다.

⑤ 가쓰오부시육수에 간장, 올리고당을 섞어 ④에 넣은 뒤 주걱으로 저어가며 졸인다.

⑥ 육수가 거의 졸아 없어지면 불을 끄고 깨를 넣어 뒤섞는다.

- 돼지고기 목살에 지방이 많아 아이가 거부감 있거나 복통을 유발한다면 등심 부위로 대체하세요.

두부조림

고소한 두부를 맛있는 양념에 졸인 최고의 밥반찬이에요. 마지막에 입가에 맴도는 참기름 맛은 정말 고소해요. 두부의 비린내를 싫어하는 아이도 잘 먹을 거예요.

재료(2회)
두부 80g

양념
소스(다시마물 100ml+간장 1/4작은술+다진 마늘 1/4작은술+다진 파 1/4작은술+파프리카 가루 1/4작은술), 참기름 1/4작은술, 깨 1꼬집, 기름 1/8작은술

조림

이렇게 요리하세요!

① 두부는 5×5mm 한입 크기로 깍둑썬다.

② 기름을 두른 팬에 두부를 중불에서 노릇하게 구운 뒤 건진다.

③ 팬에 남은 기름을 닦고 ②의 건져낸 두부를 다시 넣고 소스를 붓는다.

④ 중불로 바글바글 끓이며 두부에 양념이 배게 한다.

⑤ 소스가 졸아들면 불을 끄고 참기름과 깨를 넣어 마무리한다.

• 두부를 굽지 않고 그냥 조리하면 쉽게 부서지고 두부조림의 쫀득한 맛이 나지 않아요. 조금 번거롭더라도 두부를 구운 뒤 졸여주세요.

들깨순두부조림

들깨가루와 순두부의 만남! 고소함이 2배로 커지는 맛있는 조합이에요. 순두부가 부서져도 너무 슬퍼하지 마세요. 순두부를 밥 위에 올려 비벼 먹어도 맛있거든요.

재료(2회)
순두부 80g

양념
멸치육수 50ml, 간장 1/4작은술, 다진 파 1/2작은술, 들깨가루 1/2작은술, 참기름 1/4작은술

이렇게 요리하세요!

① 순두부는 간단히 세척한 후 부수지 않고 그대로 사용한다.

② 냄비에 멸치육수, 간장, 다진 파를 넣고 끓이다가 ①을 넣은 뒤 중불에 끓인다.

③ 육수가 반으로 줄어들면 불을 끄고 들깨가루, 참기름을 넣은 뒤 잘 섞는다.

- 섞는 과정에서 순두부가 부서져도 괜찮아요. 어떤 모양이든 어떤 방식으로 먹든 맛있어요.

마늘종조림

5~6월에만 맛볼 수 있는 마늘종을 조림으로 만들었어요. 오독오독한 식감의 마늘종을 푹 삶아 아이가 먹을 수 있게 했어요. 삶아도 맛과 향, 식감이 약간 남아있어요.

재료(2회)
마늘종 50g

양념
다시마물 120ml, 간장 1/4작은술, 올리고당 1/4작은술, 다진 마늘 1/2작은술, 참기름 1/4작은술

이렇게 요리하세요!

① 마늘종은 깨끗하게 씻어 1cm 길이로 자른다.

② 냄비에 다시마물을 끓이고 마늘종을 2분간 중불에 데친 뒤 간장, 올리고당, 다진 마늘을 넣는다.

③ 마늘종이 충분히 익도록 2분간 더 끓인다.

④ 육수가 거의 없어질 정도로 졸아들면 불을 끄고 참기름을 두른다.

- 마늘종을 더욱 부드럽게 만들고 싶다면 따로 물에 푹 삶은 뒤 요리하세요.

메추리장조림

동글동글 작고 귀여운 메추리알은 아이들이 정말 좋아해요. 메추리알에 짭조름한 간장을 더해 맛있는 반찬을 만들어 보세요. 달콤 메추리조림과는 다른 매력을 느낄 수 있어요.

재료 (2회)

메추리알 6개, 양파 20g, 당근 10g

양념

다시마물 120ml, 간장 1/4작은술, 올리고당 1/8작은술, 참기름 1/4작은술, 소금 약간, 식초 2방울

이렇게 요리하세요!

1. 메추리알은 물에 가볍게 씻은 후 냄비에 넣고 알이 잠길 정도로 물을 넣는다.

2. ①에 소금과 식초를 넣고 센불에 끓인다.

3. 끓기 시작하면 중불로 줄이고 5분간 삶는다.

4. 메추리알을 삶는 동안 양파는 1×1cm 사각으로 자르고 당근은 얇게 슬라이스한 뒤 1×1cm 사각으로 자른다.

5. 메추리알이 다 익으면 건져 찬물에 식힌 후 껍질을 깐다.

6. 냄비에 ④, ⑤를 넣고 다시마물, 간장, 올리고당, 참기름을 추가해 육수가 반으로 졸아들 때까지 중불에 끓인다.

 • 삶은 메추리알을 플라스틱 용기에 담고 물을 가득 넣은 뒤 마구 흔들어 주면 메추리알 껍질을 쉽게 벗길 수 있어요.

목이버섯조림

꼬들한 식감의 목이버섯을 달콤하게 졸였어요. 목이버섯 혼자 심심하지 않도록 당근과 양파를 더했어요. 목이버섯의 생소한 식감을 아이에게 시도해 보세요.

재료(2회)
목이버섯 30g, 양파 20g, 당근 20g

양념
치킨스톡 120ml, 간장 1/4작은술, 다진마늘 1/4작은술, 다진 파 1/4작은술, 참기름 1/8작은술, 깨 1꼬집

이렇게 요리하세요!

1. 목이버섯은 물에 담가 흔들어 씻은 뒤 2cm 길이로 채썬다.
2. 양파, 당근도 2cm 길이로 채썬다.
3. 냄비에 양념을 넣은 뒤 끓이다가 ①, ②를 넣고 중불에 끓인다.
4. 목이버섯이 부드러워지고 육수가 거의 없어지면 불을 끈다.

- 생목이버섯을 구하기 어렵다면 건목이버섯을 물에 충분히 불려서 사용하세요.

무조림

시원한 맛을 살린 무조림이에요. 멸치육수가 깊숙하게 배어 한입 먹을 때마다 국물을 마시는 기분이에요. 너무 뜨거울 수 있으니 호호 불어서 먹여야 해요.

재료(2회)
무 50g, 양파 20g

양념
멸치육수 120ml, 된장 1/4작은술, 파프리카 가루 1/4작은술, 참기름 1/4작은술, 다진 파 1/4작은술

이렇게 요리하세요!

① 무는 1cm 두께로 썬 다음 한입 크기로 자르고 양파는 1×1cm 크기로 깍둑 썬다.

② 냄비에 양념 재료를 모두 섞어 끓인 뒤 ①을 넣는다.

③ 뚜껑을 덮고 중불에서 끓이다가 무가 완전히 익으면 뚜껑을 연다.

④ 육수가 거의 없어질 때까지 저어가며 졸이다가 불을 끈다.

 • 무가 완전히 익고 무르게 될 때까지 익혀야 무조림의 참맛을 느낄 수 있어요.

식단표 이렇게 활용하세요!

- 식단표에 소개된 메뉴는 유아식 시작 단계인 12개월 이후의 아이부터 60개월까지의 아이가 먹을 수 있는 메뉴를 엄선했어요.

- 1~12월까지 월별 제철 식재료를 사용하여 만든 메뉴로 아침, 점심, 저녁 식단을 구성했어요. 식단표를 활용하여 아이에게 영양 만점 식사를 제공해 주세요.

- 모든 음식은 염도를 평균 0.3%에 맞췄어요. 나트륨 함량은 적지만 천연 조미료와 베리밥상표 육수로 맛을 더해 맛있게 즐길 수 있는 저염 레시피예요.

- 장보기 목록의 필요한 재료는 매주 일요일에 구입해요.

- 식단표는 주 2회(월·목요일) 요리하고, 대부분 2회 섭취량으로 구성했어요. 조리한 음식은 냉장 또는 냉동 보관했다가 식사 전 조리 방식과 같은 방식으로 데워서 배식해요.
    - 국·수프·덮밥 소스류 : 냄비에 넣고 약불로 끓여 데우세요.
    - 고기류 : 팬에 음식과 물을 약간 부어 빠르게 볶으세요.
    - 전류 : 팬에 기름을 약간 두르고 약불로 데우세요.
    - 나물·조림류 : 전자레인지에 30초간 데우세요. (전자레인지 사양에 따라 시간 조절)

- 조리 방식은 편한 방식으로 대체해 활용하세요.
    - 찜으로 조리하는 재료는 삶아서 익혀도 좋아요.
    - 단호박, 고구마 등 단단한 재료는 전자레인지를 이용해 무르게 만들어요.
    - 에어프라이어와 오븐은 동일한 온도로 맞춰 사용해요.

- 요리 전 미리 육수를 만들어 두면 빠르고 쉽게 요리할 수 있어 편리해요.

- 성인이 먹어도 맛있는 레시피예요. 아이 밥만 따로 준비하기 힘들 때는 음식을 만들 때 아이 분량을 완성해 덜어두고, 간을 추가해 성인용으로 만드세요.

장보기 목록: 다진 소고기 안심, 닭봉, 삼치, 명란, 유부, 양파, 당근, 청경채, 표고버섯,

1월	월요일	화요일	수요일
아침	소고기옥수수수프 P.095 숙주셀러리볶음 P.243	잡곡밥 유부주머니탕 P.136 표고버섯나물 P.185 크림청경채 P.222 시금치간장찜 P.306	쌀밥 시금치된장국 P.132 숙주셀러리볶음 P.243 유부볶음 P.257 양파닭봉찜 P.311
점심	쌀밥 시금치된장국 P.132 양파닭봉찜 P.311 옥수수전 P.349 셀러리피클* P.155	소고기에그누들 P.383	시금치아란치니 P.075 명란당근볶음 P.238
저녁	쌀밥 삼치탕수육 P.339 표고버섯나물 P.185 유부볶음 P.257	잡곡밥 소고기표고버섯전 P.343 명란당근볶음 P.238 셀러리피클* P.155	쌀밥 삼치탕수육 P.339 크림청경채 P.222 셀러리피클* P.155

■ 제철 식재료   *메인 요리를 활용한 응용 요리임

숙주, 셀러리, 시금치, 옥수수

목요일	금요일	토요일	일요일
소고기옥수수프 P.095	쌀밥	잡곡밥	명란소고기죽* P.120
시금치아란치니 P.075	달달당근조림 P.193	명란소고기국 P.120	
	셀러리옥수수볶음 P.240	시금치소테 P.244	
	데리닭봉구이 P.272	표고버섯들깨볶음 P.260	
잡곡밥	쌀밥	치즈옥수수파스타 P.392	잡곡밥
유부주머니탕 P.136	유부된장국 P.135	양배추버터볶음 P.251	유부된장국 P.135
표고버섯들깨볶음 P.260	삼치데리조림 P.212	청경채달걀전 P.351	데리닭봉구이 P.272
옥수수전 P.349	시금치소테 P.244		시금치나물 P.174
잡곡밥	쌀밥	잡곡밥	잡곡밥
소고기표고버섯전 P.343	명란숙주찜 P.299	삼치데리조림 P.212	명란숙주찜 P.299
양파버터볶음* P.251	시금치나물 P.174	셀러리옥수수볶음 P.240	달달당근조림 P.193
시금치간장찜 P.306	셀러리스틱 P.151	셀러리스틱 P.151	청경채달걀전 P.351

장보기 목록: 소고기 불고기용, 다진 돼지고기, 미역, 멸치, 양파, 당근, 양송이버섯, 연근,

2월	월요일	화요일	수요일
아침	소고기미역죽 P.089	잡곡밥	쌀밥
	파프리카샐러드 P.157	다짐멸치볶음 P.236	고구마달걀전 P.321
		고사리전 P.325	연근전 P.348
		무순무침 P.166	무순샐러드 P.147
점심	쌀밥	유부주머니탕 P.136	파프리카크림파스타 P.395
	고구마달걀전 P.321	칼국수면	바싹불고기 P.370
	연근조림 P.217		
	무순샐러드 P.147		
저녁	쌀밥	잡곡밥	쌀밥
	유부주머니탕 P.136	바싹불고기 P.370	다짐멸치볶음 P.236
	동그랑땡 P.333	고구마달걀전 P.321	연근조림 P.217
	양송이버섯버터구이 P.281	파프리카샐러드 P.157	무순무침 P.166
	연근전 P.348		

▰ 제철 식재료　＊메인 요리를 활용한 응용 요리임

무순, 고사리, 파프리카, 배추, 고구마

목요일	금요일	토요일	일요일
소고기미역죽 P.089	고사리나물솥밥 P.068	잡곡밥	양송이버섯볶음밥 P.077
양송이버섯버터구이 P.281	빨간연근찜 P.304	톤지루 P.140	고사리돼지찜 P.293
	달달당근조림 P.193	연근나물 P.179	양파소금구이 P.282
	미역조림 P.207	양파소금구이 P.282	
잡곡밥	쌀밥	양송이버섯볶음밥 P.077	잡곡밥
유부주머니탕 P.136	고사리돼지찜 P.293	밀푀유나베 P.123	톤지루 P.140
고사리전 P.325	무순전 P.334		무순전 P.334
양송이버섯간장조림 P.215	연근나물 P.179		고구마맛탕 P.322
			파프리카요거스틱 P.157
파프리카크림수프＊ P.395	쌀밥	잡곡밥	고사리나물솥밥 P.068
동그랑땡 P.333	밀푀유나베 P.123	소고기된장볶음 P.241	구수한 숭늉 P.109
	양송이버섯간장조림 P.215	달달당근조림 P.193	소고기된장볶음 P.241
	고구마맛탕 P.322	미역조림 P.207	빨간연근찜 P.304
	파프리카요거스틱 P.157		

007

장보기 목록: 다진 소고기, 닭고기 안심, 황태, 두부, 어묵, 양파, 당근, 애호박, 팽이버섯,

3월	월요일	화요일	수요일
아침	황태팽이버섯덮밥 P.083	잡곡밥	쌀밥
	두부조림 P.201	어묵탕 P.133	두부찌개 P.118
		소고기난자완스 P.379	애호박어묵조림 P.213
		우엉조림 P.219	부추볶음 P.238
		휴게소감자구이 P.287	우엉채볶음 P.256
점심	쌀밥	데리야키닭덮밥 P.071	어묵탕 P.133
	두부찌개 P.118	양파절임 P.178	우동면
	부추닭갈비 P.372		닭꼬치 P.364
	우엉조림 P.219		
	브로콜리두부샐러드 P.148		
저녁	쌀밥	잡곡밥	쌀밥
	애호박어묵조림 P.213	부추닭갈비 P.372	콜리두부전 P.354
	부추볶음 P.238	달달마늘조림 P.194	팽이버섯찜 P.313
	달달마늘조림 P.194	브로콜리두부샐러드 P.148	감자채볶음 P.230

제철 식재료　*메인 요리를 활용한 응용 요리임

봄부추, 우엉, 브로콜리, 마늘, 감자

목요일	금요일	토요일	일요일
황태팽이버섯덮밥 P.083	쌀밥	잡곡밥	달콤마늘빵 P.363
두부조림 P.201	빨간소고기찜 P.303	츠쿠네 P.391	감자수프 P.092
양파절임 P.178	부추전 P.336	브로콜리들깨무침 P.172	어묵볶음 P.253
	브로콜리크림조림 P.209	애호박찜 P.307	
잡곡밥	쌀밥	마파두부덮밥 P.072	마파두부덮밥 P.072
팽이버섯된장국 P.141	카레닭볶음탕 P.394	브로콜리크림조림 P.209	팽이버섯된장국 P.141
콜리두부전 P.354	누른애호박전 P.329	우엉튀김 P.350	누른애호박전 P.329
우엉채볶음 P.256	우엉튀김 P.350		부추무침 P.171
감자채볶음 P.230	부추무침 P.171		
잡곡밥	쌀밥	잡곡밥	잡곡밥
소고기난자완스 P.379	츠쿠네 P.391	카레닭볶음탕 P.394	빨간소고기찜 P.303
휴게소감자구이 P.287	고소한 마늘구이 P.268	부추전 P.336	고소한 마늘구이 P.268
팽이버섯찜 P.313	애호박찜 P.307	어묵볶음 P.253	브로콜리들깨무침 P.172
		양파절임 P.178	

장보기 목록: 소고기 불고기용, 돼지등뼈, 주꾸미, 대구살, 청포묵, 양파, 당근, 양배추, 냉이,

4월	월요일	화요일	수요일
아침	느타리버섯들깨죽 P.086 대구강정* P.338	잡곡밥 주꾸미탕 P.137 단호박샐러드 P.145 취나물조림 P.221 냉이무침 P.162	쌀밥 냉이된장국 P.110 칠리주꾸미 P.353 취나물조림 P.221 청포묵김무침 P.182
점심	쌀밥 냉이된장국 P.110 스키야키 P.131 양배추미나리볶음 P.249	단호박그라탱 P.362 비프샌드위치 P.376 달달토마토조림 P.197	치즈규동* P.069
저녁	쌀밥 돼지등뼈찜 P.298 청포묵김무침 P.182 느타리버섯양파볶음 P.235	잡곡밥 대구강정* P.338 단호박샐러드 P.145 느타리버섯양파볶음 P.235	쌀밥 비프&그레이비소스* P.376 달달토마토조림 P.197 양배추미나리볶음 P.249

■ 제철 식재료   *메인 요리를 활용한 응용 요리임

취나물, 느타리버섯, 미나리, 단호박, 방울토마토

목요일	금요일	토요일	일요일
느타리버섯들깨죽 P.086	쌀밥	잡곡밥	잡곡밥
밀푀유카츠 P.369	양배추소고기찜 P.310	청포묵국 P.138	감자탕 P.107
	취나물달걀말이 P.352	소고기동그랑땡 P.342	취나물달걀말이 P.352
	양파당근피클* P.155	빨간미나리볶음 P.239	냉이버터구이 P.270
		느타리버섯파볶음* P.235	
잡곡밥	쌀밥	감자탕 P.107	청포묵국 P.138
주꾸미탕 P.137	청포묵국 P.138	칼국수면	양배추볶음밥* P.076
빨간미나리볶음 P.239	바싹불고기 P.370	토마토카프레제 P.156	바싹불고기 P.370
느타리버섯파볶음* P.235	단호박나물 P.164		토마토카프레제 P.156
	냉이버터구이 P.270		
잡곡밥	양배추볶음밥* P.076	잡곡밥	볼로네제파스타 P.371
칠리주꾸미 P.353	밀푀유카츠 P.369	양배추소고기찜 P.310	양파당근피클* P.155
냉이무침 P.162	볼로네제소스* P.371	단호박나물 P.164	
청포묵&양념 P.312		청포묵&양념 P.312	

장보기 목록: 다진 소고기, 오리 로스, 다슬기, 가자미, 두부, 양파, 당근, 오이, 병아리콩,

5월	월요일	화요일	수요일
아침	오리고기덮밥 P.079	잡곡밥	쌀밥
		다슬기국 P.112	맑은두부국 P.119
		야채소고기구이 P.280	피망소고기찜 P.314
		마늘종조림 P.203	병아리콩조림 P.208
			두부조림 P.201
점심	쌀밥	카레소고기볶음밥 P.081	스테이크덮밥 P.074
	맑은두부국 P.119	오이피클 P.155	병아리콩수프 P.094
	가자미양파볶음 P.228		
	병아리콩조림 P.208		
	고구마맛탕 P.322		
저녁	쌀밥	잡곡밥	쌀밥
	피망소고기찜 P.314	오리고기잡채 P.255	가자미양파볶음 P.228
	아스파라거스버터구이 P.278	고구마맛탕 P.322	아스파라거스버터구이 P.278
	두부조림 P.201	오이무침 P.181	오이무침 P.181

■ 제철 식재료   *메인 요리를 활용한 응용 요리임

아스파라거스, 피망, 마늘종, 부추, 고구마

목요일	금요일	토요일	일요일
오리고기덮밥 P.079	쌀밥	병아리콩볶음밥 P.073	양파수프 P.099
병아리콩수프 P.094	양념오리볶음 P.247	소고기마늘종완자 P.380	토스트
	피망조림 P.225	달달당근조림 P.193	두부스테이크 P.367
	달달당근조림 P.193		고구마요거샐러드 P.144
잡곡밥	양파수프 P.099	고구마그라탱* P.362	병아리콩볶음밥 P.073
다슬기국 P.112	토스트	두부스테이크 P.367	가자미야채찜 P.290
오리고기잡채 P.255	소고기마늘종완자 P.380		피망조림 P.225
마늘종조림 P.203	병아리콩구이 P.276		오이샐러드 P.154
고구마요거샐러드 P.144			
카레소고기볶음밥 P.081	쌀밥	잡곡밥	잡곡밥
오이피클 P.155	가자미야채찜 P.290	양념오리볶음 P.247	소고기마늘종완자 P.380
	아스파라거스나물 P.175	병아리콩구이 P.276	아스파라거스나물 P.175
	된장오이스틱 P.146	오이샐러드 P.154	된장오이스틱 P.146

장보기 목록

소고기 안심, 닭고기 안심, 다진 돼지고기, 새우, 가자미, 순두부, 양파, 당근,

6월	월요일	화요일	수요일
아침	새송이버섯누룽지탕 P.127	잡곡밥	새송이버섯누룽지탕 P.127
	돼지고기무조림 P.199	새송이버섯들깨국 P.128	애호박새우전 P.345
		토마토달걀말이 P.355	토마토
		부추볶음 P.238	
		배추찜&양념 P.300	
점심	쌀밥	닭안심삼계탕 P.366	소고기비빔국수 P.381
	소고기야채전골 P.129	세모네모무전 P.341	소고기양념장 P.305
	애호박조림 P.214		백김치김무침 P.170
	감자채볶음 P.230		
	백김치 P.169		
저녁	쌀밥	잡곡밥	쌀밥
	소고기양념장 P.305	감자된장국 P.106	소고기야채전골 P.129
	야채잡채 P.246	돼지고기무조림 P.199	애호박조림 P.214
	파프리카버터구이* P.283	감자채볶음 P.230	야채잡채 P.246
		파프리카요거스틱 P.157	파프리카요거스틱 P.157

■ 제철 식재료   *메인 요리를 활용한 응용 요리임

미니새송이버섯, 부추, 애호박, 토마토, 배추, 파프리카, 무, 감자

목요일	금요일	토요일	일요일
닭안심부추죽 P.087	쌀밥	야채볶음밥 P.076	쌀밥
파프리카버터구이* P.283	납작닭동그랑땡 P.328	파프리카감자수프 P.101	데리닭봉구이 P.272
	토마토새송이버섯볶음 P.259	납작닭동그랑땡 P.328	양념연두부 P.309
	부추마늘찜 P.301	배추나물 P.168	파프리카구이 P.283
		당근요거스틱* P.157	
잡곡밥	쌀밥	감자수제비 P.360	가자미도리아 P.066
감자된장국 P.106	가자미찌개 P.104	데리닭봉구이 P.272	파프리카감자수프 P.101
애호박새우전 P.345	감자간장조림 P.190	양념연두부 P.309	
부추볶음 P.238	새송이버섯떡볶이 P.377		
백김치김무침 P.170			
잡곡밥	잡곡밥	잡곡밥	잡곡밥
새송이버섯들깨국 P.128	새우부추전 P.340	가자미찌개 P.104	새우부추전 P.340
토마토달걀말이 P.355	파프리카구이 P.283	감자간장조림 P.190	배추나물 P.168
세모네모무전 P.341	당근요거스틱* P.157	토마토새송이버섯볶음 P.259	새송이버섯떡볶이 P.377
배추찜&양념 P.300		부추마늘찜 P.301	

장보기 목록: 소고기 불고기용, 돼지고기 앞다리살, 닭다리살, 바지락살, 갈치, 청국장, 호두,

7월	월요일	화요일	수요일
아침	콩나물밥 P.082 바지락무침 P.167 애호박나물 P.177	쌀밥 닭개장 P.115 바지락무침 P.167 팽이버섯전 P.356 양송이버섯간장조림 P.215	잡곡밥 밀푀유나베 P.123 콩나물무침 P.184 무생채 P.165
점심	잡곡밥 밀푀유나베 P.123 달달호두양파조림* P.196 단호박꿀찜 P.296	오로시냉우동 P.389 파채바싹불고기* P.370	쌀밥 소고기미역국* P.089 오이무침 P.181 양송이버섯간장조림 P.215
저녁	잡곡밥 바지락탕 P.124 갈치무조림 P.189 가지된장무침 P.160 무생채 P.165	쌀밥 소고기미역국* P.089 갈치무조림 P.189 애호박나물 P.177 단호박꿀찜 P.296	잡곡밥 닭개장 P.115 가지된장무침 P.160 팽이버섯전 P.356 달달호두양파조림* P.196

■ 제철 식재료   *메인 요리를 활용한 응용 요리임

미역, 양파, 당근, 애호박, 오이, 팽이버섯, 양송이버섯, 콩나물, 배추, 가지, 무, 단호박

목요일	금요일	토요일	일요일
쌀밥	쌀밥	쌀밥	잡곡밥
갈치콩나물찜 P.292	배추애호박찌개 P.125	돼지고기청국장 P.117	뚝불고기 P.368
단호박구이 P.271	소고기된장볶음 P.241	가지구이 P.266	양송이버섯버터구이 P.281
무조림 P.206	양송이버섯버터구이 P.281	팽이버섯참기름구이 P.284	오이요거스틱* P.157
	팽이버섯참기름구이 P.284	고소미역볶음 P.232	
소고기짜장면 P.384	쌀밥	규동 P.069	잡곡밥
가지깐풍기 P.318	팽이버섯된장국 P.141		야채찜닭 P.308
콩나물무침 P.184	야채찜닭 P.308		가지전 P.319
	단호박샐러드 P.145		고소미역볶음 P.232
	오이요거스틱* P.157		
양송이버섯볶음밥 P.077	양송이버섯볶음밥 P.077	쌀밥	잡곡밥
바지락탕 P.124	돼지고기청국장 P.117	배추애호박찌개 P.125	팽이버섯된장국 P.141
오믈렛 P.390	단호박구이 P.271	갈치콩나물찜 P.292	소고기된장볶음 P.241
오이무침 P.181	가지전 P.319	단호박샐러드 P.145	가지구이 P.266
		무조림 P.206	

장보기 목록: 소고기 불고기용, 돼지 등갈비, 닭고기 안심, 낙지, 고등어, 순두부, 양파, 당근,

8월	월요일	화요일	수요일
아침	목이버섯낙지죽 P.088	잡곡밥	목이버섯낙지죽 P.088
	양배추목이버섯볶음 P.250	시금치된장국 P.132	열무무침* P.078
		낙지버터구이 P.269	고구마요거샐러드 P.144
		목이버섯조림 P.205	브로콜리전 P.337
점심	잡곡밥	달걀피망볶음밥 P.070	쌀밥
	데리등갈비구이 P.274	데리등갈비구이 P.274	피망소고기조림 P.224
	오이된장무침 P.180	고구마맛탕 P.322	데리달걀구이 P.273
	고구마요거샐러드 P.144		시금치소테 P.244
저녁	잡곡밥	잡곡밥	쌀밥
	피망소고기조림 P.224	수프카레 P.096	시금치된장국 P.132
	데리달걀구이 P.273	브로콜리닭찜 P.302	양념고등어볶음 P.387
	브로콜리전 P.337	양배추목이버섯볶음 P.250	오이된장무침 P.180
		열무무침* P.078	목이버섯조림 P.205

■ 제철 식재료 *메인 요리를 활용한 응용 요리임

양배추, 시금치, 오이, 피망, 목이버섯, 열무, 브로콜리, 고구마

목요일	금요일	토요일	일요일
잡곡밥	잡곡밥	쌀밥	잡곡밥
브로콜리닭찜 P.302	목이버섯들깨국 P.121	치킨커틀릿 P.393	고구마수프 P.093
고구마맛탕 P.322	양배추소고기찜 P.310	피망잡채 P.262	고등어쫀득구이 P.267
시금치소테 P.244	오이무침 P.181	달달마늘조림 P.194	달달마늘조림 P.194
	시금치나물 P.174		시금치나물 P.174
잡곡밥	잡곡밥	열무비빔밥 P.078	잡곡밥
수프카레 P.096	고구마수프 P.093	달걀프라이	치킨커틀릿 P.393
양념고등어볶음 P.387	폭립 P.396		야채구이 P.279
달달당근조림 P.193	피망잡채 P.262		양배추샐러드 P.152
양배추달걀전 P.347	양배추달걀전 P.347		
달걀피망볶음밥 P.070	잡곡밥	쌀밥	잡곡밥
낙지버터구이 P.269	야채크림스튜 P.097	목이버섯들깨국 P.121	야채크림스튜 P.097
브로콜리두부샐러드 P.148	고등어쫀득구이 P.267	폭립 P.396	양배추소고기찜 P.310
	양배추샐러드 P.152	피망버터구이 P.285	피망버터구이 P.285
	달달당근조림 P.193	브로콜리두부샐러드 P.148	오이무침 P.181

장보기 목록

소고기 불고기용, 다진 돼지고기, 오리 로스, 대하, 갈치, 연두부, 양파, 당근,

9월	월요일	화요일	수요일
아침	소고기야채죽 P.090 브로콜리들깨무침 P.172	쌀밥 고구마줄기된장국 P.108 오리숙주볶음 P.254 찰옥수수버터구이 P.282 달달무조림 P.195	잡곡밥 갈치탕 P.105 브로콜리들깨무침 P.172 양파간장조림 P.216 깻잎채볶음 P.234
점심	잡곡밥 대하브로콜리찜 P.297 아시아숙주볶음 P.245 깻잎채볶음 P.234	소고기쌀국수 P.382 느타리버섯양파볶음 P.235	잡곡밥 오리숙주볶음 P.254 찰옥수수버터구이 P.282 고구마줄기전 P.323
저녁	잡곡밥 갈치탕 P.105 느타리버섯양파볶음 P.235 양파간장조림 P.216 깻잎찜 P.295	잡곡밥 대하브로콜리찜 P.297 고구마줄기전 P.323 아시아숙주볶음 P.245	분짜 P.373 깻잎채볶음 P.234 과일

■ 제철 식재료　*메인 요리를 활용한 응용 요리임

깻잎, 무, 느타리버섯, 숙주, 브로콜리, 고구마 줄기, 우엉, 옥수수, 쌀국수

목요일	금요일	토요일	일요일
소고기야채죽 P.090	잡곡밥	쌀밥	다시마떡국 P.113
느타리버섯양파볶음 P.235	대하탕 P.116	양념연두부 P.309	달걀장 P.192
달달무조림 P.195	무나물 P.165	소고기양념장 P.305	우엉튀김 P.350
	숙주나물 P.173	브로콜리콘샐러드 P.149	
	깻잎전 P.327		
쌀밥	잡곡밥	다시마떡국 P.113	잡곡밥
고구마줄기된장국 P.108	달걀장 P.192	동그랑땡 P.333	다시두부튀김 P.331
오리고기조림 P.218	고구마줄기무침 P.161		갈치마늘볶음 P.229
느타리버섯양파볶음 P.235	브로콜리두부샐러드 P.148		우엉조림 P.219
브로콜리콘샐러드 P.149			양파버터볶음* P.251
쌀밥	잡곡밥	쌀밥	삼색비빔밥 무나물 P.165 숙주나물 P.173 고구마줄기무침 P.161
동그랑땡 P.333	다시두부튀김 P.331	대하탕 P.116	소고기양념장 P.305
깻잎찜 P.295	갈치마늘볶음 P.229	오리고기조림 P.218	브로콜리두부샐러드 P.149
우엉조림 P.219	우엉튀김 P.350	깻잎전 P.327	
	양파버터볶음* P.251	김구이	

장보기 목록: 소고기 안심, 돼지목살, 굴, 황태, 감, 양파, 당근, 애호박, 시금치, 느타리버섯,

10월	월요일	화요일	수요일
아침	잡곡밥 우동국물 P.134 돼지목살조림 P.200 시금치나물 P.174	잡곡밥 곤드레소고기찜 P.294 고구마달걀전 P.321 파프리카구이 P.283	잡곡밥 굴파프리카조림 P.191 느타리버섯양파볶음 P.235 시금치나물 P.174
점심	잡곡밥 소고기춘권 P.385 당근감채볶음 P.237 애호박달걀전 P.344	잡곡밥 느타리버섯들깨국 P.111 굴파프리카조림 P.191 시금치버터소테* P.244	잡곡밥 국수 없는 잔치국물 P.109 황태볶음 P.263 애호박달걀전 P.344 파프리카구이 P.283
저녁	잡곡밥 황태볶음 P.263 느타리버섯양파볶음 P.235 고구마팬케이크 P.324	잡곡밥 국수 없는 잔치국물 P.109 돼지목살조림 P.200 당근감채볶음 P.237 파프리카구이 P.283	잡곡밥 느타리버섯들깨국 P.111 소고기춘권 P.385 시금치버터소테* P.244 고구마달걀전 P.321

■ 제철 식재료　*메인 요리를 활용한 응용 요리임

파프리카, 토마토, 곤드레나물, **고구마**, 라이스페이퍼

목요일	금요일	토요일	일요일
쌀밥	토마토수프 P.100	쌀밥	쌀밥
데리목살구이 P.275	불고기치즈토스트 P.375	소고기마늘구이&감 P.277	시금치된장국 P.132
당근감채볶음 P.237	파프리카버터구이* P.283	토마토달걀볶음 P.258	황태구이 P.286
시금치버터소테* P.244		느타리버섯전 P.330	애호박조림 P.214
			야채말이 P.346
쌀밥	쌀밥	쌀밥	쌀밥
우동국물 P.134	황태구이 P.286	시금치된장국 P.132	사천탕 P.126
소고기마늘구이&감 P.277	애호박김무침 P.176	굴전 P.326	불고기 P.374
느타리버섯전 P.330	토마토달걀볶음 P.258	애호박조림 P.214	곤드레볶음 P.233
새콤달콤토마토 P.150		야채말이 P.346	토마토달걀볶음 P.258
쌀밥	쌀밥	쌀밥	쌀밥
곤드레소고기찜 P.294	사천탕 P.126	불고기 P.374	토마토수프 P.100
파프리카구이 P.283	데리목살구이 P.275	파프리카버터구이* P.283	굴전 P.326
고구마팬케이크 P.324	곤드레볶음 P.233	고구마요거샐러드 P.144	애호박김무침 P.176
	새콤달콤토마토 P.150		고구마요거샐러드 P.144

장보기 목록: 소고기 불고기용, 닭다리살, 삼치, 메추리알, 사과, 양파, 당근, 양송이버섯,

11월	월요일	화요일	수요일
아침	중국식가지덮밥 P.080 납작닭동그랑땡 P.328	콩나물밥 P.082 메추리장조림 P.204 양송이버섯카레 P.388 가지전 P.319	중국식가지덮밥 P.080 메추리장조림 P.204
점심	잡곡밥 뚝불고기 P.368 무나물 P.165 양송이버섯파볶음 P.252 감자크림조림* P.209	데리야키닭덮밥 P.071 무조림 P.206	쌀밥 감자된장국 P.106 삼치데리조림 P.212 사과채무침 P.173
저녁	잡곡밥 삼치데리조림 P.212 배추찜&양념 P.300 콩나물무침 P.184	잡곡밥 감자된장국 P.106 납작닭동그랑땡 P.328 양송이버섯파볶음 P.252 사과채무침 P.173	쌀밥 뚝불고기 P.368 콩나물무침 P.184 무나물 P.165 배추찜&양념 P.300

■ 제철 식재료　*메인 요리를 활용한 응용 요리임

콩나물, 배추, 무, 가지, 감자, 카레 가루

목요일	금요일	토요일	일요일
쌀밥	규동 P.069	양송이버섯볶음밥 P.077	감자수프 P.092
무국 P.122	가지사과조림 P.188	삼치강정 P.338	카츠샌드* P.386
삼치강정 P.338	무생채 P.165	양념콩나물볶음 P.248	달콤메추리조림 P.198
양송이버섯카레 P.388		당근요거스틱* P.157	사과조림 P.211
감자크림조림* P.209			
콩나물밥 P.082	잡곡밥	규동 P.069	잡곡밥
카레닭볶음탕 P.394	무국 P.122	무생채 P.165	밀푀유카츠 P.369
가지전 P.319	달콤메추리조림 P.198		양송이버섯사과샐러드 P.153
무조림 P.206	배추전 P.335		배추전 P.335
	빨간감자조림 P.210		
양송이버섯볶음밥 P.077	잡곡밥	감자수프 P.092	잡곡밥
닭스테이크 P.365	밀푀유카츠 P.369	닭스테이크 P.365	카레닭볶음탕 P.394
사과조림 P.211	양송이버섯사과샐러드 P.153	가지사과조림 P.188	양념콩나물볶음 P.248
	당근요거스틱* P.157		빨간감자조림 P.210

장보기 목록: 다진 소고기 안심, 돼지고기 등심, 새우, 가자미, 순두부, 양파, 당근, 표고버섯,

12월	월요일	화요일	수요일
아침	옹심이호박죽 P.091	쌀밥	옹심이호박죽 P.091
	소고기동그랑땡 P.342	콜라비순두부국 P.139	소고기동그랑땡 P.342
	귤소스* P.361	새우완자 P.378	귤소스* P.361
		양배추버터볶음 P.251	
		표고버섯당근전 P.223	
점심	잡곡밥	소고기짜장면 P.384	소고기양배추잡채밥* P.242
	콜라비순두부국 P.139	콜라비피클* P.155	표고버섯당근조림 P.223
	가자미양배추찜 P.291		가지된장무침 P.160
	표고버섯당근조림 P.223		
	가지된장무침 P.160		
저녁	잡곡밥	쌀밥	짜장밥* P.384
	소고기양배추잡채 P.242	양배추수프 P.098	콜라비생채* P.165
	들깨순두부조림 P.202	가자미양배추찜 P.291	
	표고버섯당근전 P.357	들깨순두부조림 P.202	
		가지구이 P.266	

■ 제철 식재료　*메인 요리를 활용한 응용 요리임

콜라비, 늙은호박, 양배추, 가지, 짜장 가루

목요일	금요일	토요일	일요일
쌀밥	잡곡밥	잡곡밥	귤잼토스트 P.361
양배추수프 P.098	호박소고기찜 P.315	달걀순두부국 P.114	아기돈가스 P.386
고기잡채 P.231	콜라비나물 P.183	고기잡채 P.231	따뜻한 우유
가지구이 P.266	당근전 P.332	늙은호박나물 P.163	
콜라비생채* P.165		콜라비나물 P.183	
쌀밥	잡곡밥	가츠동 P.067	쌀밥
새우완자 P.378	달걀순두부국 P.114	당근요거스틱* P.157	소고기콜라비국 P.130
늙은호박나물 P.163	가자미쫀득구이* P.267		가지튀김 P.320
양배추버터볶음 P.251	양배추찜&양념* P.300		당근전 P.332
	달달양파조림 P.196		짜장마늘조림 P.220
쌀밥	잡곡밥	잡곡밥	쌀밥
아기돈가스 P.386	소고기콜라비국 P.130	호박소고기찜 P.315	가자미쫀득구이* P.267
콜라비피클* P.155	표고버섯채볶음 P.261	양배추찜&양념* P.300	표고버섯채볶음 P.261
가지튀김 P.320	짜장마늘조림 P.220	달달양파조림 P.196	당근요거스틱* P.157

미역조림

위에도 변비에도 좋은 미역은 맛있게 먹는 방법이 다양해요. 그중에서도 짭조름한 간장에 조리는 레시피를 알려드릴게요. 미역을 잘게 잘라 부드럽게 졸여 밥에 얹으면 미역에 거부감이 있는 아이도 잘 먹어요.

재료(2회)
불린 미역 20g, 양파 20g, 당근 10g

양념
가쓰오부시육수 50ml, 소스(간장 1/4작은술+참기름 1/4작은술+깨 1꼬집)

이렇게 요리하세요!

① 미역은 물에 불린 뒤 바락바락 치대어 씻고 가위로 잘게 자른다.

② 양파와 당근은 2cm 길이로 가늘게 채썬다.

③ 냄비에 가쓰오부시육수와 소스, ①, ②를 넣고 육수가 절반으로 졸아들 때까지 중불에 끓인 후 불을 끈다.

- 건미역은 물에 충분히 불린 후 사용하세요.

병아리콩조림

식이섬유가 풍부한 슈퍼푸드 병아리콩을 달짝 짭조름하게 졸였어요. 콩조림은 싫어해도 병아리콩 특유의 고소한 맛을 좋아하는 아이들은 많답니다. 베리도 숟가락을 멈추지 않고 먹는 반찬이에요.

재료(2회)
불린 병아리콩 30g, 양파 20g, 당근 10g

양념
가쓰오부시육수 50ml, 간장 1/4작은술, 배즙 1/4작은술, 다진 마늘 1/4작은술, 참기름 1/8작은술

이렇게 요리하세요!

① 병아리콩은 10시간 동안 불린 뒤 물을 넉넉히 넣고 1시간 정도 삶는다.

② 양파와 당근은 병아리콩 크기로 썬다.

③ 냄비에 양념을 넣은 뒤 끓으면 ①, ②를 넣고 주걱으로 저어가며 졸인다.

④ 육수가 거의 없어지면 불을 끈다.

• 병아리콩을 충분히 불려야 부드럽게 요리할 수 있어요. 만들기 전날 물에 담가놓고 24시간 불린 뒤 압력솥에 쪄두면 조리 시간이 단축돼요.

브로콜리 크림조림

브로콜리는 편식이 심한 채소 중에 하나예요. 하지만 브로콜리 크림조림을 맛본다면 브로콜리를 싫어한다는 말은 절대 할 수 없을 거예요. 고소한 크림에 졸인 브로콜리가 엄청 맛있거든요.

재료(2회)
브로콜리 40g, 양파 20g

양념
무염버터 1/4작은술, 생크림 25ml, 치킨스톡 25ml, 소금 1/2꼬집, 후추 약간

조림

이렇게 요리하세요!

① 브로콜리는 물에 거꾸로 담가 흔들어 씻은 뒤 작은 나무 모양으로 자르고 양파는 잘게 다진다.

② 버터를 녹인 냄비에 ①을 넣고 중불에 볶는다.

③ 양파가 익으면 생크림, 치킨스톡, 소금, 후추를 넣고 생크림이 절반으로 졸아들 때까지 끓인 후 불을 끈다.

- 브로콜리는 줄기에도 영양소가 많아요. 브로콜리를 작은 나무 모양으로 자르고 남은 줄기도 잘게 잘라서 요리에 사용하세요. 브로콜리 대신 감자로 '감자크림조림'을 만들어도 맛있어요. 다양한 재료를 활용해 새로운 크림 요리에 도전해 보세요.

빨간감자조림

밥도둑 감자조림의 두 번째 버전이에요. 다진 파를 듬뿍 넣은 빨간감자조림은 간장감자조림과는 다른 맛이랍니다. 짭조름한 간장의 맛이 촉촉하게 배어 밥도둑이 따로 없어요.

재료(2회)
감자 60g, 양송이버섯 30g

양념
소스(다시마물 120ml + 간장 1/4작은술 + 올리고당 1/4작은술 + 파프리카 가루 1/4작은술 + 다진 파 1큰술), 참기름 1/4작은술, 깨 2꼬집

이렇게 요리하세요!

① 감자는 껍질을 제거하고 1×1cm 크기로 깍둑썰고 양송이버섯도 같은 크기로 자른다.

② 냄비에 소스 재료를 넣고 끓으면 ①을 넣고 중불에 끓인다.

③ 육수가 거의 없어질 때까지 저어가며 끓이다가 감자가 완전히 익으면 불을 끈다.

④ 참기름과 깨를 넣은 후 뒤섞는다.

- 감자를 너무 많이 익히면 감자의 형태가 무너져요. 감자 모서리가 깎이기 시작하면 불을 꺼주세요. 반대로 감자를 싫어해서 모양에 거부감이 있는 아이라면 많이 익히는 것이 더 좋아요.

사과조림

달달한 사과를 치킨스톡에 푹 졸여 더욱 달콤하게 만든 조림 요리예요. 변비가 있거나 사과를 잘 안 먹는 아이에게 시도해 보세요.

재료(2회)
사과 60g

양념
치킨스톡 50ml, 소금 약간, 올리고당 1/8 작은술

이렇게 요리하세요!

① 사과는 껍질을 벗긴 뒤 1×1cm 크기로 깍둑썬다.

② 냄비에 치킨스톡을 끓여 소금, 올리고당으로 간을 한 뒤 ①을 넣는다.

③ 중불에 잘 저어가며 졸인 후 불을 끈다.

- 사과는 공기에 노출되면 쉽게 갈변하기 때문에 사용하기 직전에 손질하는 것이 좋아요. 미리 사과를 손질한다면 설탕물에 담가두었다가 사용하세요.

삼치데리조림

담백한 삼치를 데리야키소스에 졸였어요. 한 번 굽고 졸였기 때문에 삼치 기름의 풍미가 살아있어요. 냄새가 적고 담백한 삼치는 생선을 싫어하는 아이에게 시도해 보기 좋은 식재료예요.

재료(2회)
순살 삼치 30g, 양파 30g

양념
소스(가쓰오부시육수 100ml + 간장 1/4작은술 + 올리고당 1/4작은술 + 다진 파 1/2작은술), 기름 1/4작은술, 참기름 1/4작은술, 깨 1꼬집

이렇게 요리하세요!

① 삼치는 흐르는 물에 가볍게 씻은 뒤 위쪽에 칼집을 낸다.

② 양파는 2cm 길이로 가늘게 채썬다.

③ 기름을 두른 냄비에 ①을 올리고 중약불로 노릇하게 굽는다.

④ 삼치가 익으면 소스를 넣고 끓인다.

⑤ ②를 넣고 간이 밸 수 있도록 소스를 끼얹어가며 졸인다.

⑥ 육수가 반으로 줄면 불을 끄고 참기름, 깨를 넣어 마무리한다.

- 삼치는 충분히 시간을 들여 구워주세요. 생선의 기름이 나와 더 맛있는 요리가 될 거예요.

애호박어묵조림

고소한 어묵을 고소한 애호박과 함께 졸인 애호박어묵조림이에요. 어묵의 쫀득함과 애호박의 부드러운 식감에 아이들도 반한답니다.

재료 (2회)
애호박 40g, 어묵 30g, 양파 20g

양념
가쓰오부시육수 120ml, 간장 1/4작은술, 배즙 1작은술, 참기름 1/4작은술, 깨 1꼬집

이렇게 요리하세요!

① 어묵은 흐르는 물에 가볍게 씻은 후 1×1cm 크기로 썬다.

② 애호박, 양파는 어묵과 같은 크기로 자른다.

③ 냄비에 가쓰오부시육수를 끓여 간장과 배즙으로 간을 한 뒤 ①, ②를 넣는다.

④ 육수가 거의 없어지면 불을 끄고 참기름, 깨를 넣어 마무리한다.

- 배즙이 없다면 대신 올리고당 1/8작은술, 꿀 1/8작은술을 섞어 사용하세요.

조림

애호박조림

애호박을 큼직큼직하게 썰어 멸치육수에 졸인 감칠맛 나는 애호박조림이에요. 부추를 추가하여 향긋한 맛을 더했어요.

재료(2회)
애호박 40g, 부추 20g, 시금치 20g

양념
멸치육수 100ml, 간장 1/8작은술, 소금 약간, 참기름 1/4작은술

이렇게 요리하세요!

① 애호박은 1×1cm 크기로 깍둑썬다.

② 부추, 시금치는 2cm 길이로 자른다.

③ 냄비에 멸치육수를 끓여 간장, 소금으로 간을 하고 애호박과 시금치를 넣고 숭불에 졸인다.

④ 애호박이 완전히 부드럽게 익으면 부추를 넣고 뚜껑을 덮어 1분간 약불에 졸인다.

⑤ 불을 끄고 참기름을 넣고 뒤섞는다.

- 아이가 부추의 향을 싫어하면 애호박을 넣을 때 부추도 함께 넣어주세요. 부추가 부드러워지고 향이 많이 사라져요.

양송이버섯 간장조림

양송이버섯의 독특한 향과 간장이 정말 잘 어울린다는 사실 알고 계셨나요? 양송이버섯을 달달한 간장에 조려 만든 반찬이에요.

재료 (2회)
양송이버섯 50g, 양파 10g, 당근 10g

양념
다시마물 50ml, 간장 1/4작은술, 꿀 1/4작은술, 다진 마늘 1/4작은술, 깨 1꼬집

이렇게 요리하세요!

① 양송이버섯은 8등분하고 양파, 당근은 5×5mm 크기로 깍둑썬다.

② 냄비에 다시마물을 넣고 간장, 꿀, 다진 마늘로 간을 하고 끓인다.

③ ②가 끓으면 ①을 넣고 육수가 거의 없어질 때까지 졸인다.

④ 불을 끄고 깨를 넣은 후 뒤섞는다.

양파간장조림

양파를 듬뿍 넣고 짭조름하게 졸였어요. 양파의 달달한 맛이 우러나와 밥반찬으로 잘 어울려요. 옥수수 우린 물의 구수한 맛과 향기로운 다진 파의 조합이 기대돼요.

재료(2회)
양파 50g

양념
옥수수 우린 물 120ml(볶은 옥수수 1/2줌을 물에 넣고 5분 끓이기), 간장 1/4작은술, 배즙 1큰술, 다진 마늘 1/4작은술, 참기름 1/4작은술

이렇게 요리하세요!

① 양파는 1×1cm 크기로 깍둑썬다.

② 냄비에 옥수수 우린 물, 간장, 배즙, 다진 마늘을 섞고 끓인다.

③ 끓기 시작하면 ①을 넣고 육수가 거의 없어질 때까지 중약불에 졸인다.

④ 양파가 부드럽게 익으면 불을 끄고 참기름으로 마무리한다.

- 중약불에 오랫동안 졸여야 양파의 단맛이 우러나 맛있어요. 주걱으로 한 번씩 저어가며 천천히 익혀주세요.

연근조림

11월부터 2월까지 제철인 겨울 식재료 연근은 아삭거리는 식감이 매력적이에요. 간장에 맛있게 졸여 만들어 보세요.

재료(2회)
연근 50g

양념
다시마물 60ml, 식초 1작은술, 소금 1/2꼬집, 간장 1/4작은술, 올리고당 1/8작은술, 깨 1꼬집

이렇게 요리하세요!

① 연근은 껍질을 깎고 얇게 썰어 한입 크기로 자른다.

② 물 500ml에 식초와 소금을 넣고 끓인 후 ①을 3분간 데친다.

③ ②를 건져 찬물에 헹군 뒤 체에 밭쳐 물기를 뺀다.

④ 냄비에 다시마물을 넣고 간장, 올리고당으로 간을 한 뒤 ③을 넣어 육수가 거의 없어질 때까지 졸인다.

⑤ 불을 끄고 깨를 넣은 후 뒤섞는다.

- 식초를 넣지 않고 연근을 데치면 아린 맛이 날 수 있어요.

오리고기조림

면역력 강화에 도움이 되는 오리고기를 감칠맛나게 졸였어요. 오리고기에서 나오는 기름의 고소함이 2배가 되어 더욱 풍미 있고 맛있답니다.

재료(2회)
오리 로스 40g, 양파 20g, 무 10g, 숙주 10g

양념
다시마물 50ml, 간장 1/4작은술, 올리고당 1/4작은술, 참기름 1/4작은술

이렇게 요리하세요!

① 오리고기는 겉면의 핏물을 닦은 후 1×1cm 크기로 자른다.

② 양파와 무는 1×1cm 크기로 깍둑썰고 숙주는 1cm 길이로 자른다.

③ 달궈진 팬에 ①을 올리고 중약불로 노릇하게 굽는다.

④ ③에 다시마물, 간장, 올리고당을 섞어 넣은 후 ②를 넣고 끓인다.

⑤ 무가 충분히 익고 육수가 거의 없어지면 불을 끄고 참기름을 두른다.

• 오리고기에 기름이 많아 구울 때 따로 기름을 두를 필요가 없어요. 건강한 오리기름으로 더욱 고소한 맛을 내보세요.

우엉조림

오독오독 재미있는 식감을 지닌 우엉은 항염, 간, 뼈, 신장 등에 큰 도움을 줘요. 푹 졸여도 우엉의 식감이 살아있으면서 부드러워 아이가 참 좋아해요.

재료(2회)
우엉 50g

양념
기름 1/4작은술, 다시마물 2큰술, 간장 1/4작은술, 올리고당 1/4작은술, 생강즙 1/4작은술, 참기름 1/4작은술, 깨 1꼬집

이렇게 요리하세요!

① 우엉은 껍질을 깎고 2cm 길이로 짧게 채썬다.

② 기름을 두른 팬에 ①을 3~5분간 중불에 볶는다.

③ 우엉의 숨이 완전히 죽으면 다시마물, 간장, 올리고당, 생강즙을 넣고 육수가 거의 없어질 때까지 중불에 졸인다.

④ 불을 끄고 참기름, 깨를 넣어 뒤섞는다.

- 우엉은 껍질을 벗기는 순간부터 색이 빠르게 변해요. 식초물에 담그면 갈변을 방지할 수 있어요.

짜장마늘조림

마늘을 맛있게 먹을 수 있는 두 번째 요리법을 알려드릴게요. 짜장 소스와 통마늘을 졸인 짜장마늘 조림이에요. 아이가 마늘 자체를 반찬으로 먹기 힘들지만 짜장마늘조림은 순식간에 먹어요.

재료(2회)
마늘 6알

양념
치킨스톡 120ml, 올리고당 1/8작은술, 짜장 가루 1/4작은술

이렇게 요리하세요!

1. 마늘은 꼭지를 잘라 2등분 혹은 4등분한다.
2. 냄비에 치킨스톡과 올리고당, ①을 넣고 중불에 졸인다.
3. 마늘이 으스러질 정도로 충분히 익으면 냄비에 있던 물을 덜어 짜장 가루에 잘 풀어 다시 넣는다.
4. 육수가 거의 없을 정도로 졸인다.

- 마늘의 크기에 따라 익힐 때 치킨스톡이 부족할 수도 있어요. 마늘이 덜 익었다면 치킨스톡을 추가하여 마늘을 완전히 익혀주세요.

취나물조림

특유의 향이 강한 취나물은 호불호가 강하게 나뉘는 나물 중 하나예요. 아이가 잘 먹도록 취나물의 향은 줄이고 감칠맛을 더한 레시피를 소개할게요.

재료(2회)
취나물 40g, 튀긴 유부 10g

양념
다시마물 50ml, 간장 1/4작은술, 다진 마늘 1/4작은술, 참기름 1/4작은술, 깨 1꼬집

이렇게 요리하세요!

1. 유부는 1×1cm 사각으로 자른다.
2. 취나물은 굵은 줄기와 잎의 상한 부분을 자른 뒤 물에 흔들어 씻는다.
3. 팬에 다시마물을 넣고 끓으면 ②를 넣어 데친다.
4. 취나물의 숨이 죽으면 유부와 간장, 다진 마늘을 넣고 중불에서 볶는다.
5. 전체가 익고 육수가 거의 없어지면 불을 끄고 참기름과 깨를 넣어 뒤섞는다.

- 튀긴 유부는 유부초밥용이 아닌 마트 냉동 식품 코너에서 파는 제품을 사용하세요.

크림청경채

중식의 꽃 청경채를 고소한 크림 소스에 졸였어요. 독특한 맛 때문에 청경채를 좋아하지 않는 아이라도 일단 맛을 보면 눈이 동그래질 거예요.

재료(2회)
청경채 50g

양념
생크림 50ml, 치킨스톡 50ml, 소금 1/2꼬집, 후추 약간

이렇게 요리하세요!

① 청경채는 밑동을 잘라내고 물에 흔들어 씻은 후 2cm 길이로 채썬다.

② 냄비에 생크림, 치킨스톡, 소금, 후추를 넣고 섞은 뒤 중불에 끓인다.

③ 끓으면 ①을 넣고 저어가며 중불에 익힌다.

④ 소스가 반으로 졸아들면 불을 끈다.

- 생크림은 센불에서 끓이면 넘칠 수 있으니 주의하세요. 끓어 넘치려고 할 때 불을 끄고 입으로 후후 불면 금방 가라앉아요.

표고버섯 당근조림

표고버섯은 가쓰오부시육수와 정말 잘 어울려요. 가쓰오부시육수에 푹 졸인 달달한 간장 표고버섯과 당근! 오늘 우리 아이 저녁 반찬으로 준비해 보세요.

재료(2회)
표고버섯 40g, 당근 20g, 양파 20g

양념
가쓰오부시육수 100ml, 간장 1/4작은술, 올리고당 1/4작은술, 참기름 1/4작은술, 깨 1꼬집

이렇게 요리하세요!

① 표고버섯, 당근, 양파는 1×1cm 크기로 깍둑썬다.

② 냄비에 가쓰오부시육수를 끓이고 간장, 올리고당으로 간을 한다.

③ ②에 ①을 넣고 육수가 모두 졸아들 때까지 중불에 끓인다.

④ 당근이 부드럽게 익으면 참기름과 깨를 넣고 뒤섞는다.

- 표고버섯은 기둥을 제거하고 사용하세요. 기둥 부분은 질겨서 아이가 먹기 힘들어요.
- 당근이 다 익지 않으면 가쓰오부시육수를 더 넣고 오래 끓여주세요.

피망소고기조림

알싸한 향의 피망과 담백한 소고기를 간장 양념에 졸였어요. 피망은 소고기와 맛 궁합이 좋아요. 특유의 향 때문에 아이들이 편식하는 야채지만 올리고당과 함께 졸이면 잘 먹어요.

재료 (2회)
소고기 불고기용 40g, 피망 40g, 당근 20g

양념
다시마물 50ml, 간장 1/4작은술, 올리고당 1/8작은술, 다진 마늘 1/4작은술, 다진 파 1/4작은술

이렇게 요리하세요!

① 소고기는 겉면의 핏물을 닦아내고 2cm 길이로 자르고 피망, 당근은 2cm 길이로 채썬다.

② 냄비에 양념을 넣고 끓으면 ①을 넣고 중불에서 계속 끓인다.

③ 소고기의 거품을 걷어내며 끓이다가 재료가 완전히 익고 육수가 거의 졸아들면 불을 끈다.

- 아이가 피망을 좋아하지 않는다면 더 작게 채썰거나 다져주세요. 갈아서 조리하면 피망의 향이 다른 재료까지 퍼져 아이의 거부감이 더 심해질 수 있어요.

피망조림

피망을 고소한 버터에 한 번 굽고 상큼한 토마토소스에 졸였어요. 이 메뉴를 맛보고 피망이 얼마나 맛있는 야채인지 아이가 얼른 알았으면 좋겠어요.

재료(2회)
피망 40g, 양파 20g, 마늘종 20g

양념
무염버터 1/4작은술, 토마토소스 2큰술, 치킨스톡 2큰술

이렇게 요리하세요!

① 피망과 양파는 1×1cm 크기로 깍둑썬다.

② 마늘종은 깨끗이 씻은 뒤 1cm 길이로 자른다.

③ 버터를 녹인 팬에 ①, ②를 넣고 중불에 볶는다.

④ 겉면이 노릇하게 익으면 약불로 줄이고 토마토소스와 치킨스톡을 넣는다.

⑤ 저어가며 계속 익히다가 치킨스톡이 모두 졸아들면 불을 끈다.

- 완숙 토마토를 갈아서 소금과 후추로 간을 하고 끓이면 홈메이드 토마토소스 완성! 아기 치즈 한 장을 더해도 아주 맛있어요.

PART 7

고소한 볶음

가자미양파볶음

가자미는 비타민이 풍부하고 스트레스 예방에 좋아요. 생선 모양에 거부감을 느끼는 아이에게도 먹일 수 있도록 생선 모양을 없앴어요.

재료(2회)
순살 가자미 30g, 양파 40g

양념
전분 1큰술, 무염버터 1/2작은술, 양념(치킨스톡 1큰술+우스터소스 1/4작은술+마요네즈 1/4작은술), 파슬리 약간

이렇게 요리하세요!

1. 가자미는 흐르는 물에 가볍게 씻는다.
2. 양파는 짧고 가늘게 채썬다.
3. 버터를 녹인 팬에 ①을 중불에서 굽다가 전체가 고르게 익으면 주걱으로 잘게 부순다.
4. ②를 넣고 주걱으로 저어가며 볶는다.
5. 양파가 숨이 죽으면 양념을 넣고 잘 섞이도록 볶은 뒤 불을 끈다.
6. 파슬리를 뿌려 완성한다.

 • 가자미는 껍질을 제거하고 순살만 사용하는 것을 추천해요. 가자미는 껍질이 조금 질기고 볶았을 때 모양이 티가 나는 편이라 아이가 거부할 수 있어요.

갈치마늘볶음

노릇하게 구운 갈치를 쌀밥 위에 얹어 먹어본 적 있나요? 이 요리는 구운 갈치보다 훨씬 맛있어요. 갈치를 볶아 맛있게 양념했으니 쌀밥과 함께라면 부러울 게 없는 메뉴예요.

재료 (2회)
순살 갈치 30g, 양파 20g, 느타리버섯 20g

양념
기름 1/4작은술, 양념(다시마물 1작은술 + 간장 1/4작은술 + 다진 마늘 1/4작은술), 참기름 1/8작은술, 깨 1꼬집

이렇게 요리하세요!

① 갈치는 흐르는 물에 가볍게 씻는다.

② 양파와 느타리버섯은 잘게 다진다.

③ 기름을 두른 팬에 갈치를 올리고 중불에서 노릇하게 굽는다.

④ 갈치가 익으면 주걱으로 살살 부수고 ②를 넣는다.

⑤ 양념 재료를 넣고 육수가 졸아들 때까지 볶다가 불을 끈다.

⑥ 참기름, 깨를 둘러 마무리한다.

- 순살 갈치를 구입해도 가시가 나올 수 있어요. 굽기 전이나 볶을 때 가시가 있는지 확인하세요.

감자채볶음

탄수화물 중 가장 맛있는 탄수화물인 감자를 볶았어요. 따뜻한 감자채는 한국인 모두가 좋아하는 밥반찬이에요. 양파와 당근을 함께 볶아 색감도 맛도 좋아요.

재료(2회)
감자 50g, 양파 20g, 당근 10g

양념
기름 1/4작은술, 다시마물 3큰술, 소금 1/2꼬집, 후추 약간

이렇게 요리하세요!

① 감자는 껍질을 벗겨 2cm 길이로 채썬 뒤 찬물에 20분간 담가 전분기를 뺀다.

② 양파, 당근도 감자와 같은 길이로 채썬다.

③ ①을 건져내고 물기를 제거한 후 기름을 두른 팬에 약불로 볶는다.

④ 감자가 반 정도 익으면 ②를 넣고 소금, 후추로 간을 한 뒤 중불에 볶는다.

⑤ 물기가 없어서 감자가 팬에 붙는다면 다시마물을 조금씩 넣으며 볶는다.

⑥ 감자가 완전히 익으면 불을 끈다.

 감자의 전분기 때문에 볶을 때 팬에 눌어붙기 쉬워요. 감자를 찬물에 오래 담가 두거나 볶을 때 눌어붙지 않도록 다시마물을 조금씩 추가하세요.

고기잡채

잡채의 대표격인 돼지고기잡채예요. 베리는 잡채를 엄청 좋아해서 다양한 야채를 넣어 자주 만들어 먹여요.

재료(2회)
돼지고기 등심 40g, 양파 20g, 당근 10g, 표고버섯 10g, 양배추 20g

양념
기름 1/4작은술, 다진 마늘 1/4작은술, 간장 1/4작은술, 참기름 1/4작은술, 깨 1/2 꼬집

이렇게 요리하세요!

1. 돼지고기는 겉면의 핏물을 닦아내고 2cm 길이로 가늘게 채썬다.

2. 양파, 당근, 표고버섯, 양배추는 2cm 길이로 가늘게 채썬다.

3. 기름을 두른 팬에 다진 마늘을 넣고 약불로 볶다가 향이 올라오면 ①을 넣고 중불에 볶는다.

4. 돼지고기의 겉면이 익으면 ②와 간장을 넣고 야채의 숨이 죽을 때까지 센불로 볶는다.

5. 전체 재료가 완전히 익으면 불을 끄고 참기름, 깨를 둘러 뒤섞는다.

- 돼지고기 등심은 육질이 단단한 편이라 아주 가늘게 채썰지 않으면 모래알처럼 씹힐 수 있어요. 얇게 썰기 어렵다면 랩으로 감싸 약간 얼린 상태로 자르는 것이 좋아요. 너무 많이 얼리면 자르다가 손을 다칠 수 있으니 주의하세요.

고소미역볶음

칼슘이 풍부한 바다 채소인 미역은 보통 국으로만 먹는데, 미역도 볶으면 밥반찬으로 좋아요. 다진 마늘로 미역의 비린 맛을 잡고 무를 갈아 넣어 시원함을 더했어요.

재료(2회)
미역 20g, 양파 10g, 당근 10g

양념
간 무 2큰술, 가쓰오부시육수 1큰술, 간장 1/4작은술, 다진 마늘 1/4작은술, 기름 1/4작은술, 참기름 1/4작은술

이렇게 요리하세요!

① 미역은 물에 불린 뒤 바락바락 치대어 씻고 가위로 잘게 자른다.

② 양파, 당근은 짧게 채썬다.

③ 기름을 두른 팬에 ①을 중불에서 볶다가 미역의 색이 진해지면 ②를 넣는다.

④ 야채의 숨이 죽으면 가쓰오부시육수, 간장, 다진 마늘을 넣고 볶는다.

⑤ 육수가 거의 졸아들면 불을 끄고 참기름을 둘러 마무리한다.

- 미역을 불린 뒤 깨끗하게 세척하지 않으면 비린내가 심해요. 바락바락 치댄 뒤 흐르는 물에 많이 헹궈야 비린 맛이 확실히 없어져요.

곤드레볶음

칼슘, 인, 철분이 풍부한 곤드레나물은 어른들이 좋아하지만 고소하게 볶으면 아이 밥반찬으로도 인기 만점이에요. 맛있는 곤드레나물도 먹고! 우리 아이 변비도 예방하고! 일석이조인 곤드레볶음을 만들어 보세요.

재료 (2회)
건곤드레 10g, 양파 10g, 느타리버섯 10g

양념
양념 (가쓰오부시육수 2큰술 + 간장 1/4작은술 + 다진 마늘 1/2작은술), 기름 1/4작은술, 참기름 1/4작은술

이렇게 요리하세요!

1. 건곤드레는 10분간 따뜻한 물에 불린 후 아주 잘게 다져 끓는 물에 30분간 삶는다.

2. 양파와 느타리버섯은 짧게 채썬다.

3. ①의 물기를 제거하고 기름을 두른 팬에 저어가며 중불에서 볶는다.

4. 곤드레나물이 부드러워지면 ②와 양념 재료를 넣고 육수가 거의 없어질 때까지 저어가며 졸인다.

5. 전체 재료가 완전히 익으면 불을 끄고 참기름을 둘러 마무리한다.

 건곤드레나물을 부드럽게 만들기 위해서는 충분히 물에 불리고, 충분히 삶는 것이 중요해요. 만약 조리 시간이 넉넉하지 않다면 압력솥에 조리해도 괜찮아요.

깻잎채볶음

깻잎은 특유의 향 때문에 편식하는 아이들이 많아요. 아이가 깻잎을 싫어한다면 향이 강한 굴소스에 볶아보세요. 깻잎은 기관지가 약해서 기침과 가래를 달고 사는 아이에게 효과가 있어요.

재료(2회)
깻잎 4장, 배추 20g

양념
기름 1/4작은술, 굴소스 1/4작은술, 다진 파 1/4작은술, 참기름 1/4작은술, 깨 1꼬집

이렇게 요리하세요!

① 깻잎은 흐르는 물에 한 장씩 씻어 2cm 길이로 채썬다.

② 배추는 2cm 길이로 채썬다.

③ 팬에 기름을 두르고 ①, ②를 중불로 볶는다.

④ 야채의 숨이 얼추 죽으면 굴소스와 다진 파를 넣고 골고루 섞으며 볶는다.

⑤ 불을 끄고 참기름, 깨를 둘러 마무리한다.

 • 아이가 깻잎 향을 싫어할 수 있기 때문에 1장씩 넣어 조금씩 도전해보는 것도 좋아요.

느타리버섯 양파볶음

느타리버섯은 지방과 콜레스테롤을 흡수해 소아 비만을 예방해줘요. 달달한 양파와 볶은 느타리버섯양파볶음은 식어도 맛있어서 도시락 반찬으로도 좋아요.

재료(2회)
느타리버섯 40g, 양파 20g

양념
멸치육수 50ml, 간장 1/8작은술, 소금 약간, 다진 마늘 1/4작은술, 다진 파 1/4작은술, 참기름 1/4작은술, 깨 1/2꼬집

이렇게 요리하세요!

① 느타리버섯은 잘게 찢어 2cm 길이로 자른다.

② 양파는 2cm 길이로 채썬다.

③ 팬에 멸치육수를 넣은 뒤 간장, 소금으로 간을 하고 ①, ②와 함께 저어가며 중불에서 볶는다.

④ 재료가 숨이 죽으면 다진 마늘, 다진 파를 넣고 육수가 거의 없어질 때까지 볶는다.

⑤ 불을 끄고 참기름, 깨를 둘러 마무리한다.

• 양파 대신 파를 듬뿍 넣어 '느타리버섯파볶음'으로 만들어도 좋아요.

다짐멸치볶음

멸치는 한주먹만 먹어도 하루 마그네슘 권장량을 다 채울 수 있어요. 뾰족뾰족해서 아이들이 먹기 쉽지 않지만 베리밥상 레시피라면 아이들도 잘 먹어요. 달콤짭조름하고 바삭한 다짐멸치볶음의 레시피를 공개할게요.

재료(2회)
잔멸치 20g

양념
기름 1/4작은술, 간장 1/4작은술, 다진 마늘 1/8작은술, 올리고당 1/8작은술, 깨 1꼬집, 참기름 1/4작은술

이렇게 요리하세요!

1 잔멸치는 체에 밭쳐 가루를 털어준 뒤 작은 입자로 다진다.

2 팬에 기름을 두르고 ①을 약불에 달달 볶는다.

3 멸치가 얼추 바삭해지면 간장, 다진 마늘을 넣고 고르게 볶는다.

4 올리고당, 깨, 참기름을 넣고 한소끔 볶은 뒤 마무리한다.

- 멸치를 바삭하게 볶지 않으면 아이가 씹을 때 딱딱함을 느낄 수 있어요. 쉽게 바스러질 수 있도록 기름에 충분히 볶아주세요.

당근감채볶음

당근이 주인공인 반찬은 많이 없죠. 하지만 오늘은 당근이 주인공이에요. 가을의 꽃 달달한 감이 당근과 어우러져 더 맛있는 당근감채볶음을 만들어 보세요.

재료(3회)
당근 40g, 감 40g

양념
소금 1/2꼬집, 올리고당 1/8작은술, 기름 1/4작은술

이렇게 요리하세요!

① 당근은 껍질을 벗겨 2cm 길이로 가늘게 채썬다.

② 감은 껍질을 벗겨 씨앗을 제거하고 2cm 길이로 가늘게 채썬다.

③ 기름을 두른 팬에 ①, ②를 넣고 볶다가 소금과 올리고당으로 간을 한다.

④ 당근이 부드럽게 익으면 불을 끈다.

- 감은 단감을 사용하는 것이 좋아요. 떫은맛이 없고 단맛이 강한 감을 사용해야 더 맛있어요.

명란당근볶음

명란의 짭짤한 맛 때문에 따로 소금 간이 필요 없는 초간단 당근볶음이에요.

재료(2회)
당근 50g, 껍질을 제거한 저염 명란 1/4작은술

양념
기름 1/4작은술, 다진 파 1/2작은술

이렇게 요리하세요!

① 당근은 2cm 길이로 가늘게 채썬다.

② 기름을 두른 팬에 ①을 넣어 주걱으로 저어가며 중불에 볶는다.

③ 다진 파를 추가하여 계속 볶다가 명란을 넣고 고르게 볶는다.

④ 당근이 부드럽게 익으면 불을 끈다.

부추볶음

따뜻한 성질을 가진 부추는 체내 나트륨 배출을 도와줘요. 맛있게 볶은 부추가 나쁜 나트륨을 없애줄 거예요.

재료(2회)
부추 50g, 양파 20g

양념
기름 1/4작은술, 굴소스 1/4작은술, 깨 1꼬집

이렇게 요리하세요!

① 부추는 줄기를 깨끗이 씻어 2cm 길이로 자르고 양파는 2cm 길이로 채썬다.

② 기름을 두른 팬에 ①을 넣고 중불로 볶는다.

③ ②의 숨이 죽으면 굴소스를 넣고 완전히 익으면 불을 끈다.

④ 깨를 뿌려 마무리한다.

빨간미나리볶음

향긋한 미나리를 빨갛게 볶았어요. 미나리는 향이 강하지만 볶으면 향이 줄어 아이도 잘 먹어요. 섬유질이 많아 장 건강에 도움을 줘요.

재료 (2회)
미나리 40g, 양파 20g

양념
양념(파프리카 가루 1/4작은술+간장 1/8작은술+다진 파 1/4작은술+소금 약간+후추 약간), 참기름 1/4작은술, 깨 1/2꼬집, 기름 1/4작은술(또는 돼지기름 1/4작은술)

이렇게 요리하세요!

① 미나리는 물에 헹궈 2cm 길이로 자르고 양파는 2cm 길이로 채썬다.

② 기름을 두른 팬에 ①을 넣고 중불에 가볍게 볶는다.

③ 숨이 죽으면 양념 재료를 넣은 뒤 고루 섞이도록 볶는다.

④ 재료에 양념이 배면 불을 끄고 참기름, 깨를 둘러 마무리한다.

- 미나리는 줄기 쪽으로 갈수록 억세기 때문에 잎사귀가 있는 여린 줄기로 볶는 것이 좋아요. 아이가 잘 씹지 못한다면 더 잘게 잘라주세요.

셀러리옥수수 볶음

셀러리를 달달한 옥수수와 볶으면 밥반찬으로 잘 어울려요. 섬유질이 많은 셀러리는 손질만 잘 하면 아삭거리는 식감 덕분에 아이들도 재미있게 잘 먹어요. 빈혈 예방에도 좋은 재료예요.

재료(2회)
옥수수 통조림 30g, 셀러리 30g

양념
무염버터 1/4작은술, 소금 1/2꼬집, 후추 약간

이렇게 요리하세요!

① 셀러리는 필러로 겉면의 질긴 섬유질을 제거하고 아주 얇게 썬다.

② 옥수수는 흐르는 물에 가볍게 헹군다.

③ 버터를 녹인 팬에 ①, ②를 넣고 소금, 후추로 간을 한다.

④ 옥수수가 노릇하게 익을 때까지 볶아 완성한다.

 • 필러로 셀러리의 겉면을 벗기면 질긴 섬유질은 확실히 제거되지만 재료의 낭비가 많아져요. 치아가 잘 발달한 아이에게는 올록볼록 튀어나온 부분만 손으로 벗겨 손질하세요.

소고기된장볶음

소고기를 항상 같은 양념으로만 요리했다면 소고기된장볶음을 만들어 보세요. 가쓰오부시육수의 풍미와 된장의 달큰함이 소고기를 더 맛있게 해줘요.

재료(2회)
소고기 불고기용 40g, 양파 20g, 배추 20g

양념
가쓰오부시육수 50ml, 된장 1/4작은술, 다진 파 1/4작은술, 참기름 1/4작은술, 깨 1/2꼬집

이렇게 요리하세요!

① 소고기는 겉면의 핏물을 닦고 짧게 채썬다.

② 양파와 배추는 1×1cm 크기의 사각으로 자른다.

③ 가쓰오부시육수를 끓인 팬에 ①을 넣고 계속 끓이다가 겉면이 익으면 ②를 넣는다.

④ 야채의 숨이 죽으면 된장, 다진 파를 넣은 뒤 육수가 거의 없어질 때까지 저어가며 볶는다.

⑤ 불을 끄고 참기름, 깨를 둘러 마무리한다.

- 아이에게 된장이 짜게 느껴질 수 있으니 순한 아기 된장을 쓰는 것을 추천해요. 만약 아기 된장이 없다면 일반 된장 1/8작은술만 사용하는 것도 방법이에요.

소고기양배추 잡채

소고기와 양배추를 메인 재료로 만든 잡채는 돼지고기 잡채와는 또 다른 맛이에요.

재료(2회)
다진 소고기 안심 40g, 양배추 40g, 표고버섯 20g

양념
기름 1/4작은술, 치킨스톡 1큰술, 굴소스 1/4작은술, 다진 파 1/4작은술, 참기름 1/4작은술

이렇게 요리하세요!

① 소고기는 겉면의 핏물을 닦는다.

② 양배추와 표고버섯은 짧게 채썬다.

③ 기름을 두른 팬에 다진 파를 넣고 약불로 볶다가 향이 올라오면 ①을 넣어 중불에 볶는다.

④ 소고기의 겉면이 익으면 ②와 치킨스톡, 굴소스를 넣고 육수가 없어질 때까지 볶는다.

⑤ 전체 재료가 익으면 불을 끄고 참기름을 넣은 뒤 섞는다.

- 양배추는 최대한 가늘게 채썰어요. 맛있게 볶은 잡채에 굴소스를 조금 더 넣고 밥에 얹으면 '소고기양배추잡채밥'이 만들어져요.

숙주셀러리볶음

숙주는 열량 대비 포만감이 뛰어나 소아 비만인 아이에게도 추천하는 식재료예요. 숙주와 셀러리를 볶을 때 피시소스를 사용하면 한식 나물반찬과는 또 다른 맛이 나요.

재료(2회)
숙주 40g, 셀러리 20g, 양파 10g, 당근 10g

양념
양념(치킨스톡 1큰술+피시소스 1/4작은술+레몬즙 1/8작은술), 기름 1/4작은술

이렇게 요리하세요!

① 숙주는 물에 흔들어 씻은 뒤 2cm 길이로 자른다.

② 셀러리는 필러로 겉면의 질긴 섬유질을 제거한 뒤 2cm 길이로 채썬다.

③ 양파, 당근도 2cm 길이로 채썬다.

④ 기름을 두른 팬에 ②, ③을 넣고 중불에서 볶는다.

⑤ 야채의 숨이 죽으면 ①과 양념을 넣고 주걱으로 저어가며 센불로 볶는다.

- 숙주는 빨리 시들어 보관 기간이 짧아요. 요리하기 전에 숙주가 싱싱한지 꼭 확인하세요. 숙주에 물이 생기고 갈색빛을 띤 상태라면 아이 반찬을 만들기에 적합하지 않아요. 또한 구입할 때 줄기가 통통하고 하얀빛이 도는 아삭한 숙주를 고르세요.

시금치소테

비타민, 철분, 식이섬유가 가득한 녹황색 채소인 시금치는 성장기 아이들에게 보물 같은 야채예요. 소테는 재료를 맛있게 만드는 여러 요리 방식 중 하나인데, 센불로 빠르게 음식을 볶아 풍미는 살리고 영양 손실을 줄이는 장점이 있어요.

재료(2회)
시금치 50g

양념
기름 1/4작은술, 소금 약간

이렇게 요리하세요!

① 시금치 뿌리를 잘라내고 물에 담가 흔들어 헹군 후 2cm 길이로 자른다.

② 팬에 기름을 두르고 센불로 달군 뒤 ①과 소금을 넣고 빠르게 볶는다.

③ 숨이 죽으면 불을 끈다.

• 소테는 원래 소금을 넣고 빠르게 볶아내지만 시금치 향을 싫어하는 아이를 위해 버터를 조금 추가해 '시금치버터소테'로도 만들 수 있어요. 버터가 들어가면 더 맛있답니다.

아시아숙주볶음

굴소스에 바삭하게 볶은 숙주볶음이에요. 숙주는 그 자체만으로 아시아 음식의 풍미를 가지고 있어요. 그래서인지 굴소스와 정말 잘 어울린답니다. 색이 예쁜 야채들과 볶으면 알록달록해서 아이들도 좋아해요.

재료 (2회)
숙주 40g, 대파 10g, 양파 10g, 당근 10g

양념
기름 1/2작은술, 양념 (굴소스 1/4작은술 + 치킨스톡 1큰술 + 올리고당 1/8작은술)

이렇게 요리하세요!

1. 숙주는 물에 흔들어 씻은 뒤 2cm 길이로 자른다.
2. 대파는 얇게 어슷썰고 양파와 당근은 2cm 길이로 채썬다.
3. 기름을 두른 팬에 대파를 넣고 약불로 볶다가 향이 올라오면 양파, 당근을 넣고 중불에 주걱으로 저어가며 볶는다.
4. 양파와 당근이 거의 다 익으면 ①과 양념을 넣고 센불에 빠르게 볶는다.

- 대파를 단독으로 먹기 힘들어하는 아이라면 다진 파를 사용하는 것도 좋아요. 숙주는 빨리 시들기 때문에 구입 후 사용할 만큼만 세척해요. 숙주를 세척해서 보관하면 빨리 시들어요.

야채잡채

고기가 안 들어간 잡채가 맛있을까 싶지만 새송이버섯이 고기 역할을 톡톡히 해주어 충분히 맛있어요. 단백질이 충분한 날에는 야채잡채로도 괜찮아요.

재료(2회)
새송이버섯 10g, 양파 10g, 당근 10g, 애호박 10g, 당면 20g

양념
간장 1/4작은술, 다진 마늘 1/4작은술, 참기름 1/4작은술, 깨 1/2꼬집, 기름 1/4작은술

이렇게 요리하세요!

① 새송이버섯은 밑동을 잘라내고 짧게 채썬다.

② 양파, 당근, 애호박도 같은 길이로 가늘게 채썬다.

③ 당면은 따뜻한 물에 20분간 불린 뒤 짧게 자른다.

④ ③을 끓는 물에 부드럽게 삶은 뒤 건진다.

⑤ 기름을 두른 팬에 ①, ②를 넣고 숨이 죽을 때까지 볶는다.

⑥ ⑤에 당면과 간장, 다진 마늘을 넣고 골고루 저어가며 계속 볶는다.

⑦ 당면에 양념이 배면 불을 끄고 참기름, 깨를 둘러 뒤섞는다.

 • 당면이 너무 불면 떡처럼 되어 맛이 없어지니 부드럽게 익힌 정도가 좋아요. 아이가 먹다가 목에 걸리지 않도록 잘게 잘라 주세요. 또한 당면은 양념을 빠르게 흡수하기 때문에 간장을 넣고 오랜 시간 두면 당면에만 간이 배고 야채에 간이 잘 배지 않아요. 간장을 넣고 재빠르게 섞으세요.

양념오리볶음

오리는 불포화지방산이 많이 함유되어 건강에 좋아요. 신선한 오리는 잡내도 없고 고소한 맛이 일품이에요. 오리고기를 맛있게 만드는 레시피를 알려드릴게요.

재료 (2회)
오리 로스 40g, 양파 20g, 당근 10g

양념
간장 1/4작은술, 파프리카 가루 1/4작은술, 배즙 1큰술, 참기름 1/4작은술, 깨 1/2 꼬집

이렇게 요리하세요!

① 오리고기는 겉면의 핏물을 닦고 과도한 지방을 제거한 뒤 가늘게 채썬다.

② 양파, 당근은 짧게 채썬다.

③ 볼에 양념 재료를 섞은 뒤 ①, ②를 넣고 버무려 20분간 냉장 숙성한다.

④ 달군 팬에 ③을 넣고 저어가며 볶는다.

⑤ 재료가 완전히 익으면 불을 끈다.

- 오리고기 자체에 기름이 많아 구울 때 따로 기름을 두를 필요가 없어요. 건강한 오리기름으로 더욱 고소한 맛을 내보세요.

양념콩나물볶음

콩나물은 식감이 아삭해 아이도 좋아하는 야채 중 하나예요. 오리 기름이나 돼지기름에 볶으면 더 부드럽고 맛있어요.

재료(2회)
콩나물 50g, 양파 20g, 당근 10g, 양송이버섯 20g

양념
기름 1/4작은술, 양념(간장 1/4작은술 + 파프리카 가루 1/4작은술 + 다진 파 1/2작은술)

이렇게 요리하세요!

① 콩나물은 상한 뿌리를 제거하고 물에 담가 씻은 뒤 2cm 길이로 자른다.

② 양파, 당근, 양송이버섯은 2cm 길이로 채썬다.

③ 기름을 두른 팬에 ①, ②를 넣고 중불로 볶다가 숨이 죽으면 양념 재료를 섞어 넣고 센불에 빠르게 볶는다.

• 콩나물의 콩은 개월 수가 적어 씹는 게 서툰 아이의 목에 걸릴 위험이 있어요. 안전을 위해 제거해도 되지만 콩에 영양가가 많으니 칼면으로 으깨서 요리하는 것을 추천해요.

양배추미나리 볶음

양배추는 무맛무취의 채소 중 하나로 향긋한 미나리와 함께 볶으면 더욱 맛있어져요. 피시소스와 레몬즙으로 미나리 특유의 쓴맛을 잡아 아이도 부담 없이 먹을 수 있어요.

재료(2회)
양배추 30g, 미나리 20g

양념
기름 1/4작은술, 피시소스 1/4작은술, 레몬즙 1/8작은술, 땅콩 가루 1/4작은술

이렇게 요리하세요!

1. 양배추는 2cm 길이로 채 썰고 미나리도 2cm 길이로 자른다.
2. 기름을 두른 팬에 ①을 넣고 볶다가 숨이 죽으면 피시소스를 넣고 센불로 볶는다.
3. 전체 재료가 익으면 불을 끄고 레몬즙, 땅콩 가루를 둘러 마무리한다.

- 땅콩을 으깨서 사용하면 아이의 목에 걸릴 위험이 있으니 완벽한 가루로 만들어 사용하세요. 또한 땅콩 알레르기 테스트를 먼저 해본 후 사용하는 것이 좋아요.

양배추 목이버섯볶음

목이버섯은 식이섬유가 많고 비타민D가 풍부해서 소아 비만 예방에 효과가 있어요. 식감도 재미있어 아이들도 좋아한답니다. 베리는 '깜까미 버섯'이라고 하며 씨익 웃어요.

재료 (2회)

양배추 40g, 목이버섯 20g, 양파 20g

양념

기름 1/4작은술, 굴소스 1/4작은술, 다진 마늘 1/4작은술

이렇게 요리하세요!

① 양배추는 한 장씩 깨끗하게 씻어 가늘게 채썬다.

② 목이버섯과 양파는 짧게 채썬다.

③ 기름을 두른 팬에 다진 마늘을 볶다가 향이 올라오면 ①, ②를 넣고 숨이 죽을 때까지 볶는다.

④ 굴소스를 넣은 뒤 고르게 섞이도록 주걱으로 저어가며 중불에 볶는다.

⑤ 전체 재료가 익으면 불을 끈다.

 • 생목이버섯을 구하기 힘들면 건목이버섯을 준비해도 괜찮아요. 물에 충분히 불려 사용하면 생목이버섯과 식감도 맛도 똑같아요.

양배추버터볶음

양배추를 고소한 버터에 볶았어요. 여기에 간장을 뿌려 감칠맛을 더하면 간장버터볶음 완성이랍니다. 맛이 강하지 않은 양배추도 버터와 함께라면 메인 반찬으로 손색 없어요.

재료(2회)
양배추 50g, 양파 10g

양념
무염버터 1/2작은술, 간장 1/4작은술, 올리고당 1/8작은술

이렇게 요리하세요!

1. 양배추는 2cm 길이로 아주 짧게 채썬 뒤 물로 깨끗하게 헹군다.
2. 양파는 2cm 길이로 가늘게 채썬다.
3. 버터를 녹인 팬에 ①, ②를 센불로 빠르게 볶는다.
4. 야채의 숨이 죽으면 간장, 올리고당을 넣고 빠르게 섞고 간이 배면 불을 끈다.

- 양배추는 얇은 잎부분을 채썰어요. 심이 있는 부분은 아이가 씹기 힘들어요. 양배추 대신 양파를 넣고 볶으면 맛있는 '양파버터볶음'이 된답니다.

양송이버섯 파볶음

버섯 중에서 표고버섯 다음으로 영양이 좋은 양송이버섯은 부들부들해서 질긴 식감을 좋아하지 않는 아이도 잘 먹어요. 양식에만 잘 어울린다는 편견은 깨고 한식 밥상에도 올려보세요.

재료(2회)
양송이버섯 50g, 배추 20g

양념
굴소스 1/4작은술, 사과즙 1/2작은술, 다진 파 1큰술, 기름 1/4작은술

이렇게 요리하세요!

① 양송이버섯은 반으로 잘라 5mm 두께로 얇게 썰고 배추는 2cm 길이로 채 썬다.

② 기름을 두른 팬에 ①을 넣고 굴소스, 사과즙으로 간을 하고 중불로 저어가며 볶는다.

③ 숨이 죽으면 다진 파를 넣고 볶는다.

④ 전체 재료가 익으면 불을 끈다.

- 육수를 추가할 필요 없이 양송이버섯에서 나온 수분만으로 조리해도 충분히 맛있어요.

어묵볶음

고소하고 쫀득한 어묵을 빨갛게 볶았어요. 어묵의 맛있는 기름이 멸치육수와 만나 풍미가 2배예요. 건강한 어묵을 사용하면 단백질을 채우기에도 좋아요.

재료 (2회)
어묵 30g, 양파 20g, 당근 10g

양념
멸치육수 50ml, 간장 1/4작은술, 배즙 2작은술, 파프리카 가루 1/4작은술, 다진 파 1/4작은술, 참기름 1/4작은술, 깨 1꼬집

이렇게 요리하세요!

① 어묵은 흐르는 물에 가볍게 씻어 2cm 길이로 채썬다.

② 양파와 당근도 2cm 길이로 채썬다.

③ 팬에 멸치육수, 간장, 배즙을 넣고 한소끔 끓이다가 ①, ②를 넣고 육수가 거의 없어질 때까지 졸인다.

④ 파프리카 가루, 다진 파를 넣고 한소끔 더 졸이고 불을 끈다.

⑤ 참기름, 깨를 두르고 뒤섞는다.

 • 어묵은 생선살 함량이 높은 제품을 선택하세요. 밀가루 함량이 높은 어묵은 추천하지 않아요.

오리숙주볶음

오리고기를 숙주와 함께 볶아 식감을 살렸어요. 오리고기에서 나오는 기름에 충분히 볶으면 숙주에도 고소한 향이 배어 더욱 맛있어요. 소고기에 질렸을 때 오리고기로 만들어 보세요.

재료 (2회)
오리 로스 40g, 숙주 30g

양념
굴소스 1/4작은술, 다진 파 1/2작은술

이렇게 요리하세요!

① 오리고기는 겉면의 핏물을 닦아내고 과도한 지방을 제거한 뒤 2cm 길이로 썬다.

② 숙주는 물에 담가 흔들어 헹궈 2cm 길이로 썬다.

③ 팬에 ①을 넣고 약불에서 저어가며 볶는다.

④ 고기가 얼추 익으면 굴소스, 다진 파, ②를 넣고 센불에 볶는다.

⑤ 고기가 완전히 익으면 불을 끈다.

 • 염도가 높은 훈제오리보다 생오리 로스를 구입하는 것을 추천해요. 선홍색에 가깝고 탄력이 있는 것이 좋은 오리 로스예요. 냉동보다는 냉장 보관된 것이 잡내가 없고 더 맛있어요.

오리고기잡채

돼지고기 대신 오리고기를 활용해 잡채를 만들었어요. 오리고기를 얇게 채썰어 구운 오리고기나 볶음류를 좋아하지 않는 아이들도 맛있게 먹을 수 있는 메뉴예요.

재료 (2회)

오리 로스 40g, 양파 20g, 당근 10g, 피망 10g, 당면 10g

양념

기름 1/4작은술, 간장 1/4작은술, 참기름 1/4작은술, 깨 1꼬집

이렇게 요리하세요!

① 오리고기는 겉면의 핏물을 닦아내고 과도한 지방을 제거한 뒤 가늘게 채썬다.

② 양파, 당근, 피망은 짧게 채썬다.

③ 당면은 따뜻한 물에 20분간 불린 뒤 끓는 물에 부드럽게 삶는다.

④ 기름을 두른 팬에 ①을 넣고 약불에 천천히 볶아 오리기름을 낸다.

⑤ ④에 ②를 넣고 간장으로 간을 한다.

⑥ 야채의 숨이 죽고 고기가 완전히 익으면 ③을 잘게 잘라 넣고 양념이 골고루 배도록 볶는다.

⑦ 전체 재료가 완전히 익으면 참기름과 깨를 둘러 마무리한다.

- 오리고기를 사용하기 전에 흰색 지방이 많으면 제거하세요. 잘라낸 지방을 기름 대신 사용해도 좋아요.

우엉채볶음

사포닌을 많이 함유하고 있어 '모래밭의 산삼'이라고 불리는 우엉을 굴소스에 볶았어요. 우엉은 오독오독한 식감 때문에 치아가 발달하지 않은 아이는 먹기 힘들 수 있어요. 잘게 다져서 우리 아이의 영양을 가득 채워주세요.

재료 (2회)
우엉 40g, 당근 10g, 양파 10g

양념
기름 1/4작은술, 굴소스 1/4작은술, 다진 마늘 1/4작은술, 참기름 1/4작은술

이렇게 요리하세요!

① 우엉은 껍질을 벗긴 뒤 2cm 길이로 짧게 채썰어 끓는 물에 5분간 데친다.

② 당근과 양파는 2cm 길이로 짧게 채썬다.

③ 기름을 두른 팬에 ①, ②를 넣고 중불에 볶는다.

④ 굴소스, 다진 마늘을 넣어 전체가 고르게 섞이도록 볶은 뒤 당근이 완전히 익으면 불을 끈다.

⑤ 참기름을 둘러 완성한다.

- 우엉은 껍질과 함께 먹으면 영양소가 2배가 돼요. 만약 아이가 우엉을 좋아한다면 껍질을 깨끗이 씻어 껍질도 함께 볶아요.

유부볶음

두부를 기름에 튀겨 고소한 맛이 일품인 유부예요. 국물에 들어가도 맛있지만 볶아서 반찬으로 먹어도 아주 맛있답니다. 두부에 질린 우리 아이에게 특별한 유부 요리를 만들어 주세요.

재료(2회)
유부 20g, 양파 20g

양념
기름 1/4작은술, 간장 1/4작은술, 다진 파 1/4작은술, 다진 마늘 1/4작은술, 올리고당 1/8작은술, 참기름 1/8작은술, 깨 1/2꼬집

이렇게 요리하세요!

1. 유부는 한입 크기로 얇게 썰고 양파는 잘게 다진다.
2. 기름을 두른 팬에 유부를 넣고 주걱으로 빠르게 저어가며 볶다가 간장, 다진 파, 다진 마늘, 올리고당을 넣고 계속 볶는다.
3. 양파를 넣고 저어가며 볶다가 전체가 완전히 익으면 불을 끈다.
4. 참기름과 깨를 둘러 마무리한다.

- 유부에 기름이 충분하다면 볶을 때 기름을 사용하지 않아도 괜찮아요. 바싹 마른 유부라면 기름을 추가해야 양파가 타지 않아요.

토마토달걀볶음

토마토는 라이코펜이라는 지용성 비타민이 많아 열에 익혀 먹는 것이 훨씬 몸에 좋아요. 달걀과 함께 볶아 단백질도 챙겼어요. 빨간 토마토와 노란 달걀의 조화가 밥상을 예쁘게 만들어줘요.

재료 (2회)
토마토 1/2개, 달걀 1개

양념
치킨스톡 1작은술, 무염버터 1/4작은술, 소금 1/2꼬집, 후추 약간

이렇게 요리하세요!

1. 달걀은 풀어서 치킨스톡과 섞는다.
2. 토마토는 속을 제거하고 과육만 5×5mm 크기로 깍둑썬다.
3. 버터를 두른 팬에 ①을 넣고 소금, 후추로 간을 하고 중불에 볶는다.
4. 달걀이 익기 시작하면 주걱으로 저어가며 작은 입자가 되도록 볶는다.
5. 달걀이 얼추 익으면 ②를 넣고 물기가 없어질 때까지 중불에 볶는다.

- 토마토는 덜 익어 푸른빛이 도는 것보다 잘 익어 붉은빛이 도는 것을 사용하세요.
- 아이가 토마토의 껍질이 질겨 싫어한다면 십자로 칼집을 내 끓는 물에 살짝 데친 후 껍질을 제거하고 요리하세요. 잘 숙성된 완숙 토마토로 만들어도 좋아요.

토마토 새송이버섯볶음

새송이버섯은 헤모글로빈의 생성을 촉진시켜 빈혈을 예방해줘요. 토마토와 만나 더 맛있는 새송이버섯은 향이 강하지 않고 식감도 재미있어 베리도 잘 먹어요.

재료 (2회)
토마토 1/4개, 새송이버섯 40g, 배추 10g

양념
무염버터 1/4작은술, 소금 1/2꼬집, 후추 약간, 올리고당 1/8작은술, 파슬리 1/2꼬집

이렇게 요리하세요!

① 토마토는 속을 제거하고 과육만 1×1cm 크기로 깍둑썬다.

② 밑동을 제거한 새송이버섯과 배추는 1×1cm 크기로 깍둑썬다.

③ 버터를 녹인 팬에 ①, ②를 넣고 소금, 후추로 간을 하고 중불에 볶는다.

④ 모든 재료가 완전히 익으면 올리고당을 두르고 한 번 더 가볍게 볶는다.

⑤ 불을 끄고 파슬리를 뿌려 마무리한다.

- 아이가 토마토의 껍질이 질겨 싫어한다면 껍질을 제거하고 요리하세요.
- 새송이버섯은 쫄깃한 식감이 있는 편이니 부드러워질 때까지 충분히 볶아주세요.

표고버섯 들깨볶음

혈액을 맑게 하고, 변비를 예방하는 표고버섯은 들깨가루와 잘 어울려요. 나트륨 배출에도 탁월해요. 나트륨 섭취가 많은 날 저녁 반찬으로 만들어 보세요.

재료(2회)
표고버섯 40g, 양파 20g

양념
가쓰오부시육수 3큰술, 간장 1/4작은술, 다진 파 1/4작은술, 참기름 1/4작은술, 들깨가루 1/2작은술

이렇게 요리하세요!

① 표고버섯은 기둥을 제거하고 반으로 잘라 얇게 썰고, 양파는 짧게 채썬다.

② 팬에 가쓰오부시육수를 끓여 간장, 다진 파로 간을 하고 ①을 넣은 뒤 중불에 볶는다.

③ 육수가 거의 없어지고 야채가 다 익으면 불을 끄고 참기름, 들깨가루를 넣고 뒤섞는다.

- 표고버섯은 갓이 덜 피고 색이 선명한 것이 신선해요. 또한 주름이 없어야 수분감이 많아요.
- 들깨가루는 산패가 빨리 진행되기 때문에 소량씩 구입하고 최대한 빨리 사용하세요.

표고버섯채볶음

고기와 비슷한 식감을 가진 표고버섯을 다양한 야채와 함께 볶았어요. 표고버섯의 향을 싫어하는 아이도 부추와 섞으면 잘 먹을 수 있어요.

재료 (2회)
표고버섯 40g, 양파 10g, 부추 10g

양념
멸치육수 3큰술, 간장 1/4작은술, 다진 파 1/4작은술, 참기름 1/4작은술, 들깨가루 1/2작은술

이렇게 요리하세요!

① 표고버섯은 기둥을 제거하고 반으로 자른 뒤 얇게 썬다.

② 양파는 1cm 길이로 채썰고 부추는 줄기를 깨끗이 씻어 1cm 길이로 자른다.

③ 팬에 멸치육수를 넣고 간장, 다진 파로 간을 한 뒤 ①, ②와 함께 중불에 볶는다.

④ 육수가 거의 없어지면 불을 끄고 참기름, 들깨가루를 넣고 뒤섞는다.

 • 부추는 줄기에 흙이 많이 묻어있어 꼼꼼히 씻어야 해요. 줄기 부분을 가닥가닥 손으로 비벼 흙을 제거한 후 물에 여러 번 헹구세요.

피망잡채

중식의 고추잡채를 모티브로 한 피망잡채예요. 꽃빵처럼 포슬포슬한 빵에 싸 먹으면 맛있어요. 재료는 간단하지만 맛은 고급 중식 요리처럼 풍부해요.

재료 (2회)
피망 40g, 양파 30g

양념
기름 1/4작은술, 굴소스 1/4작은술, 올리고당 1방울, 전분물(전분 1/8작은술+물 1/4작은술), 참기름 1/8작은술

이렇게 요리하세요!

① 피망은 반을 잘라 씨를 제거하고 짧고 얇게 채썬다.

② 양파도 피망과 같은 길이로 얇게 채썬다.

③ 기름을 두른 팬에 ①, ②를 넣고 센불에서 재빠르게 볶는다.

④ 숨이 죽으면 굴소스, 올리고당을 넣고 빠르게 저으며 볶는다.

⑤ 전체 재료가 익으면 전분물을 넣고 재빠르게 볶는다.

⑥ 불을 끄고 참기름을 둘러 마무리한다.

- 피망과 양파는 가늘게 썰어야 양념이 잘 배어 더 맛있어요.
- 꽃빵은 찜기에 찔 필요 없이 비닐봉지에 물 1작은술과 함께 넣은 뒤 전자레인지에 40초간 돌려 간단하게 준비할 수 있어요.

황태볶음

소고기 3배의 단백질을 가진 황태를 황태볶음으로 만들었어요. 따뜻한 쌀밥만 준비하면 우리 아이 한 끼 식사 뚝딱이에요. 황태를 물에 충분히 불리고 볶으면 부드러워지니 식감은 걱정하지 마세요.

재료(2회)
황태채 20g

양념
기름 1/4작은술, 양념(다시마물 1큰술+파프리카 가루 1/4작은술+간장 1/4작은술+다진 마늘 1/4작은술+다진 파 1/4작은술), 참기름 1/4작은술, 깨 1/2꼬집

이렇게 요리하세요!

1. 황태는 따뜻한 물에 30분간 불리고, 손으로 만져가며 잔가시를 제거한 뒤 잘게 찢는다.

2. 기름을 두른 팬에 ①을 넣고 주걱으로 저어가며 볶는다.

3. 양념을 넣고 골고루 섞이도록 중불에 볶는다.

4. 다 익으면 불을 끄고 참기름, 깨를 둘러 마무리한다.

 • 판매하는 황태채는 굵기에 따라 잔가시가 있어요. 손으로 잘게 찢으며 가시를 제거하세요.

PART 8

노릇노릇한 구이

가지구이

반짝반짝 예쁜 보랏빛의 가지는 항암작용이 뛰어나지만, 특유의 폭신폭신함과 가열 후 미끄덩거리는 식감 때문에 편식하는 아이들이 많아요. 가지를 맛있게 먹을 수 있도록 고소하고 달콤한 가지구이 레시피를 알려드릴게요.

재료(2회)
가지 50g

양념
무염버터 1/3작은술, 올리고당 1/8작은술, 파슬리 약간, 후추 약간, 소금 1/2꼬집

이렇게 요리하세요!

① 가지를 반으로 잘라 얇게 썬다.

② 버터를 녹인 팬에 ①을 넣고 주걱으로 저어가며 볶는다.

③ 소금, 후추로 간을 하고 고르게 볶다가 올리고당을 넣는다.

④ 양념이 골고루 섞이고 가지가 익으면 불을 끈 뒤 파슬리를 뿌린다.

- 가지는 모양이 구부러지지 않고 색이 선명한 것을 고르세요. 밀봉하여 냉장 보관하면 5일간 신선하게 유지할 수 있어요.

고등어쫀득구이

평범한 고등어구이에 싫증이 났다면 고등어를 팬에 구워 달큰한 소스를 끼얹어 쫀득하고 맛있게 즐겨보세요.

재료(2회)
순살 고등어 30g

양념
소스(가쓰오부시육수 1큰술+간장 1/8작은술+올리고당 1방울+참기름 1/8작은술), 전분 2큰술, 기름 넉넉히

이렇게 요리하세요!

① 고등어는 물에 가볍게 씻고 전분을 고르게 묻힌다.

② 기름을 두른 팬을 중불로 달구고 고등어를 노릇하게 굽는다.

③ 새로운 팬에 소스 재료를 넣고 끓으면 ②에 올린다.

구이

- 고등어뿐 아니라 다양한 생선을 쫀득구이로 만들 수 있어요. 비린 맛이 적고 담백한 가자미를 사용해 '가자미쫀득구이'도 만들어 보세요.

고소한 마늘구이

알싸한 마늘의 고소한 대변신! 주로 양념으로만 사용했던 마늘을 팬에 볶아 고소하고 달달하게 만들었어요. 햇마늘 철에 영양 가득하고 신선한 마늘로 요리하면 더욱 맛있어요.

재료(2회)
마늘 6알

양념
기름 1/4작은술, 소금 약간, 후추 약간, 참기름 1/4작은술, 깨 1꼬집

이렇게 요리하세요!

① 마늘은 꼭지를 제거하고 물에 깨끗하게 씻은 뒤 얇게 썬다.

② 기름을 두른 팬에 약불로 ①을 달달 볶다가 소금, 후추로 간을 한다.

③ 마늘이 완전히 익으면 불을 끄고 참기름, 깨로 마무리한다.

- 마늘이 덜 익으면 알싸한 맛이 남아 아이가 거부하거나 위통을 일으킬 수 있어요. 끓는 물에 삶아 무르게 만든 후 구워도 좋아요.

낙지버터구이

원기회복의 대표인 낙지는 아이 보양식으로 좋아요. 끓여서도 먹고 튀겨서도 먹지만 버터에 구워야 가장 맛있어요. 고소하고 쫄깃한 낙지구이로 원기 충전을 시켜주세요.

재료 (2회)
낙지 30g, 양파 20g, 피망 20g, 밀가루 1큰술(세척용)

양념
무염버터 1/4작은술, 다진 파 1/2작은술, 소금 약간, 후추 약간

이렇게 요리하세요!

① 낙지는 밀가루를 넣고 바락바락 치대어 씻은 후 깨끗하게 헹군다.

② ①을 1cm 길이로 자른다.

③ 양파, 피망은 잘게 다진다.

④ 버터를 녹인 팬에 다진 파, 소금, 후추를 넣고 중불에 ③을 볶는다.

⑤ 양파가 거의 익으면 ②를 넣고 저어가며 볶는다.

⑥ 낙지가 통통하게 익으면 불을 끈다.

 낙지는 세척하는 방식이 중요해요. 밀가루나 굵은소금으로 바락바락 문질러야 빨판 안의 불순물까지 제거할 수 있어요. 낙지를 오래 익히면 질겨지니 보랏빛이 돌며 통통해질 때까지만 익히세요.

냉이버터구이

냉이는 비타민과 무기질이 많은 건강한 나물로 단백질까지 풍부해요. 냉이의 향을 싫어하는 아이도 버터랑 고소하게 볶아주면 잘 먹을 거예요. 근육도 만들고, 기력도 회복하는 효과가 있어요.

재료(2회)
냉이 50g

양념
무염버터 1/2작은술, 다시마물 1큰술, 된장 1/8작은술, 파프리카 가루 1/4작은술

이렇게 요리하세요!

① 냉이는 물에 흔들어 씻은 후 잘게 다진다.

② 버터를 녹인 팬에 ①을 넣고 중불로 볶는다.

③ 냉이의 겉면이 노릇하게 익으면 다시마물, 된장, 파프리카 가루를 넣고 고루 저어가며 볶는다.

④ 양념의 육수가 없이 바싹 볶아지면 불을 끈다.

- 너무 큰 냉이는 억셀 수 있어서 잎이 작고 줄기가 어린 냉이가 좋아요. 아이가 잘 씹지 못한다면 물에 한 번 데친 후 볶으세요.

단호박구이

단호박은 노폐물 배출에 도움을 주는 건강한 식재료예요. 노란 빛깔이 먹음직스럽고 달콤해 아이들도 잘 먹어요. 바삭하게 구운 단호박 레시피를 알려드릴게요.

재료 (2회)
단호박 40g

양념
전분 1큰술, 기름 1작은술, 소금 약간, 후추 약간

이렇게 요리하세요!

1. 단호박은 깨끗하게 씻은 뒤 씨를 제거하고 전자레인지에 1분간 돌린다.

2. ①이 약간 부드러워지면 껍질을 제거하고 얇게 썰어 한입 크기로 자른다.

3. 단호박 겉에 수분이 있을 때 소금과 후추를 뿌려 섞은 뒤 전분을 고루 묻힌다.

4. 팬에 기름을 두르고 ③을 넣어 튀기듯이 볶는다.

5. 앞뒤가 노릇하게 익으면 불을 끈다.

- 단단한 단호박을 전자레인지에 1분 정도 돌리면 부드러워져 껍질을 제거하기 쉬워요. 껍질에도 영양소가 많아 깨끗하게 씻은 뒤 푹 쪄서 함께 먹는 것도 괜찮아요.

데리닭봉구이

닭봉은 닭다리나 닭안심보다 재미있게 먹을 수 있어요. 아이가 닭봉을 손으로 잡고 먹다가 입가에 양념을 묻힌 채 씨익 웃으면 너무 귀여워요. 닭봉구이로 아이 밥상을 즐겁게 만들어 주세요.

재료(2회)
닭봉 4개

양념
생강즙 1/2작은술, 후추 약간, 소스(가쓰오부시육수 2큰술+간장 1/4작은술+배즙 1큰술, 다진 마늘 1/4작은술)

이렇게 요리하세요!

① 닭봉은 겉면의 핏물을 닦아내고 두터운 부분에 칼집을 낸다.

② ①에 생강과 후추를 넣어 잘 버무린 뒤 20분간 냉장 숙성한다.

③ 끓는 물에 ②를 넣고 완전히 익을 때까지 중불에서 15~20분간 끓인다.

④ 팬에 소스를 끓인 뒤 ③을 넣고 소스가 완전히 없어질 때까지 졸인다.

- 닭봉 크기에 따라 익는 시간이 달라지니 잘 익었는지 확인하며 시간을 조절하세요. 닭봉 대신 닭다리 살로 만들면 '데리닭다리구이'가 돼요.

데리달걀구이

달걀말이를 데리소스에 졸여 달콤하면서 짭짤하게 만들었어요. 단맛이 강해 달걀의 비린내를 싫어하는 아이도 잘 먹어요. 평범한 달걀말이가 지겨울 때 시도해 보세요.

재료(2회)
달걀 1개

양념
소스 (가쓰오부시육수 3큰술 + 간장 1/4작은술 + 올리고당 1/8작은술), 기름 1/4작은술

이렇게 요리하세요!

1. 달걀을 잘 푼다.
2. 사각팬에 기름을 두르고 키친타월로 가볍게 닦아낸다.
3. ②에 ①을 절반 정도 넣고 팬을 기울여가며 얇게 편 뒤 약불로 익힌다.
4. ③에서 윗면이 살짝 덜 익었을 때 주걱으로 말아준다.
5. 달걀말이 모양으로 잘 말아 팬의 끝으로 보내고 나머지 달걀물을 넣어 얇게 편 뒤 서서히 익히면서 주걱으로 말아준다.
6. 팬에 소스를 넣고 중불에서 달걀말이의 한 면을 졸인다.
7. 달걀말이에 소스가 잘 배면 불을 끈다.

● 동그란 팬으로 달걀말이를 만들면 끝부분은 통통해지지 않아 모양이 안 예뻐요. 사각팬을 사용하면 달걀 초밥에 올라가는 달걀처럼 네모나게 통통한 달걀말이를 만들 수 있어요.

데리등갈비구이

등갈비는 살이 단단한 만큼 씹는 식감이 뛰어나 뜯어먹는 재미가 있어요. 고기를 좋아하는 아이라면 더없이 맛있게 먹을 만한 메뉴예요.

재료(2회)
등갈비 4대

양념
설탕 1/2작은술, 생강 슬라이스 2개, 통마늘 1알, 월계수 잎 1장, 된장 1/8작은술, 기름 1/4작은술, 소스 (가쓰오부시육수 3큰술＋간장 1/4작은술＋올리고당 1/8작은술)

이렇게 요리하세요!

① 등갈비는 살 부분에 칼집을 넣고 설탕을 넣은 찬물에 1시간 동안 담가 핏물을 뺀다.

② 냄비에 물 500ml를 넣고 끓으면 ①을 넣고 10분간 끓이고 건진다.

③ 깨끗하게 씻은 냄비에 다시 ②를 넣고 물 500ml, 생강, 통마늘, 월계수 잎, 된장을 넣은 뒤 30분 동안 중불에 푹 삶는다.

④ ③을 건져 기름을 두른 팬에 굽는다.

⑤ 전체가 노릇하게 익으면 소스를 넣고 졸이듯이 굽는다.

- 등갈비의 핏물을 제거하지 않으면 잡내가 날 수 있어요. 찬물을 여러 번 바꿔가며 충분히 핏물을 빼주면 잡내 없이 맛있는 등갈비가 완성돼요.

데리목살구이

돼지고기 기름과 맛있는 간장 양념 데리소스가 만나면? 목살이 단단해서 싫어하는 아이도 잘 먹어요. 포크 하나로 짭조름한 목살구이를 야들야들한 식감으로 만들 수 있어요.

재료 (2회)
돼지고기 목살 40g, 양파 20g, 파프리카 20g

양념
소스 (가쓰오부시육수 3큰술 + 간장 1/4작은술 + 올리고당 1/8작은술 + 다진 마늘 1/4작은술), 기름 1/4작은술

이렇게 요리하세요!

① 돼지고기는 겉면의 과도한 기름을 제거하고 핏물을 닦은 뒤 포크로 쿡쿡 찔러 야들야들하게 만든다.

② ①을 1×1cm 크기의 사각으로 자른다.

③ 양파와 파프리카는 2cm 길이로 가늘게 채썬다.

④ 기름을 두른 팬에 ③을 넣고 중불에서 볶다가 숨이 죽으면 ②를 넣고 계속 볶는다.

⑤ 돼지고기가 앞뒤로 노릇해지면 소스를 넣고 양념이 타지 않도록 저어가며 볶는다.

⑥ 야채와 고기에 소스가 충분히 배어 팬에 거의 남지 않으면 불을 끈다.

• 돼지고기 목살은 위쪽에 기름이 붙어있는 경우가 많아요. 기름을 제거하고 구우면 더욱 담백해요.

병아리콩구이

섬유질과 철분이 많은 병아리콩을 구웠어요. 버터의 고소함과 잘 어우러져 자꾸만 손이 가요. 간단한 레시피로 맛있는 병아리콩구이를 만들어 보세요.

재료 (2회)

불린 병아리콩 40g

양념

무염버터 1/4작은술, 소금 1/2꼬집, 올리고당 1/8작은술

이렇게 요리하세요!

1. 병아리콩은 10시간 동안 불린 뒤 물을 넉넉히 넣고 1시간 정도 삶는다.
2. 버터를 녹인 팬에 ①을 넣고 소금으로 간을 맞춘 뒤 겉이 노릇하게 되도록 볶는다.
3. ②에 올리고당을 넣고 골고루 뒤섞는다.

- 병아리콩을 충분히 불려야 부드럽게 요리할 수 있어요. 만들기 전날 물에 담가놓고 24시간 불린 뒤 압력솥에 쪄두면 조리 시간이 단축돼요. 병아리콩 크기에 따라 삶는 시간이 달라지니 20분 정도 익혀보고 상태를 보며 시간을 조절하세요.

소고기 마늘구이&감

소고기를 마늘과 함께 맛있게 볶았어요. 달달한 감채와 먹으면 더 맛있어요. 소고기 한 점, 감 한 점 먹으면 우리 아이 밥 한 그릇 뚝딱이에요.

재료 (2회)
소고기 안심 40g, 단감 1/2개

양념
양념(간장 1/4작은술＋다진 마늘 1작은술＋참기름 1/4작은술), 기름 1/4작은술

이렇게 요리하세요!

① 소고기는 겉면의 핏물을 닦고 1×1cm 크기로 깍둑 썬 뒤 양념에 버무려 20분간 숙성한다.

② 감은 껍질을 벗긴 후 짧게 채썬다.

③ 기름을 두른 팬에 ①을 넣고 주걱으로 저어가며 중약불로 볶는다.

④ ③의 각 면이 완전히 익도록 잘 저어가며 볶은 뒤 불을 끈다.

⑤ 그릇에 ②를 펼쳐 담고 ④를 올린다.

- 감은 반드시 단감을 사용하세요. 무른 감은 아삭한 맛이 없어 소고기구이와 어울리지 않아요.

아스파라거스 버터구이

피로회복에 도움이 되는 아스파라거스를 버터에 볶았어요. 양식의 사이드 메뉴로 잘 어울리는 재료인데, 버터와 볶아 밥반찬으로도 맛있게 먹을 수 있어요. 볶음밥과 먹으면 더 맛있어요.

재료(2회)
아스파라거스 50g

양념
무염버터 1/4작은술, 파르메산치즈 가루 1/4작은술, 레몬즙 1/8작은술

이렇게 요리하세요!

1. 아스파라거스는 필러로 줄기 부분의 껍질을 제거한 뒤 반으로 갈라 1cm 길이로 자른다.

2. 버터를 녹인 팬에 ①을 넣고 중불에 볶는다.

3. ②가 노릇하게 익으면 파르메산치즈 가루와 레몬즙을 넣고 볶는다.

- 아스파라거스는 질길 수 있어 여린 아스파라거스를 사용하세요. 여린 아스파라거스는 줄기를 필러로 깎지 않아도 먹기 쉬워요.

야채구이

알록달록 야채들을 센불에 볶아 촉촉하고 아삭한 식감의 야채구이예요. 간장 양념과 어우러져 야채들의 풍미가 잘 살아나요.

재료(2회)
당근 10g, 양파 10g, 양배추 10g, 피망 10g, 브로콜리 10g

양념
기름 1/4작은술, 간장 1/4작은술, 후추 약간

이렇게 요리하세요!

① 당근은 얇게 썬 뒤 1×1cm 크기의 사각으로 자른다.

② 양파, 양배추, 피망도 1×1cm 크기의 사각으로 자른다.

③ 브로콜리는 물에 거꾸로 담가 흔들어 씻은 뒤 1×1cm 크기의 작은 나무 모양으로 자른다.

④ 기름을 두른 팬에 모든 재료를 넣어 간장, 후추로 간을 하고 중불에 볶는다.

⑤ 양파가 완전히 익으면 불을 끈다.

- 고기처럼 속까지 완벽히 익힐 필요 없는 야채는 센불에 빠르게 볶아도 맛있어요.

야채소고기구이

소고기만으로 부족하다고 느낄 때가 많죠? 지금 소개할 소고기 요리는 달라요. 맛있는 야채 한가득에 치킨스톡의 풍미까지 더해져 정말 맛있어요. 아이가 좋아한다면 스테이크소스도 함께 만들어 보세요.

재료(2회)

다진 소고기 안심 60g, 양파 10g, 당근 10g, 피망 10g, 삶은 병아리콩 10g

양념

기름 1/4작은술, 치킨스톡 2큰술, 소금 1/2꼬집, 후추 약간

이렇게 요리하세요!

① 소고기는 겉면의 핏물을 닦아낸다.

② 양파, 당근, 피망은 5×5mm 크기로 얇게 썬다.

③ 삶은 병아리콩은 칼면으로 으깨거나 다진다.

④ 기름을 두른 팬에 소고기를 넣고 중불에 볶다가 겉면이 익으면 ②, ③을 넣고 소금, 후추로 간을 한다.

⑤ 치킨스톡을 넣고 모든 재료가 익고 육수가 완전히 없어질 때까지 볶는다.

- 병아리콩을 충분히 불려야 부드럽게 요리할 수 있어요. 만들기 전날 물에 담가놓고 24시간 불린 뒤 압력솥에 쪄두면 조리 시간이 단축돼요.

양송이버섯 버터구이

양송이버섯은 식이섬유와 소화효소가 풍부해 소화 촉진에 도움을 줘요. 양식에 주로 사용되며 치즈, 버터와 잘 어울려요. 버섯 중에 가장 영양소가 많은 양송이버섯을 버터와 함께 조리했어요.

재료 (2회)
양송이버섯 50g

양념
무염버터 1/4작은술, 간장 1/4작은술, 가쓰오부시육수 1/2작은술, 후추 약간

이렇게 요리하세요!

1. 양송이버섯은 1×1cm 크기로 깍둑썬다.
2. 버터를 녹인 팬에 ①을 넣고 약불에 볶는다.
3. 양송이버섯이 숨이 죽으면 간장, 가쓰오부시육수, 후추를 섞어 넣고 숟가락으로 끼얹어가며 졸인다.
4. 육수가 거의 졸아들면 불을 끈다.

- 서서히 익힐수록 양송이버섯에서 수분이 나와요. 육수를 많이 추가할 필요 없이 양송이버섯의 수분으로만 볶아도 맛있답니다. 양송이버섯은 하얗고 깨끗해 보이지만 볶고 나면 팬이 까맣게 될 수 있으니 다음 요리를 하기 전에 꼭 팬을 닦아주세요.

양파소금구이

양파를 치킨스톡과 소금으로만 양념해 구웠어요. 냉장고 속 재료가 없는 날에도 양파 하나만 있으면 든든한 반찬을 만들 수 있어요.

재료(2회)
양파 50g

양념
치킨스톡 50ml, 소금 1/2꼬집, 후추 약간

이렇게 요리하세요!

1. 양파는 2cm 길이, 3mm 두께로 채썬다.
2. 치킨스톡을 넣은 팬에 ①을 넣고 중불에 볶는다.
3. 소금, 후추로 간을 하고 육수가 거의 졸아들면 불을 끈다.

찰옥수수버터구이

톡톡 터지는 옥수수알과 고소한 버터가 만났어요. 버터의 풍미와 찰옥수수의 식감은 환상의 짝꿍이에요.

재료(2회)
찰옥수수 50g

양념
무염버터 1/4작은술, 소금 1/2꼬집, 올리고당 1/8작은술, 파슬리 1/2꼬집

이렇게 요리하세요!

1. 옥수수는 알알이 떼어내 깨끗하게 씻는다.
2. 버터를 녹인 팬에 ①을 넣고 중불에 저어가며 볶는다.
3. 옥수수가 노릇하게 익으면 소금, 올리고당을 넣고 1분간 볶는다.
4. 파슬리를 뿌려 마무리한다.

파프리카구이

파프리카를 좋아하지 않는 아이들도 맛있게 먹을 수 있는 레시피예요. 치킨스톡의 풍미가 파프리카에 배어 파프리카가 더욱 맛있어진답니다.

재료(2회)
파프리카 40g, 양파 20g

양념
치킨스톡 2큰술, 기름 1/4작은술, 소금 1/2꼬집, 후추 약간

이렇게 요리하세요!

① 파프리카는 반으로 갈라 속을 제거하고 1×1cm 크기로 깍둑썬다.

② 양파도 파프리카와 같은 크기로 자른다.

③ 기름을 두른 팬에 ①, ②를 넣고 소금, 후추로 간을 한다.

④ ③을 중불에 빠르게 볶다가 치킨스톡을 추가해 저어가며 계속 볶는다.

⑤ 양파가 완전히 익으면 불을 끈다.

 • 파프리카구이에 고소한 버터를 조금 추가하면 맛이 완전히 달라져요. 양식을 요리하는 날이라면 '파프리카버터구이'로 만들어 보세요. 파프리카는 엉덩이가 4등분된 것이 더 달고 맛있답니다.

팽이버섯 참기름구이

팽이버섯참기름구이는 베리에게 자주 해주는 버섯요리예요. 간단하게 만들 수 있으면서 맛은 최고랍니다. 아삭아삭한 식감도 너무 재미있어요.

재료(2회)
팽이버섯 50g

양념
다시마물 2큰술, 소금 1/2꼬집, 참기름 1/4작은술, 깨 1꼬집

이렇게 요리하세요!

① 팽이버섯은 밑동을 제거하고 2cm 길이로 자른다.

② 다시마물을 두른 팬에 팽이버섯을 볶다가 소금으로 간을 한다.

③ 전체가 고르게 섞이고 육수가 졸아들어 완전히 익으면 불을 끄고 참기름과 깨를 두른다.

 • 팽이버섯을 생으로 먹으면 식중독을 일으킬 수 있어요. 완전히 익혀서 조리하세요.

피망버터구이

피망이 맵다고 생각하는 사람들이 많지만 고추를 개량하여 매운맛을 제거한 야채로 맵지 않아요. 파프리카와 피망은 전혀 다른 야채예요. 맵지 않은 피망을 고소한 버터에 볶아볼게요.

재료(2회)
피망 50g, 양파 10g, 당근 10g, 양배추 10g

양념
무염버터 1/4작은술, 소금 1/2꼬집, 후추 약간, 올리고당 1/8작은술

이렇게 요리하세요!

1. 피망은 반으로 갈라 속을 제거하고 1×1cm 크기로 깍둑썬다.

2. 양파, 당근, 양배추도 피망과 같은 크기로 자른다.

3. 버터를 녹인 팬에 ①, ②를 넣고 소금, 후추로 간을 한다.

4. 중불에 저어가며 볶다가 모든 재료가 익으면 올리고당을 넣고 전체적으로 섞어 완성한다.

 청피망에 간혹 매운 기가 남아있는 경우 물에 20분간 담근 뒤 사용하면 좋아요. 영양가는 청피망보다 홍피망이 조금 더 높아요. 빨간 색깔 때문에 홍피망이 매워 보일 수 있지만 맛은 그렇지 않답니다. 홍피망과 청피망을 섞어 사용하면 청피망의 수분감과 홍피망의 영양가 모두 챙길 수 있어요.

황태구이

간단한 양념으로 황태를 볶았지만 풍미는 최고예요. 아이가 입맛이 없어 보일 때 밥에 솔솔 뿌려 주먹밥으로 만들어 주세요.

재료 (2회)
황태채 20g

양념
양념(다시마물 1큰술+간장 1/4작은술+리고당 1/8작은술+다진 파 1작은술), 참기름 1/4작은술, 기름 1/4작은술

이렇게 요리하세요!

① 황태는 따뜻한 물에 30분간 불리고 손으로 만져가며 잔가시를 제거한 뒤 잘게 찢는다.

② 기름을 두른 팬에 ①을 볶다가 양념 재료를 넣는다.

③ 꾹꾹 눌러가며 고르게 볶다가 불을 끄고 참기름을 두른다.

- 손질된 황태채를 구입해도 간혹 가시가 보여요. 황태의 까끌한 식감 때문에 아이가 거부감을 느끼지 않도록 손으로 잘게 찢으며 가시를 제거하세요.

휴게소감자구이

휴게소 음식하면 바로 통감자구이가 떠올라요. 베리도 휴게소에 들르면 "감자~감자~"하며 좋아해요. 기름에 튀긴 휴게소의 통감자는 건강한 음식은 아니에요. 감자구이를 좋아하는 아이에게는 건강한 레시피로 만들어 주세요.

재료(2회)
감자 50g

양념
무염버터 1/4작은술, 소금 약간, 올리고당 1/8작은술

이렇게 요리하세요!

① 감자는 껍질을 벗겨 2×2cm 크기로 깍둑썬 뒤 끓는 물에 푹 삶는다.

② 감자가 다 익으면 체에 밭쳐 물기를 뺀다.

③ 버터를 녹인 팬에 ②를 넣고 중불에서 노릇하게 굽는다.

④ 겉면이 노릇하게 익으면 소금을 뿌리고 올리고당을 넣어 뒤섞는다.

• 감자가 너무 많이 익으면 모서리가 부스러져 다시 한 번 볶을 때 부서지기 쉬워요. 젓가락으로 찔렀을 때 쉽게 들어간다면 다 익었으니 건져내고 바로 버터에 볶으세요.

구이

PART 9

폭신 촉촉한 찜

가자미야채찜

비린맛이 적고 담백한 가자미로 다양한 야채를 넣어 가자미야채찜을 만들었어요. 부드러운 가자미살을 야채와 함께 먹으면 더욱 고소하고 맛있어요.

재료(2회)
순살 가자미 30g, 양파 20g, 당근 10g, 아스파라거스 10g

양념
다시마물 100ml, 파프리카 가루 1/4작은술, 된장 1/4작은술, 다진 마늘 1/4작은술, 참기름 1/8작은술, 깨 1/2꼬집

이렇게 요리하세요!

① 가자미는 흐르는 물에 가볍게 씻는다.

② 양파와 당근은 짧게 채썰고 아스파라거스는 필러로 줄기 부분의 껍질을 제거한 뒤 짧게 채썬다.

③ 냄비에 양념 재료를 넣어 섞은 후 ②를 넣고 그 위에 가자미를 올린다.

④ 뚜껑을 덮고 5분간 중불에서 팔팔 끓인다.

⑤ 가자미가 완전히 익으면 뚜껑을 열고 육수가 반으로 졸아들 때까지 끓인 후 불을 끈다.

- 가자미가 야채 위에 올라가 간이 완전히 배지 않을 수 있으니 육수를 계속해서 가자미 위에 끼얹으며 졸이세요.

가자미양배추찜

부드럽고 담백한 가자미를 양배추롤로 만들어 찜기에 쪘어요. 양배추의 달큰한 맛이 가자미에 배어 촉촉해요.

재료(2회)
순살 가자미 30g, 양배추 40g, 이쑤시개 여러 개

양념
소스(다시마물 1작은술+간장 1/4작은술+다진 파 1/4작은술+다진 마늘 1/4작은술+참기름 1/4작은술+깨 1/2꼬집)

이렇게 요리하세요!

① 양배추는 잎을 떼어 하나씩 씻은 후 끓는 물에 1분간 데쳐 부드럽게 만든다.

② 가자미는 흐르는 물에 가볍게 씻어 1cm 두께로 길게 썬다.

③ ①에 ②를 올리고 단단하게 말아 이쑤시개로 고정시킨다.

④ 물이 끓는 냄비에 찜기를 넣고 ③을 올린 뒤 뚜껑을 덮고 5분간 찐다.

⑤ 가자미가 완전히 익으면 꺼내어 한입 크기로 썬다.

⑥ 소스 재료를 모두 섞어 ⑤ 위에 뿌린다.

 가자미의 살은 약해서 쉽게 부서져요. 약간 얼어 있을 때 썰어야 양배추에 말기 쉬워요. 양배추는 완전히 부드럽게 익혀야 훨씬 맛있어요.

갈치콩나물찜

갈치와 아삭아삭한 콩나물을 함께 조리했어요. 아구찜과 비슷한 요리이지만 갈치로 조리하여 더욱 담백하고 고소하게 즐길 수 있어요.

재료 (2회)
순살 갈치 30g, 콩나물 40g, 양파 10g, 당근 10g

양념
다시마물 100ml, 양념(간장 1/8작은술＋소금 약간＋후추 약간＋다진 마늘 1/2작은술＋참기름 1/4작은술)

이렇게 요리하세요!

① 갈치는 흐르는 물에 가볍게 씻는다.

② 콩나물은 2cm 길이로 자르고 양파와 당근은 2cm 길이로 채썬다.

③ 냄비에 다시마물과 ②를 넣고 중불에 끓인다.

④ 야채가 완전히 익어 채즙이 나오면 양념과 갈치를 넣은 뒤 뚜껑을 덮고 중약불에 끓인다.

⑤ 갈치가 완전히 익으면 불을 끈다.

- 콩나물을 익힐 때 뚜껑을 열고 닫기를 반복하면 비린내가 날 수 있어요. 열고 익혔다면 계속 열고 익히고 닫고 익혔다면 계속 닫고 익혀주세요. 또한 콩나물을 너무 오래 익히면 질겨지기 때문에 적당히 익히는 것이 중요해요.

고사리돼지찜

변비 예방에 좋은 고사리와 함께 푹 쪄낸 고사리돼지찜이에요. 가쓰오부시육수를 넣어서 풍미가 2배랍니다. 고사리를 먹기 힘들어하는 아이에게 줄 때는 잘게 다져 조리하세요.

재료(2회)
다진 돼지고기 40g, 삶은 고사리 30g, 양파 10g, 배추 10g

양념
가쓰오부시육수 50ml, 간장 1/4작은술, 다진 마늘 1작은술, 참기름 1/4작은술, 깨 1/2꼬집

이렇게 요리하세요!

① 고사리는 1cm 길이로 자르고 끓는 물에 30분간 삶아 부드럽게 만든다.

② 양파와 배추는 2cm 길이로 채썬다.

③ 돼지고기는 겉면의 핏물을 닦는다.

④ 냄비에 가쓰오부시육수, 간장, 다진 마늘과 ③을 넣고 중불에 볶는다.

⑤ 돼지고기의 겉면이 익으면 ①, ②를 넣고 육수가 없어질 때까지 졸인다.

⑥ 전체 재료가 부드럽게 익으면 불을 끄고 참기름, 깨를 두르고 뒤섞는다.

- 고사리 특유의 향을 싫어하는 아이는 거부감을 느끼기 쉬워요. 처음에는 소량만 넣어 시도해본 뒤 아이가 잘 먹으면 양을 점차 늘려주세요.

곤드레소고기찜

칼슘과 철분이 풍부한 곤드레는 식감과 향 때문에 아이들에게 인기가 없어요. 그래서 아이들이 좋아하는 토마토와 치즈로 맛을 더했어요.

재료 (2회)
건곤드레나물 10g, 소고기 안심 40g, 시금치 20g, 토마토 1/4개, 아기 치즈 1/2장

양념
치킨스톡 50ml, 기름 1/4작은술, 소금 약간, 후추 약간

이렇게 요리하세요!

① 건곤드레는 10분간 따뜻한 물에 불린 후 2cm로 채 썰어 끓는 물에 30분간 삶는다.

② 소고기는 겉면의 핏물을 닦아내고 3×3mm 크기로 다진다.

③ 시금치는 2cm 길이로 자른다.

④ 토마토는 숭덩숭덩 잘라 치킨스톡과 함께 믹서에 간다.

⑤ 기름을 두른 냄비에 ②를 볶다가 겉면이 얼추 익으면 ①, ③, ④를 넣고 한 번씩 저어가며 끓인다.

⑥ 곤드레가 부드럽게 익으면 소금, 후추로 간을 하고 치즈를 넣고 저어가며 녹인 뒤 불을 끈다.

- 건곤드레는 완전히 부드럽게 삶아야 토마토소스가 잘 배요. 아이가 토마토의 껍질이 질겨 싫어한다면 십자로 칼집을 내 끓는 물에 살짝 데친 후 껍질을 제거하고 요리하세요.

깻잎찜

맛있는 특제 소스에 깻잎을 찌면 간편하고 맛있는 반찬이 완성돼요. 깻잎의 향긋함이 훨씬 더 느껴지는 메뉴예요.

재료(2회)
깻잎 6장

양념
다시마물 3큰술, 간장 1/4작은술, 다진 마늘 1/8작은술, 다진 파 1/8작은술, 참기름 1/4작은술, 깨 1/2꼬집

이렇게 요리하세요!

1. 깻잎은 흐르는 물에 한 장씩 깨끗하게 씻은 뒤 꼭지를 제거한다.
2. 양념 재료를 모두 섞고 ①을 한 장씩 펼쳐 양념을 묻힌 뒤 통에 차곡차곡 담는다.
3. 남은 양념을 ②에 부은 다음 랩을 씌워 작은 구멍을 만든 뒤 전자레인지에 1분 30초간 돌린다.

- 깻잎 크기나 전자레인지 성능에 따라 익히는 시간이 달라요. 1분 30초 정도 익혔는데도 온전히 익지 않았다면 시간을 추가하세요. 만든 후 냉장고에 넣어 시원하게 먹으면 맛있어요.

단호박꿀찜

베타카로틴이 풍부한 단호박에는 비타민과 식이섬유가 가득해요. 달달한 단호박은 그냥 먹어도 맛있지만 달콤한 꿀과 배즙을 곁들이면 더 맛있어요.

재료(2회)
단호박 70g

양념
배즙 1큰술, 꿀 1/8작은술, 파슬리 1꼬집

이렇게 요리하세요!

① 단호박은 깨끗이 씻고 반으로 잘라 씨를 제거한 뒤 전자레인지에 1분 30초간 돌린다.

② ①의 껍질을 제거하고 한 입 크기로 자른다.

③ 물이 끓는 냄비에 찜기를 넣고 ②를 올려 뚜껑을 덮고 익을 때까지 푹 찐다.

④ 단호박을 찌는 동안 배즙과 꿀을 섞는다.

⑤ ③을 그릇에 담고 ④를 골고루 뿌린다.

⑥ 파슬리를 뿌려 완성한다.

- 단호박 위에 꿀 소스를 고르게 뿌리세요. 아이가 단호박의 맛을 싫어하면 으깨서 소스와 섞어주는 것도 좋아요.

대하브로콜리찜

영양 만점 대하를 고소한 아기 치즈, 철분 가득한 브로콜리와 요리했어요. 버터에 볶아 더욱 풍미가 깊고 맛있어요.

재료(2회)
대하 30g, 브로콜리 40g, 아기 치즈 1/2장

양념
무염버터 1/4작은술, 치킨스톡 25ml, 우유 25ml, 소금 1/2꼬집, 후추 약간

이렇게 요리하세요!

① 대하는 머리와 껍질을 모두 제거하고 이쑤시개로 내장을 제거한 뒤 한입 크기로 자른다.

② 브로콜리는 물에 거꾸로 담가 흔들어 씻은 뒤 작은 나무 모양으로 자른다.

③ 버터를 녹인 팬에 ①을 넣고 중불에 볶다가 새우가 붉고 통통하게 익으면 ②를 넣고 계속 볶는다.

④ 브로콜리가 얼추 익으면 치킨스톡, 우유, 소금, 후추를 넣고 끓인다.

⑤ 전체적으로 끓으면 아기 치즈를 넣고 치즈가 완전히 녹을 때까지 저어가며 끓인 뒤 불을 끈다.

- 대하를 너무 오래 볶으면 육질이 질겨져요. 대하에는 이미 나트륨이 포함되어 있으니 소금을 많이 넣지 마세요.

돼지등뼈찜

돼지등뼈는 저렴하게 구입해서 맛있게 먹을 수 있어요. 아이가 뼈에 붙은 살을 뜯어먹는 재미를 쏠쏠하게 느낄 수 있어요. 아이가 어리면 먹기 좋게 살을 발라주세요.

재료(2회)
돼지등뼈 1덩이, 양파 20g, 양배추 10g, 대파 10g, 당면 10g

양념
생강즙 1작은술, 된장 1/4작은술, 양념(등뼈 삶은 물 120ml+간장 1/4작은술+파프리카 가루 1/2작은술+다진 마늘 1/2작은술), 참기름 1/8작은술, 깨 1/2꼬집

이렇게 요리하세요!

① 돼지등뼈는 찬물에 1시간 동안 담가 핏물을 뺀 뒤 흐르는 물에 깨끗하게 세척한다.

② 등뼈가 완전히 잠기도록 물을 붓고 겉면만 익도록 끓인 후 건져 한 번 더 찬물에 세척한다.

③ 냄비에 물 700ml를 넣어 등뼈가 완전히 잠기면 된장과 생강즙을 넣고 중불로 40분간 끓인다. 등뼈 삶은 물은 버리지 않는다.

④ 양파, 양배추, 대파는 2cm 길이로 가늘게 채썰고 당면은 따뜻한 물에 20분간 불려 짧게 자른다.

⑤ 냄비에 양념 재료를 모두 넣은 뒤 끓으면 ④의 야채를 넣고 저어가며 끓인다.

⑥ 야채가 거의 익으면 ④의 당면을 넣고 익을 때까지 계속 끓인다.

⑦ 다 익은 등뼈에서 살을 발라내 ⑥에 넣고 육수가 거의 졸아들 때까지 끼얹으며 끓인다.

- 돼지등뼈 살이 잘 떨어지도록 푹 삶으면 부드럽게 살을 발라낼 수 있어요. 등뼈를 삶고 살을 발라낼 때 날카로운 뼈 조각이 들어가지 않게 주의하세요.

명란숙주찜

짭쪼름하고 고소한 명란에 숙주를 곁들였어요. 심심한 숙주가 명란의 풍미로 가득 차 더욱 맛있어졌어요.

재료 (2회)
저염명란 1작은술, 숙주 40g, 청경채 20g

양념
다시마물 3큰술, 다진 마늘 1/2작은술, 참기름 1/4작은술, 깨 1/2꼬집

이렇게 요리하세요!

① 명란은 껍질을 제거하고 속살만 고르게 으깬다.

② 숙주는 2cm 길이로 자르고 청경채는 한 잎씩 떼어 2cm 길이로 채썬다.

③ 다시마물이 끓는 팬에 ①, ②, 다진 마늘을 넣고 중불에서 끓인다.

④ 육수가 거의 없어지면 불을 끄고 참기름, 깨를 둘러 마무리한다.

 • 양념에 너무 짜게 절여진 명란은 레시피 양의 반만 사용하는 것을 추천해요.

배추찜 & 양념

달큰한 배추를 찌면 맛있는 밥반찬으로 변신해요. 여기에 베리밥상의 특제 양념을 더한 배추찜은 근사한 요리가 된답니다.

재료(2회)
배추 50g

양념
다시마물 2큰술, 간장 1/4작은술, 다진 마늘 1/8작은술, 다진 파 1/8작은술, 참기름 1/8작은술, 깨 1꼬집

이렇게 요리하세요!

① 배추는 한 잎씩 떼어 씻은 뒤 2×2cm 크기로 자른다.

② 물이 끓는 냄비에 찜기를 올리고 배추를 가지런히 놓는다.

③ 뚜껑을 덮고 배추 줄기가 부드러워질 때까지 10분 정도 찐다.

④ 양념 재료를 모두 섞어 배추찜과 함께 낸다.

- 배추 대신 양배추를 찌면 '양배추찜&양념'이에요. 배추찜이 달큰하다면 양배추찜은 담백해요. 소화가 잘 안 되는 아이에게는 양배추찜이 좋아요.

부추마늘찜

우리 몸의 양기를 돋우는 따뜻한 성질을 가진 부추는 그냥 먹어도 맛있지만 마늘과 만나면 더욱 맛있어요. 억세지 않은 여린 부추로 우리 아이도 꼭꼭 씹어 잘 먹는 부추마늘찜을 만들어 보세요.

재료(2회)
부추 40g, 통마늘 2알

양념
다시마물 3큰술, 간장 1/4작은술, 다진 파 1/4작은술, 기름 1/4작은술, 참기름 1/4작은술, 깨 1/2꼬집

이렇게 요리하세요!

1. 부추는 줄기 부분을 깨끗하게 씻은 뒤 2cm 길이로 썬다.
2. 마늘은 꼭지를 제거하고 아주 얇게 편으로 썬다.
3. 기름을 두른 팬에 약불로 ②를 볶다가 충분히 익으면 부추를 넣는다.
4. 부추의 숨이 죽으면 다시마물과 간장, 다진 파를 넣고 저어가며 볶는다.
5. 육수가 거의 없어지면 불을 끄고 참기름과 깨를 둘러 마무리한다.

• 마늘이 덜 익으면 알싸한 맛이 남아 아이가 거부하거나 위통을 일으킬 수 있으니 잘 으깨질 정도로 충분히 익히세요.

브로콜리닭찜

닭찜에 브로콜리를 넣고 만든 요리예요. 닭의 맛있는 육수가 브로콜리와 만나 더 맛있어요. 닭이 주인공 같지만 사실 귀여운 브로콜리가 주인공이랍니다.

재료(2회)
닭고기 안심 40g, 브로콜리 30g, 양파 10g, 당근 10g, 당면 10g

양념
치킨스톡 120ml, 간장 1/4작은술, 파프리카 가루 1/4작은술, 다진 마늘 1/4작은술, 올리고당 1/8작은술, 참기름 1/4작은술

이렇게 요리하세요!

① 닭고기는 힘줄을 제거하고 겉면의 핏물을 닦은 뒤 1×1cm 크기로 깍둑썬다.

② 브로콜리는 물에 거꾸로 담가 흔들어 씻은 뒤 작은 나무 모양으로 자른다.

③ 양파, 당근은 1×1cm 크기로 깍둑썬다.

④ 당면은 따뜻한 물에 20분간 불린 뒤 가위로 잘게 자른다.

⑤ 냄비에 양념 재료를 섞어 넣고 끓으면 ①, ②, ③을 넣고 육수가 반으로 줄어들 때까지 끓인다.

⑥ 닭고기가 익으면 ④를 넣고 저어가며 당면이 부드럽게 익을 때까지 중약불에 끓인 뒤 불을 끈다.

- 당근은 단단한 야채라서 오랫동안 익혀야 해요. 당근이 다 익을 때까지 끓이면 다른 재료들도 충분히 익을 거예요. 만약 조리 시간을 줄이고 싶다면 당근을 더 납작하게 썰어주세요.

빨간소고기찜

소갈비는 핏물을 제거하는 시간이 많이 소요되지만 빨간소고기찜은 소고기 안심으로 빠르게 만들어 먹을 수 있어요.

재료(2회)
다진 소고기 안심 40g, 애호박 20g, 당근 10g, 양파 10g, 팽이버섯 10g

양념
다시마물 100ml, 간장 1/4작은술, 파프리카 가루 1/4작은술, 다진 마늘 1작은술, 깨 1꼬집

이렇게 요리하세요!

① 소고기는 겉면의 핏물을 닦아 준비한다.

② 애호박, 당근, 양파는 1×1cm 크기로 깍둑썰고, 팽이버섯은 1cm 길이로 자른다.

③ 냄비에 다시마물, 간장, 파프리카 가루, 다진 마늘을 넣고 끓으면 ①을 넣는다.

④ ③을 중불에 끓이다가 소고기 겉면이 익으면 ②를 넣고 육수가 거의 없어질 때까지 끓인다.

⑤ 전체 재료가 완전히 익으면 불을 끄고 깨를 뿌려 뒤섞는다.

빨간연근찜

아삭한 연근에 파프리카 가루로 색을 입히고 달큰한 양념으로 조리했어요. 그냥 연근조림과는 또 다른 매력이 있어요.

재료(2회)
연근 40g, 양파 20g

양념
소스(다시마물 100ml + 간장 1/4작은술 + 올리고당 1/8작은술 + 다진 마늘 1/4작은술 + 파프리카 가루 1/4작은술 + 참기름 1/4작은술 + 식초 1/4작은술)

이렇게 요리하세요!

① 연근은 껍질을 벗겨 얇게 썬 뒤 2×2cm 크기의 사각으로 자른다.

② ①을 식초물(식초 1/4작은술 + 물 300ml)에 20분간 담근 뒤 물에 헹궈 체에 받쳐둔다.

③ 양파는 2cm 길이로 가늘게 채썬다.

④ 냄비에 소스를 끓여 ②, ③을 넣고 육수가 거의 없어질 때까지 졸인다.

• 연근은 오래 끓여도 아삭아삭한 식감이 살아있으니 부드럽게 하려고 오래 끓일 필요가 없어요. 육수가 없어질 때까지만 끓이세요.

소고기양념장

소고기양념장은 최고의 밥도둑이에요. 베리가 입맛이 없을 때 소고기양념장을 만들어 밥에 얹어 주었더니 한 그릇 뚝딱했던 기억이 있어요.

재료 (2회)
소고기 불고기용 40g, 양파 20g, 느타리버섯 20g, 무 10g

양념
다시마물 2큰술, 된장 1/4작은술, 파프리카 가루 1/4작은술, 다진 파 1/4작은술, 참기름 1/4작은술, 깨 1꼬집

이렇게 요리하세요!

① 소고기는 겉면의 핏물을 닦아내고 잘게 다진다.

② 양파, 느타리버섯, 무도 잘게 다진다.

③ 팬에 다시마물을 넣고 중불에 ①을 볶다가 겉면이 익으면 ②를 넣고 볶는다.

④ 된장, 파프리카 가루, 다진 파를 넣고 전체가 고르게 섞이면 불을 끈다.

⑤ 참기름, 깨를 두르고 골고루 뒤섞는다.

 • 모든 재료가 어우러지게 볶아주세요. 완전히 다진 후 페이스트처럼 섞이면 잘 만들어진 거예요.

시금치간장찜

시금치를 사면 매번 나물, 국만 만들었어요. 그러다 문득 맛간장과 함께 요리해 봐야겠다는 생각에 개발한 메뉴예요. 유부의 고소한 기름과 시금치가 만나 더 맛있는 시금치 요리가 되었답니다.

재료(2회)
시금치 40g, 양파 20g, 유부 20g

양념
다시마물 50ml, 간장 1/4작은술, 다진 마늘 1/4작은술, 참기름 1/4작은술, 깨 1/2꼬집

이렇게 요리하세요!

① 시금치는 물에 담가 흔들어 씻은 뒤 2cm 길이로 썰고 양파도 동일한 길이로 채썬다.

② 유부는 작은 크기의 입자로 자른다.

③ 팬에 다시마물을 끓여 간장, 다진 마늘로 간을 한 뒤 ①, ②를 넣고 저어가며 볶는다.

④ 육수가 거의 없어지면 불을 끄고 참기름, 깨를 둘러 뒤섞는다.

• 시금치는 너무 오랫동안 끓이면 죽처럼 흐물흐물해져 나물의 식감이 없어지니 주의하세요.

애호박찜

애호박을 멸치육수에 넣어 찜을 만들었어요. 특별한 양념 없이도 애호박의 단맛과 멸치육수 베이스의 소스가 잘 어우러져 간단하지만 맛있는 찜 요리가 완성되었어요.

재료(2회)
애호박 40g, 팽이버섯 20g, 당근 10g

양념
소스(멸치육수 100ml + 파프리카 가루 1/4작은술 + 간장 1/4작은술 + 다진 파 1/4작은술 + 참기름 1/4작은술)

이렇게 요리하세요!

① 애호박과 당근은 1×1cm 크기로 깍둑썬다.

② 팽이버섯은 1cm 길이로 자른다.

③ 냄비에 소스 재료를 넣고 섞은 뒤 끓인다.

④ ①, ②를 넣고 뚜껑을 덮어 약불에서 재료가 충분히 익을 때까지 끓인 뒤 불을 끈다.

- 뚜껑을 덮어서 증기로 푹 찌는 것이 좋아요. 당근이 다 익을 때까지 뚜껑을 열지 않고 충분히 익혀야 육수의 향이 채소에 배어요. 소고기나 돼지고기를 넣어 함께 쪄도 맛있어요.

야채찜닭

찜닭은 베리네가 자주 해 먹는 메뉴예요. 다양한 야채를 넣으면 더욱 맛있어져요. 냉장고에 있는 야채들을 자유롭게 추가해 요리하세요.

재료 (2회)
닭다리살 40g, 양파 10g, 당근 10g, 애호박 10g, 양송이버섯 10g, 당면 10g

양념
생강즙 1/2작은술, 소스(치킨스톡 120ml, 간장 1/4작은술＋올리고당 1/8작은술＋파프리카 가루 1/4작은술), 다진 마늘 1/4작은술, 다진 파 1/4작은술

이렇게 요리하세요!

① 닭다리살은 힘줄과 지방을 제거하고 1×1cm 크기로 깍둑썰어 생강즙과 버무린다.

② 양파, 당근, 애호박, 양송이버섯은 1×1cm 크기로 깍둑썬다.

③ 당면은 따뜻한 물에 20분간 불린 뒤 가위로 짧게 자른다.

④ 움푹한 팬에 소스 재료를 넣고 끓어오르면 ①, ②를 넣고 중불에 팔팔 끓인다.

⑤ 닭다리살이 완전히 익으면 ③, 다진 마늘, 다진 파를 넣고 한소끔 더 끓인다.

⑥ 당면이 부드럽게 익고 육수가 반으로 졸아들면 불을 끈다.

- 닭다리살의 노란 지방은 꼭 제거하세요. 노란 지방에서 흔히 말하는 닭비린내가 나거든요.
- 당면이 익는 과정에서 육수가 줄어들어 팬에 눌어붙으면 치킨스톡을 추가해가며 끓이세요.

양념연두부

베리는 연두부를 '푸딩두부'라고 불러요. 연두부에 짭조름한 양념을 얹어 간단히 만들어주면 더 달라고 하는 맛있는 메뉴예요.

재료(2회)
연두부 50g

양념
다시마물 1/2큰술, 간장 1작은술, 간 무 1작은술, 다진 마늘 1/8작은술, 다진 파 1/8작은술, 참기름 1/4작은술, 깨 1/2꼬집

이렇게 요리하세요!

① 연두부를 물에 가볍게 헹군 뒤 끓는 물에 3분간 따뜻하게 데친다.

② 볼에 양념 재료를 넣고 섞어 20분간 숙성한다.

③ 연두부를 그릇에 담고 양념을 올린다.

- 연두부를 포장지에서 꺼낼 때 부서지지 않도록 조심하세요. 연두부가 부서지면 물이 많이 생겨 모양이 좋지 않아요. 연두부가 예쁘게 꺼내지지 않으면 큰 숟가락으로 푹푹 퍼서 그릇에 올리면 쉬워요.

양배추소고기찜

식이섬유와 비타민이 많은 양배추와 소고기를 활용해서 만든 메뉴예요. 양배추를 좋아하지 않는 아이들도 맛있게 먹어요.

재료(2회)
양배추 큰 잎 2장, 소고기 불고기용 40g, 이쑤시개 여러 개

양념
치킨스톡 1큰술, 소금 약간, 후추 약간, 기름 1/4작은술, 소스(간장 1/4작은술+다진 마늘 1/4작은술+참기름 1/4작은술+깨 1/2꼬집)

이렇게 요리하세요!

① 소고기는 겉면의 핏물을 닦아내고 짧게 채썬다.

② 양배추 잎은 끓는 물에 부드럽게 데친다.

③ 기름을 두른 팬에 ①을 넣고 중불에 골고루 볶는다.

④ ②에 ③을 올리고 단단하게 말아 이쑤시개로 고정시킨다.

⑤ ④를 한입 크기로 썬다.

⑥ 소스 재료를 모두 섞어 ⑤ 위에 뿌린다.

- 양배추를 너무 오래 데치면 롤을 만들 때 부서질 수 있어요. 재료를 넣고 말 수 있는 정도의 부드러움이면 충분해요. 롤을 고정할 때 굵은 꼬치보다 얇은 이쑤시개를 사용해야 양배추가 갈라지거나 찢어지지 않아요.

양파닭봉찜

닭봉을 보통 구이나 조림으로만 먹는데 새롭게 찜으로 만들어 볼게요. 닭봉을 맛있는 양념에 숙성시키고 양파의 달큰한 맛을 입혔어요.

재료 (2회)
닭봉 4개, 양파 40g

양념
생강즙 1/2작은술, 소스 (치킨스톡 120ml + 무염버터 1/4작은술 + 소금 1/2꼬집 + 후추 약간 + 다진 마늘 1/4작은술 + 올리고당 1/8작은술)

이렇게 요리하세요!

1. 닭봉은 두꺼운 부분에 칼집을 낸 뒤 생강즙에 버무려 20분간 냉장 숙성한다.
2. 양파는 가늘게 채썬다.
3. 냄비에 ②를 펼치고 소스 재료를 섞어 넣는다.
4. ③에 ①을 올리고 뚜껑을 덮어 약불에 끓인다.
5. 20~25분간 천천히 익힌 뒤 닭봉이 완전히 익으면 불을 끈다.

- 끓는점 이하의 온도에서 양파에서 나오는 수분으로 닭봉을 찌기 때문에 조리 시간이 길어요. 이러한 방식을 포칭poaching이라고 하는데, 70~80℃에서 천천히 조리해 식재료가 부드러워지고 향이 날아가지 않아요. 포칭을 할 때 조리 시간을 단축하고 싶다면 두터운 닭살 부분은 칼집을 내주세요.

청포묵&양념

청포묵은 물에 데치면 반투명하게 바뀌며 쫀득하고 부드러워져요. 도토리묵은 쓴맛이 있지만 청포묵은 쓴맛이 없고 젤리 같은 식감 때문에 아이들도 곧잘 먹어요.

재료(2회)
청포묵 60g, 양파 10g

양념
다시마물 2큰술, 간장 1/4작은술, 다진 마늘 1/8작은술, 참기름 1/4작은술, 들깨가루 1/4작은술

이렇게 요리하세요!

① 청포묵은 흐르는 물에 가볍게 헹군 뒤 5mm 두께, 1×1cm 크기의 사각으로 자른다.

② 양파는 잘게 다진다.

③ 끓는 물에 ①을 1분간 데친 후 찬물에 헹군다.

④ 양념 재료와 ②를 섞은 뒤 ③과 함께 낸다.

 • 청포묵을 너무 오래 데치면 모서리 부분이 부서지니 반투명해지면 바로 건져 찬물에 헹구세요.

팽이버섯찜

가성비 좋은 팽이버섯은 활용도도 높아요. 간단한 양념만 해줘도 근사한 요리가 된답니다. 씹는 식감이 좋은 팽이버섯찜을 만들어 보세요.

재료 (2회)
팽이버섯 40g, 양파 20g, 통마늘 2알

양념
멸치육수 100ml, 간장 1/4작은술, 레몬즙 2방울, 다진 파 1/4작은술, 참기름 1/4작은술, 깨 1꼬집

이렇게 요리하세요!

① 팽이버섯은 2cm 길이로 자르고 양파는 2cm 길이로 채썬다.

② 통마늘은 꼭지를 제거하고 편으로 얇게 썬다.

③ 팬에 멸치육수, 간장, 레몬즙, 다진 파를 넣고 끓으면 ①, ②를 넣고 중불에 계속 끓인다.

④ 육수가 거의 없어지면 불을 끄고 참기름과 깨를 둘러 뒤섞는다.

- 팽이버섯은 깔끔하게 밑동을 자르고 손으로 찢어 조리해요. 생으로 먹으면 식중독에 걸릴 수 있으니 꼭 익혀서 사용하세요.

피망소고기찜

피망 안에 짭조름한 소고기를 꽉 꽉 눌러 채운 일식 요리예요. 촉촉한 고기가 들어 있어 피망을 싫어하는 아이들도 잘 먹어요.

재료 (2회)
피망 40g, 다진 소고기 안심 40g

양념
가쓰오부시육수 50ml, 소고기 양념(간장 1/4작은술 + 다진 마늘 1/4작은술 + 참기름 1/4작은술 + 깨 1/2꼬집), 부침가루 1큰술

이렇게 요리하세요!

① 피망은 속을 제거하고 움푹 파인 모양이 살도록 잘라 안쪽에 부침가루를 골고루 묻힌다.

② 소고기는 겉면의 핏물을 닦아내고 소고기 양념을 넣고 버무린다.

③ ①에 ②를 꾹꾹 눌러 채운다.

④ 냄비에 가쓰오부시육수를 넣고 ③을 피망이 아래로 가도록 놓는다.

⑤ 뚜껑을 덮고 중불에서 푹 찐다.

⑥ 소고기가 완전히 익으면 불을 끈다.

- 소고기 반죽이 빠지지 않도록 부침가루를 고루 묻히는 것이 중요해요. 피망 대신 파프리카로 만들어도 상큼하고 맛있어요.

호박소고기찜

늙은호박은 너무 크고 손질이 어려워 반찬으로 해먹기 힘들지만 맛에 한번 빠지면 또 먹고 싶어져요. 달콤한 맛을 어른도 아이도 좋아한답니다.

재료 (2회)
늙은호박 50g, 다진 소고기 안심 40g, 표고버섯 20g

양념
가쓰오부시육수 100ml, 간장 1/4작은술, 간 양파 3큰술, 다진 마늘 1/4작은술, 다진 파 1/4작은술, 참기름 1/4작은술, 깨 1꼬집

이렇게 요리하세요!

① 늙은호박은 껍질을 제거하고 1×1cm 크기로 깍둑 썬다.

② 소고기는 겉면의 핏물을 닦아낸다.

③ 표고버섯은 기둥을 제거하고 1×1cm 크기로 깍둑 썬다.

④ 냄비에 가쓰오부시육수, 간장, 간 양파, 다진 마늘, 다진 파를 넣고 끓으면 ①, ②, ③을 넣고 끓인다.

⑤ 소고기가 완전히 익고 육수가 반으로 줄면 불을 끄고 참기름과 깨를 둘러 뒤섞는다.

- 늙은호박은 익는 데 시간이 걸리니 한 번 쪄낸 후 조리해도 괜찮아요. 완전히 익으면 쉽게 부서지니 반만 익히는 게 좋아요. 호박 모양에 거부감이 있는 아이에게 만들어 줄 경우에는 으깬 뒤 마지막에 넣고 섞으세요.

PART 10

바삭한 전과 튀김

가지깐풍기

가지를 싫어하는 베리아빠도 반한 메뉴예요. 가지의 물컹한 식감을 좋아하지 않는 가족이 있다면 맛보여 주세요.

재료(2회)
가지 50g, 양파 20g, 당근 10g

양념
튀김가루 3큰술, 기름 넉넉히, 다진 파 1/4작은술, 소스(치킨스톡 50ml+간장 1/4작은술+레몬즙 1/8작은술+올리고당 1/8작은술+다진 마늘 1/4작은술), 전분물(전분 1/4작은술+물 1/4작은술)

이렇게 요리하세요!

1. 가지는 4등분해 1cm 길이로 자른 뒤 튀김가루 1큰술을 골고루 묻힌다.
2. 양파와 당근은 작은 입자로 다진다.
3. 튀김가루 2큰술에 물 3.5큰술을 갠다.
4. 기름을 넉넉히 두른 팬을 170℃로 달군다.
5. ①을 ③의 반죽에 묻히고 ④에 넣어 튀긴다.
6. 겉면이 노릇하게 익으면 키친타월에 올려 기름을 뺀다.
7. 새로운 팬에 기름을 두르고 ②, 다진 파를 볶다가 얼추 익으면 소스 재료를 넣고 끓인다.
8. ⑦에 전분물을 넣고 잘 저어 소스를 만든다.
9. 튀긴 가지 위에 ⑧을 둘러 완성한다.

- 소스를 너무 많이 뿌리면 가지 튀김이 눅눅해질 수 있어요. 바삭한 식감을 원하면 전분을 넣지 않고 ⑦의 소스가 반이 될 때까지 졸인 후 팬 위에서 튀긴 가지와 섞어주세요.

가지전

가지 껍질은 항산화 효과가 있는 안토시아닌 성분이 풍부하고 가지 속살은 수분이 가득해요. 부침가루 옷을 입혀 바삭하게 구워주면 평소 가지를 좋아하지 않는 아이도 맛있게 잘 먹어요.

재료(2회)
가지 40g

양념
부침가루 3큰술, 다시마물 3.5큰술, 소금 1/2꼬집, 다진 파 1/4작은술, 기름 1/2작은술

이렇게 요리하세요!

① 가지는 5mm 두께로 어슷 썬 뒤 부침가루 1큰술을 골고루 묻힌다.

② 부침가루 2큰술에 다시마물을 갠 뒤 소금, 다진 파를 넣고 잘 섞는다.

③ ①을 ②의 반죽에 얇게 묻힌다.

④ 기름을 두른 팬을 약불에 달구고 ③을 굽는다.

⑤ 가지의 앞뒤가 노릇하게 구워지면 불을 끈다.

- 가지는 겉면이 매끄러워 반죽이 잘 묻지 않고, 굽거나 튀길 때 반죽옷이 잘 벗겨져요. 가지의 수분이 약간 남아있을 때 먼저 튀김가루를 소량 묻히면 반죽옷이 벗겨지지 않아요. 또한 반죽옷을 묻힌 후 바로 조리하는 게 좋아요.

가지튀김

아이가 가지를 좋아하지 않는다면 꼭 가지튀김을 해주세요. 가지를 좋아하지 않던 베리도 맛있다며 '엄지 척' 했던 메뉴예요.

재료(2회)
가지 40g

양념
소스(마요네즈 1/2작은술+생크림 1작은술+올리고당 1/8작은술+레몬즙 1/8작은술+파슬리 1/2꼬집), 기름 넉넉히, 튀김가루 2큰술, 소금 약간, 후추 약간

이렇게 요리하세요!

① 가지는 4등분해 1cm 길이로 자른다.

② 튀김가루에 물 3.5큰술을 갠 뒤 소금, 후추를 넣고 섞는다.

③ 팬에 기름을 넉넉히 두르고 온도가 170℃가 되면 ①을 ②에 묻혀 튀긴다.

④ 중약불에 노릇하게 튀기고 체에 밭쳐 기름을 뺀다.

⑤ 소스 재료를 모두 섞은 뒤 ④와 함께 낸다.

• 가지는 겉면이 매끄러워 반죽이 잘 묻지 않고, 굽거나 튀길 때 반죽옷이 잘 벗겨져요. 가지의 수분이 약간 남아있을 때 먼저 튀김가루를 소량 묻히면 반죽옷이 벗겨지지 않아요. 또한 반죽옷을 묻힌 후 바로 조리하는 게 좋아요.

고구마달걀전

비타민이 가득한 고구마와 달걀이 만나 더욱 맛있고 건강해요. 고구마만으로도 맛있지만 달걀옷을 입으면 더 맛있어져요.

재료 (2회)
고구마 50g, 달걀 1개

양념
소금 1/2꼬집, 올리고당 1/8작은술, 기름 1/4작은술

이렇게 요리하세요!

① 고구마는 껍질을 제거하고 2cm 길이로 가늘게 채 썬다.

② 달걀을 풀어 소금, 올리고당을 넣고 휘젓는다.

③ ①, ②를 골고루 섞는다.

④ 기름을 두른 팬에 ③을 한 숟가락씩 떠서 약불에 노릇하게 굽는다.

⑤ 앞뒤로 뒤집어가며 굽다가 고구마가 노릇하게 익으면 불을 끈다.

- 고구마는 밀도가 높아 쉽게 익지 않아요. 아이가 덜 익은 고구마를 먹게 되면 아삭거리고 단맛도 높지 않아 거부감을 느낄 수 있어요. 충분히 익히기 어렵다면 고구마를 끓는 물에 데친 후 달걀물과 섞어 전을 만드는 것도 좋아요.

고구마맛탕

고구마를 달달하게 졸여 자꾸만 손이 가는 고구마맛탕이에요. 달콤하고 부드러워 아이들이 고구마 요리 중 가장 맛있어하는 메뉴로 손꼽힌답니다.

재료(2회)
고구마 50g

양념
기름 넉넉히, 배즙 3큰술, 올리고당 1/8 작은술, 검은 깨 1/2꼬집

이렇게 요리하세요!

① 고구마는 껍질을 제거하고 1×1cm 크기로 깍둑썬다.

② 팬에 기름을 넉넉히 두르고 온도가 160℃가 되면 중약불로 고구마 겉면을 노릇하게 튀긴다.

③ 고구마를 키친타월에 올려 기름을 뺀다.

④ 새로운 팬에 배즙, 올리고당을 넣고 졸이다가 농도가 생기면 ③을 넣고 함께 졸인다.

⑤ 불을 끄고 깨를 뿌려 뒤섞는다.

- 고구마는 너무 오래 튀기면 딱딱해져요. 노릇한 느낌이 들면 건져서 잔열로 마저 익히세요.

고구마줄기전

고구마줄기는 손질이 까다롭지만 맛있고 건강한 식재료예요. 향이 특별한 고구마줄기가 달걀의 고소함과 만나 더욱 맛있어요. 노릇하게 구운 고구마줄기전은 베리도 순식간에 먹어치워요.

재료(2회)
고구마줄기(순) 40g, 달걀 1개

양념
가쓰오부시육수 1큰술, 간장 1/4작은술, 다진 파 1/4작은술, 기름 1/4작은술

이렇게 요리하세요!

1. 고구마줄기는 물에 흔들어 깨끗하게 씻은 뒤 툭툭 부러트려 껍질을 제거한다.

2. ①을 2cm 길이로 자르고 끓는 물에 10분간 삶은 뒤 건진다.

3. 달걀물을 만들어 가쓰오부시육수, 간장, 다진 파로 간을 하고 ②를 넣은 뒤 섞는다.

4. 기름을 두른 팬에 ③을 반 숟가락씩 떠서 중약불로 노릇하게 굽는다.

- 고구마줄기는 8~10월이 제철이에요. 제철이 아니라 구입하기 힘들면 건조된 고구마순을 사용하세요. 맛도 비슷하고 보관이 쉬워요. 대신 충분히 불린 후 부드러워질 때까지 오랜 시간 삶아야 해요.

고구마팬케이크

믹서에 갈아 아주 부드러워진 고구마를 우유와 반죽해 아침 식사로 먹기 좋은 팬케이크를 만들었어요. 메이플 시럽이나 연유를 올려 먹어요.

재료(2회)
고구마 50g

양념
소금 1/2꼬집, 우유 3.5큰술, 밀가루 2큰술, 올리고당 1/8작은술, 기름 1/4작은술

이렇게 요리하세요!

① 고구마는 껍질을 깨끗하게 씻어 양끝을 자른다.

② 냄비에 고구마의 절반 높이로 물을 채운 뒤 소금을 넣고 중불에 15~20분간 삶는다.

③ 고구마를 건져 껍질을 벗기고 우유와 함께 믹서에 넣어 부드럽게 간다.

④ ③에 밀가루를 섞은 뒤 올리고당을 넣고 전체가 부드럽게 섞이도록 젓는다.

⑤ 기름을 두른 팬에 ④를 한 숟가락씩 떠서 중약불로 노릇하게 굽는다.

 • 고구마의 수분이 많으면 우유 양을 조절하세요. 고구마를 너무 많이 갈아도 수분이 많아져요.

고사리전

고사리는 칼륨과 인이 풍부한 식재료예요. 고사리 특유의 향을 싫어하는 아이도 맛있게 먹을 수 있도록 양념을 했어요.

재료(2회)
삶은 고사리 30g, 양파 20g

양념
부침가루 2큰술, 가쓰오부시육수 3.5큰술, 간장 1/4작은술, 올리고당 1/8작은술, 기름 1/2작은술

이렇게 요리하세요!

① 고사리는 1cm 길이로 잘게 자른 뒤 끓는 물에 30분간 삶는다.

② 고사리가 부드러워지면 체에 밭쳐 물기를 뺀다.

③ 양파는 1cm 길이로 가늘게 채썬다.

④ 부침가루에 가쓰오부시육수를 넣어 갠 뒤 간장, 올리고당으로 간을 한다.

⑤ ④에 ①, ②를 넣고 잘 섞는다.

⑥ 기름을 두른 팬에 ⑤를 한 숟가락씩 떠서 약불로 노릇하게 굽는다.

• 고사리는 시중에서 건고사리, 익힌 고사리, 불린 고사리 등 다양한 형태로 판매해요. 건고사리는 불리고 삶는 시간이 오래 걸려요. 익히거나 불린 고사리를 선택해야 쉽게 요리할 수 있어요.

굴전

굴은 칼슘이 많아 바다의 우유라고 불려요. 신선한 제철의 굴에 달걀물을 입혀 고소하고 부드럽게 부쳤어요. 굴의 비린내를 좋아하지 않는 아이도 잘 먹어요.

재료(2회)
굴 6알, 달걀 1개

양념
다진 파 1작은술, 기름 1/4작은술

이렇게 요리하세요!

① 굴은 흐르는 물에 깨끗하게 씻고 껍질이 있는지 살살 만지며 확인한다.

② 달걀물을 만들고 다진 파를 섞는다.

③ ①을 ②에 묻혀 기름을 두른 팬에 약불로 노릇하게 굽는다.

④ 굴의 속까지 완전히 익힌 후 불을 끈다.

- 봉지에 담긴 깨끗한 굴에도 이물질과 껍질이 섞여 있어요. 물에 담가 흔들어 이물질을 제거하고 흐르는 물에 다시 한번 헹구어 준비하세요.

깻잎전

철분이 가득한 깻잎을 더욱 맛있게 먹을 수 있는 깻잎전이에요. 깻잎의 강한 향을 좋아하지 않는 아이들도 전으로 부쳐주면 맛있게 먹어요.

재료(2회)
깻잎 4장, 소불고기 40g, 당면 10g, 당근 10g

양념
양념(간장 1/4작은술+올리고당 1/8작은술+다진 마늘 1/8작은술+다진 파 1/8작은술+참기름 1/8작은술+깨 1/2꼬집), 부침가루 3큰술, 다시마물 3.5큰술, 기름 1/2작은술

이렇게 요리하세요!

① 깻잎은 흐르는 물에 한 장씩 깨끗하게 씻은 뒤 안쪽에 부침가루 1큰술을 고르게 묻힌다.

② 당면은 따뜻한 물에 20분간 불린 뒤 잘게 잘라 끓는 물에 부드럽게 삶는다.

③ 당근은 짧게 채썰고, 소고기는 핏물을 닦아내고 채썬다.

④ 볼에 ②, ③을 넣은 뒤 양념과 함께 버무린다.

⑤ ④를 깻잎의 부침가루 바른쪽에 펴바르고 반으로 접는다.

⑥ 부침가루 2큰술에 다시마물을 갠 뒤 ⑤를 담가 반죽을 입힌다.

⑦ 기름을 두른 팬에 ⑥을 하나씩 올려 약불에 노릇하게 굽는다.

- 크기가 비슷한 깻잎이 전으로 부쳤을 때 예쁘게 완성돼요. 너무 크지 않은 깻잎을 사용해야 속이 과도하게 들어가지 않고 구울 때 안쪽까지 고르게 잘 익어요.

납작닭동그랑땡

쫄깃한 닭다리살을 양념하여 납작한 닭동그랑땡을 만들었어요. 돼지고기를 넣은 동그랑땡도 맛있지만 닭고기로 만들면 더욱 고소하고 담백해요.

재료 (2회)
닭다리살 40g, 양파 10g, 양송이버섯 10g, 당근 10g, 달걀 1개

양념
간장 1/4작은술, 다진 파 1/4작은술, 참기름 1/4작은술, 깨 1꼬집, 기름 1/4작은술

이렇게 요리하세요!

① 닭다리살은 과도한 지방과 힘줄을 제거하고 핏물을 닦은 뒤 곱게 다진다.

② 양파, 양송이버섯, 당근은 곱게 다진다.

③ 볼에 ①, ②와 섞은 양념을 넣고 한덩어리가 되도록 치댄다.

④ 반죽을 새끼손가락 한마디 크기만큼 뭉쳐 동글납작하게 만든다.

⑤ 달걀물을 만들어 ④를 골고루 묻힌다.

⑥ 기름을 두른 팬을 달구고 ⑤를 올려 약불로 노릇하게 굽는다.

- 닭다리살에 힘줄이 섞여 있으면 다져도 식감이 좋지 않아요. 흰 줄처럼 보이는 힘줄은 뽑거나 완전히 잘라 제거하세요.
- 야채는 최대한 잘게 다져야 반죽이 잘 뭉쳐요. 최대한 가늘게 다져 단단한 동그랑땡을 만들어 보세요.

누른애호박전

냉장고 속 흔한 식재료인 애호박으로 다양한 요리를 만들 수 있어요. 애호박의 새로운 변신, 누른애호박전은 별미랍니다.

재료(2회)
애호박 40g, 달걀 1개

양념
멸치육수 50ml, 기름 1/4작은술, 간장 1/4작은술, 레몬즙 1방울

이렇게 요리하세요!

1. 애호박은 짧게 채썬다.
2. 냄비에 멸치육수를 넣고 끓으면 ①을 넣고 완전히 무를 때까지 끓인다.
3. 육수가 없어질 때까지 끓인 후 건져 완전히 으깬다.
4. 달걀물을 만들어 ③과 잘 섞는다.
5. 기름을 두른 팬에 ④를 한 숟가락씩 떠서 중불에 노릇하게 굽는다.
6. 간장과 레몬즙을 섞은 후 함께 낸다.

- 멸치육수가 모두 없어질 때까지 볶으면 애호박에 멸치육수가 배어 더 맛있어요. 멸치육수 대신 치킨 스톡을 사용해도 괜찮아요.

느타리버섯전

느타리버섯은 어떤 반찬으로 만들어도 맛있어요. 향이 강하지 않아 버섯을 좋아하지 않는 아이도 잘 먹어요. 아이가 느타리버섯을 좋아하지 않으면 잘게 찢어 느타리버섯전을 만들어 보세요.

재료(2회)
느타리버섯 40g, 당근 20g

양념
치킨스톡 3.5큰술, 부침가루 2큰술, 간장 1/4작은술, 기름 1/4작은술

이렇게 요리하세요!

① 느타리버섯은 밑동을 자르고 손으로 잘게 찢어 2cm 길이로 자른다.

② 당근은 숭덩숭덩 자른 뒤 치킨스톡과 함께 믹서에 간다.

③ 볼에 ①, ②와 부침가루를 넣고 뭉치는 가루가 없도록 섞는다.

④ 간장을 넣어 간을 맞춘다.

⑤ 기름을 두른 팬을 달구고 반죽을 한 숟가락씩 떠서 약불로 노릇하게 굽는다.

- 버섯을 숭덩숭덩 잘라 넣으면 반죽의 표면이 고르지 않아 구울 때 완전히 익지 않을 수 있어요. 잘게 찢어 준비해야 반죽이 더 고르답니다.

다시두부튀김

고소한 두부튀김에 맛간장을 얹어 만들었어요. 두부는 부드러워 아이들이 좋아하고, 얇은 튀김옷을 입혀 느끼하지 않아요. 간단하면서도 근사한 한 끼 메뉴예요.

재료(2회)
연두부 50g

양념
전분 2큰술, 기름 넉넉히, 다시육수(가쓰오부시육수 100㎖+간장 1/4작은술+간 무 1큰술+다진 파 1/4작은술+올리고당 1/8작은술+참기름 1/8작은술)

이렇게 요리하세요!

1. 연두부는 모양대로 꺼내어 가볍게 씻은 뒤 전분을 묻힌다.

2. 팬에 기름을 넉넉히 두르고 170℃가 되면 ①을 부서지지 않도록 올리고 약불로 노릇하게 굽는다.

3. 두부가 전체적으로 바삭해지면 키친타월에 올려 기름을 뺀다.

4. 냄비에 다시육수 재료를 한소끔 끓인 뒤 불을 끈다.

5. 그릇에 ④를 넣고 ③을 얹어 낸다.

- 연두부는 부드러워 쉽게 부서져요. 다시두부튀김은 연두부를 덩어리진채 튀겨야 맛있으니 부서진 연두부는 사용하지 않도록 해요. 또한 전분을 묻힌 후 오랫동안 방치하면 찹쌀처럼 진득해져 연두부가 부서지기 쉬우니 전분을 묻힌 즉시 튀기세요.

당근전

비타민이 가득한 당근을 더욱 고소하고 부드럽게 즐길 수 있는 메뉴예요. 당근을 좋아하지 않는 아이도 잘 먹으니 당근을 싫어하는 아이에게도 꼭 맛보여 주세요.

재료(2회)
당근 40g

양념
부침가루 2큰술, 치킨스톡 3.5큰술, 올리고당 1/8작은술, 기름 1/4작은술

이렇게 요리하세요!

① 당근은 숭덩숭덩 잘라 끓는 물에 부드럽게 삶는다.

② ①을 믹서에 넣고 치킨스톡과 함께 곱게 간다.

③ 볼에 부침가루와 ②를 섞어 반죽을 만든 뒤 올리고당을 넣고 섞는다.

④ 기름을 두른 팬에 ③을 한 숟가락씩 떠서 중불에 노릇하게 굽는다.

- 당근이 완전히 익지 않으면 믹서에 갈았을 때 덩어리가 남고, 전을 부칠 때 반죽이 고르게 익지 않아요. 푹 익혀 치킨스톡과 함께 아주 곱게 갈아주세요. 푹 삶아지지 않은 경우 체에 걸러 덩어리를 제거하고 사용하세요.

동그랑땡

고기를 잘 안 먹는 아이들도 부드럽게 다진 고기와 양념으로 만든 동그랑땡은 좋아해요. 베리가 처음 고기를 거부했을 때 고기를 먹이려고 만든 동그랑땡 레시피를 소개할게요.

재료(2회)
다진 돼지고기 80g, 양송이버섯 10g, 당근 10g, 연근 10g, 달걀 1개

양념
양념(밀가루 1큰술+간장 1/4작은술+참기름 1/4작은술+다진 파 1/4작은술+다진 마늘 1/4작은술), 기름 1작은술

이렇게 요리하세요!

1. 돼지고기는 겉면의 핏물을 닦아내고 볼에 넣는다.
2. 양송이버섯, 당근, 연근은 아주 잘게 다져 ①에 넣고 양념을 추가한다.
3. 반죽을 치댄 뒤 엄지손가락 한마디 크기만큼 뭉쳐 둥글납작하게 만든다.
4. 달걀물을 만들어 ③을 골고루 묻힌다.
5. 기름을 두른 팬을 달구고 ④를 올려 약불에 노릇하게 굽는다.

- 다진 돼지고기를 더 부드럽게 먹고 싶다면 거품기로 마구 저어보세요. 기계에서 갈려 나온 형태가 무너지고 밀가루 반죽처럼 부드럽게 될 거예요. 부드러운 돼지고기로 반죽을 하면 아이들이 더 좋아한답니다.

무순전

비타민A와 섬유소가 풍부한 무순은 보통 음식을 화려하게 장식하는 역할을 하는데, 무순을 메인으로 사용해도 충분히 풍부한 맛을 낼 수 있답니다. 예쁜 색의 당근과 무순의 조화는 아이들도 반할 거예요.

재료(2회)
무순 40g, 당근 20g

양념
다시마물 3.5큰술, 부침가루 2큰술, 소금 약간, 올리고당 1/8작은술, 기름 1/2작은술

이렇게 요리하세요!

① 무순은 물에 가볍게 씻은 뒤 1cm 길이로 자른다.

② 당근은 얇게 썰어 믹서에 넣고 다시마물과 함께 곱게 간다.

③ 볼에 부침가루와 ②를 섞어 반죽을 만든다.

④ 소금과 올리고당으로 간을 한 뒤 ①을 넣어 고르게 섞는다.

⑤ 기름을 두른 팬에 ④를 한 숟가락씩 떠서 약불로 노릇하게 굽는다.

• 무순은 쓴맛 때문에 올리고당이나 꿀을 꼭 넣어요. 무순을 처음 먹어보는 아이라면 우선 조금만 넣어 반응을 보고 양을 점차 늘리세요. 무순의 잎을 전 위에 장식해도 좋아요.

배추전

배추는 전으로 부쳤을 때 가장 맛있는 것 같아요. 배추전은 베리맘도 베리도 너무 좋아해요. 고소하고 달짝지근한 맛이 간식이나 반찬으로 잘 어울려요.

재료 (2회)
배추 40g, 당근 20g

양념
부침가루 2큰술, 다시마물 3.5큰술, 기름 1/4작은술, 소스(다시마물 1큰술+간장 1/8작은술+레몬즙 1/4작은술+참기름 1/4작은술+깨 1/2꼬집)

이렇게 요리하세요!

1. 배추는 한 잎씩 떼어 씻은 뒤 2cm 길이로 채썬다.
2. 당근은 2cm 길이로 가늘게 채썬다.
3. 부침가루에 다시마물을 갠 뒤 ①, ②와 섞는다.
4. 기름을 두른 팬에 ③을 사각형 모양으로 얇게 편다.
5. 중약불에서 노릇하게 익힌 뒤 한입 크기로 자른다.
6. 소스 재료를 섞은 뒤 함께 낸다.

- 배추는 줄기 부분이 잘 익지 않으니 아주 곱게 채써는 것을 추천해요. 줄기가 안 익는다고 오래 굽다가 반죽이 타지 않도록 주의하세요.

부추전

부추는 칼륨이 풍부해서 나트륨 배출에 효과적이에요. 부추 특유의 풀 향을 좋아하지 않는 아이도 부추전은 잘 먹는답니다.

재료(2회)
부추 40g, 당근 10g

양념
부침가루 2큰술, 다시마물 3.5큰술, 간장 1/2작은술, 레몬즙 2방울, 기름 1/4작은술

이렇게 요리하세요!

① 부추는 2cm 길이로 자르고 당근은 2cm 길이로 채 썬다.

② 부침가루에 다시마물을 개어 ①과 섞는다.

③ 기름을 두른 팬에 ②를 얇게 펼치고 중약불로 노릇하게 굽는다.

④ 간장과 레몬즙을 섞어 함께 낸다.

- 부추는 흙이 묻어있는 줄기 부분을 가닥가닥 손으로 비벼 깨끗하게 씻어야 해요.
- 부추가 완전히 익지 않으면 매운 기가 남으니 주걱으로 꾹꾹 누르며 얇게 구워주세요.

브로콜리전

브로콜리를 좋아하지 않는 아이에게 브로콜리전을 만들어 주세요. 브로콜리의 맛과 식감이 느껴지지 않아 잘 먹는답니다.

재료(2회)
브로콜리 40g

양념
부침가루 2큰술, 치킨스톡 3.5큰술, 올리고당 1/8작은술, 기름 1/4작은술, 마요네즈 1/2작은술

전과 튀김

이렇게 요리하세요!

① 브로콜리는 물에 거꾸로 담가 흔들어 씻은 뒤 머리 부분만 잘게 다진다.

② 부침가루에 치킨스톡을 갠 뒤 올리고당을 섞는다.

③ ②에 ①을 넣고 고르게 섞는다.

④ 기름을 두른 팬을 달구고 ③을 한 숟가락씩 떠서 약불로 노릇하게 굽는다.

⑤ 마요네즈와 함께 낸다.

- 브로콜리는 식초물에 5분간 담가두었다가 새로운 물에 거꾸로 담가 흔들어가며 헹구면 깨끗하게 세척돼요.

337

삼치강정

오메가3가 풍부한 삼치를 튀겨 달콤한 소스를 발라 강정을 만들었어요. 베리밥상 생선 요리 베스트 10에 포함될 정도로 아이들도 완밥하는 메뉴예요.

재료(2회)
순살 삼치 30g, 양파 10g, 당근 10g, 양송이버섯 10g

양념
기름 넉넉히, 전분 2큰술, 소스(간장 1/8작은술+케첩 1/4작은술+파프리카 가루 1/4작은술+다진 마늘 1/2작은술+참기름 1/4작은술+깨 1꼬집)

이렇게 요리하세요!

① 삼치는 흐르는 물에 가볍게 씻어 1×1cm 크기로 깍둑썬다.

② 양파, 당근, 양송이버섯은 작은 입자로 다진다.

③ 삼치에 전분을 고르게 묻힌다.

④ 기름을 두른 팬에 ③을 넣어 튀기듯이 굽는다.

⑤ 각 면이 노릇하게 익으면 키친타월에 올려 기름을 뺀다.

⑥ 새로운 팬에 소스 재료를 넣고 끓으면 ②를 넣고 소스를 반으로 졸인다.

⑦ 불을 끄고 ⑤를 넣어 소스를 고루 묻힌다.

- 삼치뿐만 아니라 단단한 육질의 생선이라면 모두 강정으로 만들 수 있어요. 담백한 맛이 일품인 대구로 '대구강정'을 만들어 보세요. 생선을 썰 때 육질이 부서질 수 있으니 살짝 얼은 상태에서 써는 것이 좋아요.

삼치탕수육

부드러운 삼치가 바삭한 튀김옷을 입어 더욱 특별한 메뉴로 변신했어요. 새콤달콤한 탕수 소스와 곁들이면 어느새 밥 한 그릇 뚝딱이에요.

재료 (2회)

순살 삼치 30g, 당근 10g

양념

전분 1큰술, 소스(치킨스톡 3큰술, 간장 1/4작은술, 파인애플 10g, 레몬즙 1/4작은술, 전분가루 1/4작은술), 기름 넉넉히

이렇게 요리하세요!

① 당근은 1×1cm 크기로 썰어 모양틀로 찍어낸다.

② 삼치는 1cm 두께로 길쭉히 자른 뒤 전분을 꼼꼼히 묻힌다.

③ 팬에 기름을 넉넉히 두르고 170℃가 되면 ②를 넣어 바삭하게 튀긴다.

④ 삼치가 완전히 익으면 키친타월에 올려 기름을 뺀다.

⑤ 새로운 팬에 소스 재료를 모두 넣고 끓어오르면 불을 끈다.

⑥ 뜨거운 소스에 ①을 넣어 뜸을 들인다.

⑦ 그릇에 ④를 올린 뒤 ⑥을 둘러 마무리한다.

- 순살 삼치는 뼈를 제거했기 때문에 길쭉하게 잘라도 끊어질 수 있어요. 끊어지지 않도록 한 번에 튀겨주면 튀김옷도 적게 입혀지고 모양도 길쭉해서 더 예뻐요.

새우부추전

향긋한 부추와 고소한 새우로 전을 만드니 특별하고 든든한 한 끼 메뉴가 되었어요. 새우 대신 바지락살, 오징어 등 다른 해산물을 넣어 구워도 맛있어요.

재료(2회)
부추 40g, 새우 20g

양념
부침가루 1큰술, 튀김가루 1큰술, 다시마물 3.5큰술, 기름 1/2작은술, 소스(간장 1/2작은술+레몬즙 1/8작은술+참기름 1/8작은술+깨 1/2꼬집)

이렇게 요리하세요!

① 부추는 줄기 부분을 깨끗하게 씻은 뒤 2cm 길이로 썬다.

② 새우는 내장을 제거하고 살만 잘게 다진다.

③ 부침가루, 튀김가루와 다시마물을 섞어 갠 다음 ①과 섞는다.

④ 기름을 두른 팬에 ③을 얇게 펴고 ②를 고르게 올려 약불에 굽는다.

⑤ 앞뒤로 노릇하고 바삭하게 익으면 한입 크기로 잘라 그릇에 올린다.

⑥ 소스를 섞어 함께 낸다.

- 새우는 잘게 다져 반죽 위에 달라붙게 해주세요. 새우를 잘게 다지지 않으면 반죽 위가 고르지 않아 부추와 반죽이 잘 익지 않아요.

세모네모무전

수분과 식이섬유가 가득한 무로 재미있는 전을 만들었어요. 세모 네모 별 등 다양한 모양으로 만들어 구운 세모네모무전은 달큰한 별미랍니다.

재료(2회)
무 40g

양념
부침가루 2큰술, 다시마물 3.5큰술, 다진 파 1/4작은술, 소금 1/2꼬집, 기름 1/2작은술

이렇게 요리하세요!

① 무는 3mm 두께로 썰어 모양틀로 찍어낸다.

② 끓는 물에 ①을 담가 반 정도 익힌 뒤 건진다.

③ 부침가루와 다시마물을 갠 뒤 소금, 다진 파를 넣고 섞는다.

④ ②를 ③에 넣어 반죽옷을 입힌다.

⑤ 기름을 두른 팬에 ④를 올리고 중약불로 노릇하게 굽는다.

무가 익지 않으면 매운맛과 아삭한 식감이 남아 아이가 먹기 힘들어요. 무를 완전히 익혀 부드러운 정도가 되면 부쳐주세요.

소고기동그랑땡

철분 섭취를 위해 자주 먹이는 소고기를 잘게 다져 동그랑땡으로 만들었어요. 식감이 부드러워서 아이도 부담 없이 잘 먹어요.

재료(2회)
다진 소고기 안심 80g, 표고버섯 20g, 양파 20g, 당근 10g, 달걀 1개

양념
부침가루 1큰술, 간장 1/4작은술, 다진 마늘 1/8작은술, 참기름 1/8작은술, 기름 1작은술

이렇게 요리하세요!

① 소고기는 겉면의 핏물을 닦아내고 표고버섯, 양파, 당근은 잘게 다진다.

② 볼에 ①을 넣고 간장, 다진 마늘, 참기름을 넣어 버무린다.

③ 엄지손가락 한마디 크기만큼 뭉쳐 동글납작하게 만든다.

④ 달걀물을 만든다.

⑤ ③에 부침가루를 고르게 묻힌 뒤 ④에 담근다.

⑥ 기름을 두른 팬에 ⑤를 하나씩 올려 약불로 굽는다.

⑦ 안까지 충분히 익으면 불을 끈다.

- 양념된 고기는 부칠 때 빨리 탈 수 있어요. 약불로 조절해가면서 천천히 익히세요.
- 돼지고기나 닭고기로 만들어도 맛있어요.

소고기 표고버섯전

표고버섯은 영양이 소고기만큼 풍부해요. 든든하고 건강한 영양 만점 메뉴랍니다.

재료(2회)
다진 소고기 안심 40g, 표고버섯 4개, 양파 10g, 당근 10g

양념
양념(간장 1/4작은술+올리고당 1/8작은술+다진 마늘 1/8작은술+다진 파 1/8작은술+참기름 1/8작은술+깨 1/2꼬집), 부침가루 1큰술, 기름 1/2작은술

이렇게 요리하세요!

1. 양파, 당근은 잘게 다진다.
2. 소고기는 겉면의 핏물을 닦아내고 ①과 양념을 넣어 버무린 뒤 20분간 냉장 숙성한다.
3. 표고버섯은 기둥을 제거하고 안쪽에 부침가루를 고르게 묻힌다.
4. ②를 ③에 꾹꾹 눌러서 채운다.
5. 기름을 두른 팬에 ④를 올리고 소고기 반죽 면부터 약불로 천천히 굽는다.
6. 소고기쪽이 익으면 반대쪽도 꾹꾹 눌러가며 약불에 노릇하게 굽는다.
7. 한입 크기로 자른다.

- 표고버섯은 너무 두꺼운 것을 사면 소고기가 안까지 익기 힘들어요. 주걱으로 꾹꾹 누르면서 납작하게 만들어 안까지 잘 익혀주세요.

애호박달걀전

아이들이 좋아하는 애호박의 달큰하고 고소한 맛을 끌어올린 애호박달걀전이에요. 채소를 잘 먹지 않는 아이들도 반할 만한 메뉴랍니다.

재료(2회)
애호박 40g, 양파 20g, 달걀 1개

양념
소금 1/2꼬집, 기름 1/4작은술

이렇게 요리하세요!

① 애호박과 양파는 짧게 채썬다.

② 달걀을 풀어 소금과 고르게 섞는다.

③ ①을 ②에 넣고 섞는다.

④ 기름을 두른 팬에 ③을 얇게 펴고 중약불에 노릇하게 굽는다.

⑤ 한입 크기로 자른다.

- 당근, 브로콜리, 시금치 등 다양한 야채를 넣어 만들어도 맛있어요.

애호박새우전

속을 파낸 애호박에 고단백 새우를 가득 채워 만든 애호박새우전이에요. 새우의 탱탱함으로 애호박전이 더욱 특별한 요리가 되었어요.

재료(2회)
애호박 40g, 새우 20g, 달걀 1개

양념
기름 1/2작은술, 소금 약간, 후추 약간, 부침가루 1작은술

이렇게 요리하세요!

① 애호박은 1cm 두께로 자른 뒤 속을 파낸다.

② 새우는 내장을 제거하고 아주 잘게 다진 뒤 소금, 후추로 간을 한다.

③ ① 안에 부침가루를 소량 묻힌 뒤 ②를 채우고 다시 부침가루를 전체적으로 묻힌다.

④ 달걀물을 만들어 ③을 골고루 묻힌다.

⑤ 기름을 두른 팬에 ④를 하나씩 올리고 중약불로 노릇하게 굽는다.

- 애호박 안을 파내고 새우를 넣을 때 부침가루를 고루 묻혀야 나중에 새우 반죽이 떨어지지 않아요. 노릇하게 구울 때는 조심히 뒤집어 주세요.

야채말이

라이스페이퍼에 야채를 말아 땅콩소스에 푹 찍어 먹으면 고소함이 2배예요. 야채를 좋아하지 않는 아이라면 향이 적은 야채를 하나씩 넣어 만들어 보세요.

재료(2회)
라이스페이퍼 2장, 양파 10g, 당근 10g, 애호박 10g, 느타리버섯 10g, 파프리카 10g

양념
기름 1/4작은술, 소금 1/2꼬집, 소스(땅콩페이스트 1/2작은술+마요네즈 1작은술+올리고당 1/8작은술+레몬즙 1방울)

이렇게 요리하세요!

① 양파, 당근, 애호박, 파프리카는 1cm 길이로 채썰고 느타리버섯은 잘게 찢는다.

② 기름을 두른 팬에 ①을 넣고 소금과 함께 중불로 볶는다.

③ 야채가 완전히 익으면 그릇에 담아 넓게 펼쳐 식힌다.

④ 50℃의 따뜻한 물을 넙적한 그릇에 담는다.

⑤ 도마에 소량의 물을 묻힌다.

⑥ 라이스페이퍼를 두 손으로 잡고 ④에 5~10초간 담근 뒤 도마 위에 펼쳐 올린다.

⑦ ③의 야채를 중앙에 넣고 말아준다.

⑧ 소스 재료를 골고루 섞은 뒤 함께 낸다.

- 라이스페이퍼를 도마에 올리기 전에 약간의 물이 도마에 묻어있는 것이 좋아요. 너무 마른 도마를 사용하면 라이스페이퍼가 부드러워지고 난 뒤 도마에 달라붙어 떨어지지 않아요. 무리하게 떼려고 하면 찢어져요. 만약 물이 부족하여 달라붙었다면 손끝에 물을 묻히고 살살 긁으며 떼어 내요.

양배추달걀전

고소한 양배추를 더 고소한 달걀과 함께 부쳐 식이섬유 가득한 양배추달걀전을 만들어요. 양배추를 싫어하는 아이에게 해주면 양배추전에 반할 거예요.

재료(2회)
양배추 40g, 달걀 1개

양념
소금 약간, 후추 약간, 올리고당 1/8작은술, 기름 1/4작은술

이렇게 요리하세요!

1. 양배추는 잎을 떼어 꼼꼼하게 씻은 뒤 2cm 길이로 가늘게 채썬다.
2. 달걀을 잘 풀어 소금, 후추, 올리고당을 넣고 간을 한다.
3. ①을 ②에 넣고 섞는다.
4. 기름을 두른 팬에 ③을 한 숟가락씩 떠서 중불에 굽는다.
5. 중약불로 조절해가며 굽다가 앞뒤가 노릇하게 익으면 불을 끈다.

• 양배추 잎을 한 장씩 씻거나 썰어 물에 흔들어 헹군 뒤 체에 받쳐 물기를 빼주세요. 양배추는 최대한 가늘게 썰어야 충분히 맛있게 익어요. 칼질이 서툴다면 필러를 이용해도 좋아요.

연근전

아삭한 식감이 매력적인 뿌리채소 연근을 전으로 부쳐 더욱 고소하고 아삭해요. 핑거푸드처럼 아이가 손으로 먹기 좋은 반찬이에요.

재료(2회)
연근 40g

양념
부침가루 2큰술, 멸치육수 3.5큰술, 다진 파 1/4작은술, 소금 1/2꼬집, 기름 1/2작은술

이렇게 요리하세요!

① 연근은 껍질을 벗기고 모양을 살려 아주 얇게 썬다.

② ①을 끓는 물에 5분간 데친 뒤 찬물에 넣는다.

③ 부침가루에 멸치육수를 잘 개어 다진 파, 소금과 함께 섞는다.

④ ③에 ②를 넣어 고르게 묻힌다.

⑤ 기름을 두른 팬에 ④를 올리고 중불에서 노릇하게 굽는다.

- 연근을 아주 얇게 썰기 어렵다면 필러로 긁어 준비해요. 얇게 썬 연근이 노릇하게 구워지면 바삭하고 아삭한 연근칩처럼 돼요.

옥수수전

톡톡 터지는 식감이 매력인 옥수수전은 어른뿐만 아니라 아이들도 무척 좋아하는 메뉴예요. 고소하고 달콤해서 한 입만 먹을 수 없는 맛이에요. 베리는 간식으로도 즐겨 먹어요.

재료(2회)
옥수수 통조림 40g

양념
튀김가루 1큰술, 치킨스톡 1.5큰술, 기름 1/2작은술, 연유 1/4작은술

이렇게 요리하세요!

① 옥수수는 흐르는 물에 가볍게 헹군다.

② 튀김가루에 치킨스톡을 갠 뒤 ①을 섞는다.

③ 기름을 두른 팬에 ②를 한 숟가락씩 떠서 중불에 바삭하게 굽는다.

④ ③ 위에 연유를 뿌린다.

- 옥수수 통조림이 너무 달게 느껴지면 체에 밭쳐 흐르는 물에 헹구어 사용하세요. 당분이 빠져나가 단맛이 줄어들어요. 마지막에 뿌리는 연유는 생략해도 돼요.

우엉튀김

베리는 씁쓸한 맛의 우엉을 좋아하지 않지만 우엉튀김은 우엉인지 모르는지 너무 잘 먹어요. 우엉을 싫어하는 아이도 분명 좋아할 거예요.

재료(2회)
우엉 40g

양념
튀김가루 2큰술, 다시마물 3.5큰술, 소금 약간, 후추 약간, 기름 넉넉히

이렇게 요리하세요!

① 우엉은 아주 얇게 어슷썬다.

② 볼에 튀김가루와 다시마물을 개어 소금, 후추로 간을 한다.

③ ①을 ②에 고르게 묻힌다.

④ 기름을 두른 팬에 반죽을 떨어트려 3초 이내에 올라오면 ③을 하나씩 넣는다.

⑤ 중약불로 조절해가며 노릇하게 튀긴다.

⑥ ⑤를 건지고 체에 밭쳐 기름을 뺀다.

- 고소한 맛의 우엉튀김은 케요네즈와 잘 어울려요. 케요네즈는 마요네즈와 케첩을 1:1로 섞어 만드세요.

청경채달걀전

청경채를 싫어하는 베리가 유일하게 먹는 청경채 메뉴예요. 달걀과 함께 부치면 청경채의 쓴맛이 적어져요.

재료(2회)
청경채 40g, 달걀 1개

양념
소금 1/2꼬집, 후추 약간, 기름 1/8작은술

이렇게 요리하세요!

1. 청경채는 한 잎씩 떼어 물에 흔들어 헹군 뒤 2cm 길이로 가늘게 채썬다.

2. 달걀을 잘 풀어 소금과 후추로 간을 한다.

3. ①을 ②에 넣고 고르게 섞는다.

4. 기름을 두른 팬에 ③을 한 숟가락씩 떠서 얇게 펴고 중약불에 앞뒤로 노릇하게 굽는다.

5. 한입 크기로 자른다.

- 청경채는 칼로 밑동을 자르면 재료 낭비가 많기 때문에 하나씩 뜯어 준비하고 깨끗하게 세척해 주세요. 두꺼운 줄기 부분까지 잘 익도록 최대한 가늘게 채썰어요.

취나물달걀말이

식이섬유와 비타민A가 풍부한 취나물의 향을 아이들이 좋아하지 않지만 달걀말이 속에 조금씩 넣어 조리하면 평소에 나물을 좋아하지 않는 아이도 잘 먹어요.

재료(2회)
취나물 30g, 달걀 1개

양념
가쓰오부시육수 1큰술, 간장 1/4작은술, 다진 파 1/4 작은술, 올리고당 1/8작은술, 깨 1/2꼬집, 마요네즈 1/2작은술, 기름 1작은술

이렇게 요리하세요!

① 취나물은 물에 흔들어 헹군 뒤 아주 가늘게 채썬다.

② 달걀은 잘 풀어 ①, 가쓰오부시육수, 간장, 다진 파, 올리고당, 깨와 함께 섞는다.

③ 기름을 두른 팬에 ②를 얇게 두르고 윗면이 약간 덜 익었을 때 가장자리부터 만다.

④ 단단하게 말아지고 안까지 고루 익으면 한입 크기로 자른다.

⑤ 마요네즈와 함께 낸다.

- 취나물의 억센 줄기는 제거하고 여린 잎만 사용하세요. 취나물은 향이 있는 야채라 아이에게 소량씩 먹여본 뒤 양을 늘려가도 괜찮아요.

칠리주꾸미

주꾸미를 바삭하게 튀겨 수제 칠리소스에 곁들여 먹어요. 주꾸미를 거부하던 베리가 처음으로 먹은 주꾸미 메뉴예요.

재료(2회)

주꾸미 30g, 양파 10g, 대파 5g, 굵은소금 1큰술(세척용)

양념

전분 1큰술, 튀김가루 1큰술, 기름 넉넉히, 소스(치킨스톡 1큰술+케첩 1/2작은술+올리고당 1/8작은술+파프리카 가루 1/4작은술+다진 마늘 1/2작은술), 전분물(전분 1/8작은술+물 1/4작은술)

이렇게 요리하세요!

① 주꾸미는 굵은소금에 비벼 씻은 뒤 다리만 3cm 길이로 자른다.

② 양파와 대파는 큰 입자로 다진다.

③ 전분, 튀김가루에 물 4큰술을 넣고 가루가 뭉치지 않도록 잘 섞는다.

④ ①에 ③의 반죽을 입힌다.

⑤ 팬에 기름을 넉넉히 두르고 온도가 170℃가 되면 ④를 넣어 바삭하게 튀긴다.

⑥ 중약불로 조절하며 튀기다가 노릇하게 익으면 체에 밭쳐 기름을 뺀다.

⑦ 새로운 팬에 기름을 약간 두르고 ②를 볶다가 소스 재료를 넣고 끓인다.

⑧ 소스가 바글바글 끓으면 전분물을 넣고 농도를 맞춘다.

⑨ 그릇에 ⑥을 담고 ⑧을 둘러 마무리한다.

- 주꾸미는 겉이 미끌미끌하여 반죽이 쉽게 벗겨질 수 있으니 반죽을 묻힌 직후 기름에 완전히 담가 튀겨요. 튀긴 후 기름을 뺄 때는 눅눅해지지 않도록 공기가 통하게 체 위에 올려요.

콜리두부전

철분이 풍부한 브로콜리와 단백질이 가득한 두부로 만든 전이에요. 동그랑땡과 같은 모양이라 아이들이 더욱 잘 먹어요.

재료(2회)
브로콜리 30g, 두부 40g, 달걀 1개

양념
기름 1/2작은술, 소스(마요네즈 1/2작은술 + 올리고당 1/8작은술)

이렇게 요리하세요!

① 브로콜리는 물에 거꾸로 담가 흔들어 씻은 뒤 머리와 줄기를 잘게 다진다.

② 두부는 면포에 짜서 물기를 제거한 뒤 으깬다.

③ 달걀을 잘 풀어 ①, ②와 섞는다.

④ 기름을 두른 팬에 ③을 얇게 펴서 중약불에 굽는다.

⑤ 앞뒤로 노릇하게 완전히 익으면 불을 끄고 한입 크기로 자른다.

⑥ 소스를 섞어 함께 낸다.

- 두부는 물기를 완전히 제거하세요. 물기가 남으면 텁텁한 맛이 풍미를 망쳐요.
- 브로콜리는 머리와 줄기 부분을 모두 다져주세요. 줄기도 영양이 풍부해요.

토마토달걀말이

토마토와 달걀의 환상적인 만남이에요. 토마토가 평범했던 달걀말이를 더욱 풍미 있고 특별하게 만들어줘요. 새콤달콤한 토마토 덕분에 소스 없이도 맛있어요.

재료(2회)
토마토 30g, 달걀 1개

양념
우유 1큰술, 소금 1/2꼬집, 후추 약간, 기름 1/4작은술

이렇게 요리하세요!

① 토마토는 속을 제거하고 과육만 5mm 두께로 길게 썬다.

② 달걀은 잘 풀어 우유, 소금, 후추를 넣고 섞는다.

③ 기름을 두른 사각팬에 ②를 얇게 두르고 아랫면이 익으면 ①을 가로로 길쭉하게 올린다.

④ ③을 끝부터 조금씩 말아 달걀말이를 만든다.

⑤ 달걀물이 안까지 충분히 익도록 중약불에 천천히 익힌다.

⑥ 한입 크기로 자른다.

- 아이가 토마토의 껍질이 질겨 싫어한다면 십자로 칼집을 내 끓는 물에 살짝 데친 후 껍질을 제거하고 요리하세요.
- 우유를 많이 넣으면 더 부드럽고 고소하지만 달걀을 말 때 쉽게 찢어지니 주의하세요.

팽이버섯전

베리맘이 어렸을 때 엄마가 자주 만들어 주시던 메뉴예요. 팽이버섯과 달걀이 만나면 폭신폭신한 식감의 전이 완성돼요. 호박까지 곁들이면 달달한 맛이 일품이랍니다.

재료(2회)
팽이버섯 40g, 애호박 10g, 달걀 1개

양념
가쓰오부시육수 1큰술, 간장 1/8작은술, 소금 약간, 후추 약간, 기름 1/4작은술

이렇게 요리하세요!

① 팽이버섯과 애호박은 1cm 길이로 채썬다.

② 달걀은 잘 풀어 가쓰오부시육수, 간장, 소금, 후추로 간을 한다.

③ 기름을 두른 팬에 ②를 한 숟가락씩 떠서 중약불에 굽는다.

④ 앞뒤로 노릇하게 구워지면 불을 끈다.

- 팽이버섯은 밑동을 제거하고 손으로 잘게 찢어 준비하세요.
- 팬에 반죽을 올릴 때 평평하게 펴서 충분히 익혀요. 애호박은 완전히 익혀야 달달하고 맛있어요.

표고버섯당근전

표고버섯을 맛있게 먹을 수 있는 메뉴 중 하나예요. 버섯의 식감을 싫어하는 아이도 표고버섯당근전을 만들어주면 잘 먹어요. 튀김가루를 넣어 바삭한 식감이 좋아요.

재료 (2회)
표고버섯 30g, 당근 20g

양념
부침가루 1큰술, 튀김가루 1큰술, 가쓰오부시육수 3.5큰술, 간장 1/4작은술, 기름 1/2작은술

이렇게 요리하세요!

① 당근은 숭덩숭덩 잘라 끓는 물에 부드럽게 삶은 뒤 가쓰오부시육수와 함께 믹서에 곱게 간다.

② 표고버섯은 짧게 채썬다.

③ ①, 부침가루, 튀김가루를 섞어 잘 개고 간장으로 간을 한다.

④ ②를 ③에 넣고 뒤섞는다.

⑤ 기름을 두른 팬에 ④를 얇게 펴서 중불에 굽는다.

⑥ 겉이 바삭해지고 안까지 완전히 익으면 불을 끄고 한입 크기로 자른다.

- 당근은 충분히 익혀요. 갈고 난 뒤에는 덩어리가 남지 않도록 체에 걸러주세요.
- 표고버섯이 너무 두꺼우면 전의 표면이 고르지 못해 바삭하지 않아요. 어슷하게 포를 뜬 다음 아주 얇게 채썰어요.

PART
11

근사한
스페셜 요리

감자수제비

수제비에 포슬포슬한 감자를 듬뿍 넣었어요. 부추의 향이 맛을 풍부하게 만들어 준답니다. 밀가루 반죽이 조금 귀찮아도 쫄깃한 식감을 아이에게 알려주세요.

재료(2회)
감자 30g, 양파 10g, 부추 10g

양념
밀가루 5큰술, 소금 1꼬집, 멸치육수 200ml, 간장 1/8작은술, 참기름 1/4작은술

이렇게 요리하세요!

① 감자는 껍질을 벗기고 2×2cm 크기로 나박썬다.

② 양파는 짧게 채썰고 부추는 1cm 길이로 자른다.

③ 밀가루와 소금 1/2꼬집을 잘 섞은 다음 물 2.5큰술을 넣고 치대어 반죽한 뒤 밀봉해 상온에 20분간 숙성한다.

④ 반죽이 숙성되는 동안 냄비에 멸치육수를 끓여 간장, 소금 1/2꼬집으로 간을 한다.

⑤ 육수가 끓으면 ①, ②를 넣고 완전히 익힌다.

⑥ 감자가 익는 동안 ③을 다시 한 번 치댄 다음 납작하고 먹기 좋게 떼어내 ⑤에 넣는다.

⑦ 서로 붙지 않게 저으며 익히다가 수제비가 완전히 익으면 불을 끈다.

⑧ 참기름을 둘러 마무리한다.

- 수제비를 반죽할 때 물을 적게 넣으면 쫀득한 식감이 살고, 물을 많이 넣으면 통통하게 불어 부들부들한 식감이 돼요. 베리밥상 레시피는 중간 식감인데, 물을 1/2작은술 더 넣거나 덜 넣어가며 취향에 맞게 반죽하세요. 반죽은 숙성 후 더 부드러워지니 너무 질게 하지 않도록 해요.

귤잼토스트

제주도에 사는 친구가 겨울이면 귤을 엄청 보내줘요. 세 식구가 다 먹기엔 너무 많은 양이라 어떻게 할까 고민하다가 귤잼을 만들었어요. 설탕을 적게 넣었지만 충분히 달콤해서 베리는 겨울 내내 귤잼을 찾아요.

재료(1회)
귤 2개, 식빵 1장

양념
무염버터 1/4작은술, 설탕 1큰술, 레몬즙 1/4작은술

스페셜 요리

이렇게 요리하세요!

① 귤은 껍질을 벗겨 믹서에 넣고 간다.

② 팬에 ①, 설탕, 레몬즙을 넣고 농도가 생길 때까지 저으며 끓인다.

③ 새로운 팬에 버터를 녹여 식빵을 노릇하게 구운 뒤 2×2cm 크기로 잘라 ②를 올린다.

• 귤잼은 고기류의 반찬에 찍어 먹어도 좋아요. 맛있는 완자나 동그랑땡을 '귤소스'에 찍어 먹으면 느끼함도 사라지고 더 맛있어요.

단호박그라탱

프랑스 가정식 그라탱은 감자, 고구마, 단호박 등을 으깬 뒤 치즈를 올려 오븐에 구워낸 요리를 말해요. 치즈를 뿌려 더욱 고소한 그라탱은 아이도 어른도 좋아해요. 한가한 일요일 오후 아이와 함께 만들어 보세요.

재료(2회)
단호박 70g, 양파 20g, 방울토마토 2개, 느타리버섯 10g, 피자치즈 10g

양념
생크림 2큰술, 소금 1/2꼬집, 후추 약간, 기름 1/4작은술

이렇게 요리하세요!

① 단호박은 비닐에 담아 구멍을 약간 내고 1분 30초간 전자레인지에 돌린다.

② 부드러워진 단호박은 속을 파낸 뒤 곱게 으깬다.

③ 양파, 토마토, 느타리버섯은 작게 다진다.

④ 기름을 두른 팬에 ③을 볶다가 재료가 얼추 익으면 ②와 생크림을 넣고 소금, 후추로 간을 한다.

⑤ 주걱으로 고루 섞이도록 저은 뒤 그릇에 평평하게 담는다.

⑥ 피자치즈를 올려 오븐이나 전자레인지에 치즈가 녹을 때까지 굽는다.

- 고구마로 '고구마그라탱'을 만들어요. 단호박그라탱과 비슷하지만 단맛이 더 강해요. 고구마는 전자레인지에 돌리지 않고 물에 삶아야 더 맛있어요.

달콤마늘빵

시중에 파는 마늘빵은 맛있지만 달고 당분이 많아 아이에게 먹이기 좀 걱정스러워요. 달콤하고 건강한 마늘빵 레시피를 소개할게요. 밖에서 뛰어놀다 온 아이에게 달콤한 마늘빵과 따뜻한 우유 간식을 주면 부러울 게 없겠죠?

재료(2회)
마늘 2알, 식빵 1조각

양념
무염버터 1/2작은술, 올리고당 1/8작은술

스페셜 요리

이렇게 요리하세요!

① 마늘은 꼭지를 제거하고 깨끗하게 씻은 다음 끓는 물에 넣어 부드럽게 삶은 뒤 건진다.

② ①을 볼에 넣고 완전히 으깬 후 버터, 올리고당을 넣고 섞는다.

③ 식빵을 세로로 4등분 한 뒤 한쪽 면에만 ②를 고르게 펴바른다.

④ 팬에 기름을 두르지 않고 ③을 양념이 안 묻은 쪽부터 약불에 노릇하게 굽는다.

⑤ 양쪽 면을 완전히 바삭하게 구운 후 불을 끈다.

• 마늘을 완전히 으깨지 않으면 굽는 과정에서 마늘만 타버릴 수 있어요. 완전히 으깨어 스프레드로 만든 뒤 발라주세요. 마늘은 삶는 것보다 올리브오일을 바르고 에어프라이어나 오븐에 구워야 풍미가 더 좋아요.

닭꼬치

베리밥상이 준비한 레시피는 '야키토리'라고 불리는 일본식 닭꼬치 레시피예요. 일반적인 우리나라의 간장 소스보다 조금 더 달달해서 닭고기와 잘 어울려요.

재료(2회)
닭고기 안심 40g, 뾰족한 끝을 자른 꼬치 2개

양념
소스(가쓰오부시육수 2큰술+간장 1/8작은술+올리고당 1/8작은술+다진 마늘 1/4작은술), 기름 1/4작은술

이렇게 요리하세요!

① 닭고기는 2×2cm 사각으로 썰어 꼬치에 끼운다.

② 끓는 물에 ①을 다 익을 때까지 데친 후 건진다.

③ 팬에 기름을 두르고 중불로 노릇하게 굽다가 소스를 골고루 바르고 약불에 한 면만 졸인다.

④ ③이 노릇하게 익으면 불을 끈다.

- 일본에서 많이 쓰는 닭꼬치 소스를 '타래소스'라고 해요. 일본식 타래소스는 다양한 레시피로 만들 수 있어요. 올리고당 대신 오렌지즙이나 사과즙을 넣으면 과일 맛이 나는 타래소스가 돼요.

닭스테이크

고소한 닭다리살로 스테이크를 만들었어요. 껍질은 바삭하고 속은 촉촉해 씹으면 씹을수록 행복해져요. 닭이 딱딱해질 수 있으니 너무 많이 굽지 마세요.

재료 (2회)
닭다리살 40g, 양송이버섯 10g, 양파 10g

양념
소금 약간, 후추 약간, 소스(간장 1/8작은술+치킨스톡 3큰술+레몬즙 1/8작은술+케첩 1/4작은술), 기름 1/4작은술

이렇게 요리하세요!

① 닭다리살은 과도한 지방과 힘줄을 제거하고 핏물을 닦은 뒤 두꺼운 부분에 칼집을 낸다.

② ①에 소금과 후추를 골고루 뿌려 간을 한 뒤 20분간 냉장 숙성한다.

③ 양송이버섯은 기둥을 제거하고 반으로 잘라 얇게 썬다.

④ 양파는 2cm 길이로 가늘게 채썬다.

⑤ 기름을 두른 팬에 ②의 껍질 부분이 바닥에 닿도록 올려 약불에 노릇하게 익힌다.

⑥ 닭다리살 전체가 완전히 익으면 건져내고 같은 팬에 소스 재료를 모두 넣어 중불에 끓인다.

⑦ ⑥에 ③, ④를 넣고 소스 농도가 나올 때까지 끓인 뒤 닭다리살 위에 끼얹어 낸다.

- 닭다리는 껍질이 바닥에 닿도록 놓고 구워야 껍질에 있는 기름이 녹으면서 더 부드러워져요. 소금과 후추를 고르게 뿌리지 않으면 한 부분만 너무 짤 수 있으니 주의하세요.

닭안심삼계탕

여름철 보양식하면 삼계탕이지만 인삼이 개월 수가 적은 아이들에게 부담이 될 수 있어요. 그래서 삼과 한약재를 뺀 삼계탕을 만들었어요. 국물에 밥을 섞어 죽을 끓이면 한 끼 뚝딱이에요.

재료(2회)
닭고기 안심 40g, 통대파 5g, 통마늘 1알, 대추 1알

양념
표고버섯 우린 물 300g, 치킨스톡 50ml, 소금 1꼬집, 후추 약간, 참기름 1/8작은술

이렇게 요리하세요!

① 닭고기는 겉면의 핏물을 닦아내고 힘줄을 제거한다.

② 냄비에 ①과 표고버섯 우린 물, 대파, 마늘, 대추를 넣고 20분간 중불에 푹 삶는다.

③ 물이 줄어들면 치킨스톡을 넣고 간을 한다.

④ 대파, 마늘, 대추를 건지고 닭고기는 집게로 잘게 찢는다.

⑤ 소금, 후추로 간을 하고 불을 끈다.

⑥ 참기름을 둘러 완성한다.

 • 닭안심으로 만들면 담백한 삼계탕이 되고 닭 한 마리를 넣으면 닭의 기름이 우러나와 더 고소한 삼계탕이 돼요. 아이의 취향에 맞게 닭을 사용해 보세요.

두부스테이크

고기가 질겨 먹기 싫어하는 아이에게는 두부를 바삭하게 구워주세요. 스테이크소스를 곁들이면 양식 요리 맛을 낼 수 있어요. 주로 한식에만 사용했던 두부의 화려한 변신을 보여주세요.

재료(1회)
두부 50g, 양파 10g

양념
전분 1큰술, 소스(치킨스톡 1큰술+우스터소스 1/8작은술+케첩 1/8작은술+올리고당 1/8작은술), 기름 1작은술

이렇게 요리하세요!

1. 두부는 넓적하게 자른 뒤 수분이 있을 때 전분을 골고루 묻힌다.
2. 기름을 두른 팬에 ①을 튀기듯이 중불에 바삭하게 굽는다.
3. 양파는 짧게 채썬다.
4. 새로운 팬에 ③과 소스 재료를 넣고 팔팔 끓인다.
5. 그릇에 두부를 담고 ④를 끼얹어 낸다.

• 두부에 전분을 너무 두껍게 묻히면 전분 맛이 느껴져 맛이 없으니 얇게 묻혀요.

뚝불고기

국물 있는 한국식 불고기는 달콤하고 뜨끈해 마음을 달래주는 맛있는 음식이랍니다. 찬바람이 부는 날 아이가 신나게 뛰어 놀고 왔다면 저녁 식사로 제격이에요.

재료(2회)
소고기 불고기용 40g, 양파 20g, 당근 10g, 배추 10g, 당면 10g

양념
다시마물 240ml, 양념(간장 1/2작은술 + 올리고당 1/4작은술 + 다진 마늘 1/4작은술 + 다진 파 1/4작은술 + 참기름 1/4작은술)

이렇게 요리하세요!

① 소고기는 겉면의 핏물을 닦아낸 다음 2cm 길이로 채썬다.

② 양파, 당근, 배추도 2cm 길이로 채썬다.

③ 당면은 따뜻한 물에 20분간 불린 뒤 짧게 자른다.

④ 냄비에 다시마물을 끓여 양념 재료와 ①, ②를 넣고 소고기가 완전히 익을 때까지 중약불에 7분간 끓인다.

⑤ 전체 재료가 완전히 익으면 ③을 넣고 부드럽게 익을 때까지 끓인 뒤 불을 끈다.

• 육수를 넣은 뒤 충분히 오래 끓여야 소고기에서 기름과 맛이 우러나와 국물이 맛있어져요.

밀푀유카츠

겹겹이 쌓은 소고기를 돈가스처럼 튀겼어요. 한 덩이의 고기를 튀긴 것보다 식감이 더 부드럽고 육즙이 가득 차서 맛있어요. 아이가 두툼한 돼지고기 씹는 것에 거부감이 있다면 밀푀유카츠에 도전해 보세요.

재료(2회)
소고기 불고기용 40g, 달걀 1개

양념
소금 약간, 후추 약간, 밀가루 2큰술, 빵가루 2큰술, 기름 넉넉히, 돈가스소스 1큰술

이렇게 요리하세요!

① 소고기는 겉면의 핏물을 닦아내고 소금, 후추를 고르게 뿌려 버무린다.

② 달걀물을 만든다.

③ 소고기를 겹겹이 쌓은 뒤 돈가스 모양처럼 납작하고 동그랗게 만든다.

④ 3개의 그릇에 밀가루, 달걀물, 빵가루를 각각 담고 ③을 순서대로 고르게 묻힌다.

⑤ 팬에 기름을 넉넉히 두르고 160℃가 되면 ④를 넣고 중약불로 조절하며 바삭하게 튀긴다.

⑥ 돈가스소스와 함께 낸다.

- 소고기는 핏물을 깨끗하게 닦은 뒤 사용해야 튀긴 후에도 핏물이 갇히지 않아 잡내가 없고 맛있어요. 얇은 소불고기를 하나씩 펼쳐 앞뒤로 핏물을 깨끗하게 닦아주세요.

바싹불고기

언양의 명물 바싹 불고기예요. 단 짠단짠 양념과 불고기의 조합은 언제나 최고죠. 양파의 단맛이 조화롭게 입에 맴돌아요. 물기 없게 바싹 볶아 면 요리의 고명으로 활용해도 아주 맛있어요.

재료(2회)
소고기 불고기용 40g, 양파 10g

양념
간장 1/4작은술, 배즙 1작은술, 다진 마늘 1/4작은술, 다진 파 1/4작은술, 참기름 1/4작은술, 깨 1/2꼬집

이렇게 요리하세요!

① 소고기는 겉면의 핏물을 닦아내고 2cm 길이로 채 썬다.

② 양파는 양념 재료와 함께 믹서에 곱게 간다.

③ ①, ②를 잘 섞은 뒤 30분간 숙성한다.

④ 팬에 ③을 올려 중불에 주걱으로 저어가며 볶는다.

⑤ 양념이 소고기에 완전히 배면 불을 끈다.

- 파채를 듬뿍 넣고 '파채바싹불고기'를 만들어 보세요. 파를 볶을 때 올라오는 향이 불맛과 비슷해 바싹불고기에 풍미를 더해요. 파채를 길게 자르면 아이의 목에 걸릴 위험이 있으니 1cm 길이로 잘게 자르고 매운맛이 나지 않게 완전히 익히세요.

볼로네제파스타

다진 소고기를 풍성하게 넣어 만든 볼로네제소스에 스파게티면을 곁들여 오븐에 구우면 소고기 기름에 치즈가 지글거려 더 맛있어요.

재료 (1회)

파스타면 40g, 피자치즈 10g, 방울토마토 10개, 양파 10g, 당근 10g, 다진 소고기 안심 20g

양념

기름 1/4작은술, 다진 마늘 1/2작은술, 치킨스톡 50ml, 소금 1꼬집, 후추 약간

스페셜 요리

이렇게 요리하세요!

① 파스타면은 반으로 부러트려 소금을 1/2꼬집 넣은 끓는 물에 8~9분 동안 삶는다.

② 토마토는 반으로 잘라 치킨스톡과 함께 믹서에 간다.

③ 양파와 당근은 아주 잘게 다지고 소고기는 겉면의 핏물을 닦는다.

④ 팬에 기름을 두르고 다진 마늘을 약불에 볶다가 향이 올라오면 ③의 소고기를 넣고 중불에 볶는다.

⑤ 고기의 겉면이 익으면 ③의 양파와 당근을 넣고 주걱으로 저어가며 볶는다.

⑥ 소금 1/2꼬집과 후추로 간을 한 뒤 ②를 넣고 중불에 끓인다.

⑦ 소스가 2/3 정도로 졸아들면 ①을 넣고 저으며 끓인다.

⑧ 면에 양념이 배면 그릇에 담고 치즈를 올려 전자레인지에 치즈가 녹을 때까지 돌린다.

 • 볼로네제소스는 밥이나 야채류와 함께 볶아도 맛있어요. 소스를 만들어 다양한 요리에 활용하세요.

부추닭갈비

부추는 혈액순환을 돕고 해독작용을 하는 건강 식재료예요. 몸에 좋은 부추를 넣어 닭갈비를 만들었어요. 남은 닭갈비는 다져서 닭갈비볶음밥을 만들어 보세요.

재료(2회)
닭고기 안심(또는 닭다리살) 40g, 양파 10g, 당근 10g, 팽이버섯 10g, 부추 20g

양념
양념(간장 1/2작은술+파프리카 가루 1/4작은술+다진 마늘 1/4작은술+다진 파 1/4작은술+참기름 1/4작은술), 기름 1/4작은술

이렇게 요리하세요!

① 닭고기는 한입 크기로 자르고 양파, 당근은 2cm 길이로 채썬다.

② 팽이버섯과 부추는 1cm 길이로 자른다.

③ 볼에 양념 재료를 넣고 ①, ②와 함께 버무린 후 20분간 숙성한다.

④ 기름을 두른 팬에 ③을 올리고 약불에 볶는다.

⑤ 닭고기가 완전히 익으면 불을 끈다.

• 부추의 아삭한 식감을 좋아하면 닭고기가 다 익은 후 부추를 넣고 볶아요.

분짜

분짜는 베트남 요리로 면에 야채와 돼지고기를 얹어 소스에 적셔 차갑게 먹어요. 분짜의 돼지고기는 돼지갈비 양념과 비슷해 아이들도 좋아해요.

재료(1회)
다진 돼지고기 20g, 양파 20g, 당근 10g, 쌀국수 40g

양념
돼지고기 양념(간장 1/8작은술 + 올리고당 1/8작은술 + 다진 마늘 1/8작은술 + 참기름 1/8작은술), 소스(치킨스톡 3큰술 + 레몬즙 1/2작은술 + 피시소스 1/4작은술 + 올리고당 1/8작은술), 기름 1/4작은술

스페셜 요리

이렇게 요리하세요!

① 돼지고기는 겉면의 핏물을 제거하고 돼지고기 양념과 함께 버무린다.

② 쌀국수는 따뜻한 물에 담궈 20분간 불린 뒤 짧게 자른다.

③ 양파와 당근은 짧고 가늘게 채썬다.

④ 기름을 두른 팬에 ①을 고르게 저어가며 중불로 볶다가 완전히 익으면 그릇에 담아둔다.

⑤ 볼에 소스 재료를 모두 넣고 섞는다.

⑥ 끓는 물에 ②, ③을 넣고 부드럽게 삶은 뒤 찬물에 헹군다.

⑦ ⑥을 체에 받쳐 물기를 제거한 뒤 그릇에 담고 ④를 올린 후 ⑤를 뿌린다.

• 조금 더 건강하고 푸짐하게 분짜를 즐기고 싶다면 양상추를 가늘게 채썰어 함께 섞어도 좋아요. 다진 돼지고기가 없다면 돼지고기 불고기용을 이용하세요.

불고기

달큰한 소고기와 다채로운 야채가 조화로운 우리나라 대표 음식 불고기! 당면이 들어가 쫄깃함을 더한 불고기는 베리가 가장 좋아하는 밥반찬이에요.

재료(2회)
소고기 안심(또는 불고기용) 40g, 양파 20g, 당근 10g, 느타리버섯 10g, 당면 10g

양념
양념(간장 1/4작은술＋배즙 1작은술＋다진 마늘 1/4작은술＋다진 파 1/4작은술＋참기름 1/4작은술＋깨 1꼬집)

이렇게 요리하세요!

① 소고기는 겉면의 핏물을 닦은 뒤 2cm 길이로 채 썬다.

② 양파, 당근은 2cm 길이로 가늘게 채썰고 느타리버섯은 잘게 찢은 뒤 2cm 길이로 자른다.

③ 당면은 따뜻한 물에 20분간 불린 뒤 잘게 자른다.

④ 볼에 ①, ②, ③과 양념을 넣고 고르게 섞은 뒤 20분간 숙성한다.

⑤ 팬에 ④를 중약불로 저어가며 익힌다.

⑥ 당면이 부드러워지고 소고기가 완전히 익으면 불을 끈다.

- 당면은 익으면서 물을 흡수해 팬에 눌어붙을 수 있어요. 다시마물을 추가해가며 볶으면 눌어붙는 것을 방지할 수 있어요.

불고기 치즈토스트

불고기로 토스트를 만들었어요. 치즈의 고소함과 불고기의 달콤함이 환상의 조합이랍니다.

재료(2회)

식빵 1장, 피자치즈 10g, 아기 치즈 1장, 소고기 안심 20g, 양파 10g, 당근 10g, 느타리버섯 10g

양념

양념(간장 1/8작은술+배즙 1/2작은술+다진 마늘 1/8작은술+다진 파 1/8작은술+참기름 1/8작은술+깨 1/2꼬집), 기름 1/4작은술

이렇게 요리하세요!

1. 소고기는 겉면의 핏물을 닦고 1cm 길이로 짧게 채썬다.
2. 양파, 당근은 1cm 길이로 채썰고 느타리버섯은 잘게 찢어 1cm 길이로 자른다.
3. 볼에 ①, ②를 넣고 양념과 함께 버무린다.
4. 기름을 두른 팬에 ③을 넣고 중불에서 주걱으로 빠르게 저어가며 볶는다.
5. 재료가 완벽히 익으면 센불로 올려 육수가 없어지도록 빠르게 볶아 그릇에 담는다.
6. 새로운 팬에 기름을 두르지 않고 식빵을 올려 바삭하게 굽는다.
7. ⑥에 피자치즈를 올린 뒤 ⑤를 펼치고 그 위에 아기 치즈를 올린다.
8. 뚜껑을 덮고 약불에 치즈를 녹인다.

- 소고기를 1cm 길이로 가늘게 채썰지 않으면 아이가 식빵과 함께 베어 먹기 힘들어요. 다진 소고기 안심을 사용해도 괜찮아요. 맛이 부족하면 식빵에 피자치즈를 올리기 전 데리소스를 바르는 것도 좋아요.

비프샌드위치

육즙의 풍미가 좋은 그레이비소스와 불고기로 샌드위치를 만들었어요. 소불고기용 고기가 많이 남았다면 비프샌드위치를 시도해보세요.

재료(1회)

식빵 1장, 소고기 불고기용 20g, 양배추 20g, 양파 10g, 아기 치즈 1/2장, 뾰족한 끝을 자른 꼬치

양념

기름 1/4작은술, 그레이비소스(무염버터 1작은술＋밀가루 1작은술＋치킨스톡 3큰술＋우스터소스 1/4작은술＋케첩 1/4작은술＋레몬즙 1/4작은술＋올리고당 1/8작은술)

이렇게 요리하세요!

① 기름을 두르지 않은 팬에 식빵을 반으로 잘라 올려 약불에 바삭하게 굽는다.

② 양배추와 양파는 2cm 길이로 채썰고 양파는 찬물에 20분간 담가 매운 기를 제거한다.

③ 소고기는 겉면의 핏물을 닦아내고 기름을 두른 팬에 앞뒤로 완전히 익힌 후 빼둔다.

④ ③의 팬에 버터를 녹인 후 밀가루를 넣고 약불에서 갈색이 될 때까지 젓는다.

⑤ 반죽이 갈색이 되면 치킨스톡을 넣어 반죽을 풀고 우스터소스, 케첩, 레몬즙, 올리고당을 넣고 저어주며 그레이비소스를 만든다.

⑥ ①의 반쪽에 ⑤를 펴바른 뒤 ③을 차곡차곡 올린다.

⑦ ⑥ 위에 ②를 올리고 아기 치즈를 올린다.

⑧ 남은 식빵을 덮고 꼬치로 고정한다.

- 비프샌드위치는 '비프＆그레이비소스'라는 메뉴를 샌드위치로 만든 거예요. 식빵 대신 볶음밥과 함께 내주어도 맛있어요. 그레이비소스를 만들 때는 갈색이 된 밀가루가 치킨스톡에 완전히 개어질 때까지 거품기로 풀어주는 게 중요해요.

새송이버섯 떡볶이

떡 대신 새송이버섯으로 떡볶이를 만들었어요. 떡의 탄수화물이 부담스럽거나 떡이 없을 때 아이 간식용으로 준비하면 좋아요.

재료 (1회)
미니새송이버섯 40g, 어묵 10g, 양파 10g

양념
양념(무즙 2큰술+파프리카 가루 1/2작은술+간장 1/4작은술+올리고당 1/8작은술+다진 파 1/4작은술), 참기름 1/8작은술, 깨 1/2꼬집

이렇게 요리하세요!

① 새송이버섯은 밑동을 제거하고 얇게 썬다.

② 어묵과 양파는 1×1cm 크기의 사각으로 자른다.

③ 팬에 양념 재료와 ①, ②를 넣고 골고루 섞어 중불에 끓인다.

④ 육수가 1/3로 줄면 불을 끄고 참기름, 깨를 둘러 마무리한다.

- 떡 대신 사용하는 새송이버섯을 떡국 떡 모양처럼 동그랗고 얇게 썰었어요. 치아가 발달한 아이에게는 큰 새송이버섯을 떡볶이 떡처럼 1cm 두께, 6cm 길이의 원통 모양으로 잘라주는 것도 재밌어요.

새우완자

면역력 대장인 새우로 만든 완자예요. 버섯의 왕 표고버섯까지 들어가서 더욱 맛있어요. 새우완자는 곱게 으깨면 으깰수록 부드러워서 아이 입에 쏘옥 들어가자마자 녹아버린답니다.

재료(2회)
새우 30g, 양배추 10g, 표고버섯 10g

양념
전분 1작은술, 소금 약간, 후추 약간, 치킨스톡 100ml

이렇게 요리하세요!

① 새우는 내장을 제거하고 살만 칼면으로 으깨어 잘게 다진다.

② 양배추와 표고버섯은 잘게 다진다.

③ 볼에 ①, ②, 전분, 소금, 후추를 넣고 잘 섞은 뒤 치댄다.

④ 반죽이 찰기 있게 뭉쳐지면 엄지손가락 한마디 크기만큼 떼어 둥글게 모양을 만든다.

⑤ 냄비에 치킨스톡을 끓이고 ④를 굴려가며 완전히 익힌 후 건진다.

- 자숙새우나 물기가 많은 칵테일 새우는 찰기가 없어 뭉쳐지지 않을 수 있어요. 냉동 제품도 괜찮으니 데치지 않은 새우를 사용하세요. 달걀흰자를 함께 반죽하면 더욱 풍미가 좋아요.

소고기난자완스

난자완스는 고기완자를 튀겨 만들어요. 달콤짭쪼름한 소스와 곁들이면 맛이 고급스러워요.

재료(2회)
다진 소고기 안심 40g, 양파 10g, 당근 10g, 팽이버섯 10g

양념
반죽 양념(굴소스 1/8작은술+다진 파 1/2작은술+전분 1큰술), 소스(치킨스톡 120ml+간장 1/4작은술+레몬즙 1/8작은술+올리고당 1/8작은술+전분 1/2작은술), 기름 넉넉히

이렇게 요리하세요!

① 양파, 당근, 팽이버섯은 작게 다진다.

② 소고기는 겉면의 핏물을 닦은 후 반죽 양념과 함께 섞는다.

③ ②를 여러 등분으로 나누어 동글납작한 모양을 만든다.

④ 기름을 두른 팬에 ③을 튀기듯이 중불에 익힌 뒤 키친타월에 올려 기름을 뺀다.

⑤ 새로운 팬에 소스 재료와 ①을 넣고 끓인다.

⑥ ⑤가 끓으면 ④를 넣고 소스가 배면 불을 끈다.

 • 잘 다져진 고기를 사용하지 않으면 반죽이 부서져 예쁜 모양의 난자완스를 만들기 어려워요. 반죽을 잘 치대어 튀길 때 부서지지 않게 조심하세요.

소고기 마늘종완자

마늘종의 특별한 향은 소고기와 잘 어울려요. 아이에게 마늘종을 먹여보고 싶다면 아주 잘게 다져 특유의 식감을 없애고 요리하세요.

재료 (2회)
다진 소고기 안심 80g, 마늘종 20g

양념
밀가루 1작은술, 소금 약간, 후추 약간, 데리소스(가쓰오부시육수 3큰술＋간장 1/4작은술＋올리고당 1/8작은술), 기름 1/2작은술

이렇게 요리하세요!

① 소고기는 겉면의 핏물을 닦아낸 뒤 잘게 다지고 마늘종은 아주 잘게 다진다.

② 볼에 ①을 넣고 소금, 후추로 간을 하고 치댄다.

③ 밀가루를 넣고 섞은 뒤 여러 등분으로 나누어 동글게 모양을 만든다.

④ 끓는 물에 ③을 넣고 완전히 익을 때까지 삶은 후 건진다.

⑤ 새로운 팬에 소스 양념을 넣고 졸인 뒤 ④ 위에 끼얹어 낸다.

- 마늘종은 얇게 썰어 잘게 다져요. 마늘종을 아주 잘게 다지지 않으면 소고기 반죽과 함께 뭉쳐지지 않을 수 있어요. 완자를 더 맛있게 즐기고 싶다면 데리소스에 졸여 만들어 보세요.

소고기비빔국수

소면에 간장으로 양념한 소고기를 올렸어요. 냉장고 속에 간단한 재료만 있을 때 활용하기 좋은 메뉴예요.

재료(1회)
소면 40g, 다진 소고기 안심 20g, 양파 10g, 부추 10g

양념
소스(다시마물 1큰술+간장 1/4작은술+다진 마늘 1/8작은술+참기름 1/8작은술+깨 1/2꼬집), 기름 1/4작은술

스페셜 요리

이렇게 요리하세요!

1. 소면은 반으로 잘라 끓는 물에 4분 정도 삶은 뒤 찬물에 비비면서 헹궈 물기를 뺀다.

2. 소고기는 겉면의 핏물을 닦아내고 양파와 부추는 짧게 채썬다.

3. 기름을 두른 팬에 소고기를 볶다가 겉면이 익으면 양파와 부추를 넣는다.

4. 양념 재료를 넣은 뒤 저어가며 중불에 볶다가 재료가 다 익으면 불을 끈다.

5. ①과 ④를 가볍게 섞는다.

 • 삶은 소면은 반드시 찬물에 빨래하듯이 비벼가며 헹궈주세요. 면발 표면에 남아있는 전분기를 완전히 씻어내야 밀가루 냄새가 안 나고 텁텁한 맛 없이 탱글탱글한 면이 완성돼요.

소고기쌀국수

베트남 쌀국수 중 가장 대중적인 포 Pho를 아이 입맛에 맞는 레시피로 만들었어요. 현지 조미료를 사용하지 않은 한국식 베트남 쌀국수예요.

재료(1회)
쌀국수 40g, 소고기 불고기용 20g, 양파 10g, 숙주 10g, 통대파 10g

양념
다시마물 120ml, 피시소스(액젓) 1/8작은술, 간장 1/8작은술

이렇게 요리하세요!

① 소고기는 겉면의 핏물을 닦고 2×2cm 사각으로 자른다.

② 양파는 2cm 길이로 채썰고 숙주는 2cm 길이로 자른다.

③ 냄비에 다시마물이 끓으면 대파를 넣고 20분간 중약불에 끓인다.

④ ③이 끓는 동안 쌀국수를 따뜻한 물에 20분간 담근 뒤 짧게 자른다.

⑤ ③의 대파를 건져내고 피시소스와 간장으로 간을 한다.

⑥ ①, ②를 넣고 팔팔 끓이다가 전체 재료가 익으면 ④를 넣고 1분간 부드럽게 삶는다.

- 쌀국수를 너무 오래 끓이면 면이 퍼져요. 불린 뒤 1분 정도만 끓이면 식감도 맛도 좋아요.

소고기에그누들

에그누들은 밀가루면보다 고소해요. 철분이 가득한 소고기, 아삭한 숙주와 함께 볶으니 더 맛있어요. 제가 먹어도 너무 맛있어 아이에게도 자주 만들어줘요.

재료 (1회)
소고기 안심 20g, 에그누들 40g, 숙주 20g, 청경채 10g, 양파 10g

양념
기름 1/4작은술, 굴소스 1/4작은술, 레몬즙 1/8작은술, 땅콩 가루 1/4작은술

스페셜 요리

이렇게 요리하세요!

1. 에그누들은 뭉치지 않게 잘 풀어 짧게 자른다.
2. 소고기는 겉면의 핏물을 닦은 뒤 짧게 채썬다.
3. 숙주는 2cm 길이로 자르고 청경채, 양파는 2cm 길이로 채썬다.
4. 기름을 두른 팬에 ②를 넣고 볶다가 겉면이 익으면 ③을 넣고 숨이 죽을 때까지 센불에 볶는다.
5. ④에 ①과 굴소스를 넣고 골고루 볶는다.
6. 전체 재료가 익으면 그릇에 담아 레몬즙과 땅콩 가루를 뿌린다.

- 에그누들은 직접 만들 수도 있어요. 밀가루 5큰술+달걀 1개+소금 1/2꼬집+물 소량(대부분 달걀이 커서 생략 가능)을 넣고 반죽한 뒤 얇게 밀어 가늘게 썰면 수제 에그누들 완성이에요.

소고기짜장면

중식의 꽃 짜장면을 아이가 먹기 좋게 만들었어요. 영양가 높은 소고기를 넣어 더 맛있답니다. 베리밥상표 짜장면에는 양파와 호박이 듬뿍 들어가 달큰하면서 담백해요. 어떤 면을 사용해도 되지만 쫄깃한 우동면을 추천해요.

재료(1회)
소고기 불고기용 40g, 양파 20g, 호박 20g, 오이 10g, 우동면 80g

양념
치킨스톡 100ml, 짜장 가루 1/2작은술, 기름 1/2작은술

이렇게 요리하세요!

① 소고기는 겉면의 핏물을 닦고 2cm 길이로 짧게 채썬다.

② 양파와 호박은 1×1cm 크기로 깍둑썬다.

③ 오이는 2cm 길이로 아주 가늘게 채썬다.

④ 기름을 두른 팬에 ①을 볶다가 겉면이 익으면 ②를 넣고 중불에 골고루 볶는다.

⑤ 야채의 숨이 죽으면 치킨스톡에 짜장 가루를 뭉치지 않게 잘 개어 ④에 넣는다.

⑥ ⑤를 잘 저어 농도가 걸쭉해지면 불을 끈다.

⑦ 냄비에 물을 끓여 우동면을 삶아 그릇에 담는다.

⑧ ⑦에 ⑥을 넣고 ③을 올린다.

- 짜장소스가 남으면 밥과 함께 비벼 '짜장밥'으로 먹어도 좋아요. 조금 색다른 맛을 내고 싶다면 파프리카 가루 1/4작은술을 뿌려보세요. 우리가 고춧가루 뿌려 먹는 것과 비슷한 느낌이지만 매운맛은 없어요. 어린이용 짜장 가루 중 전분기가 없는 제품을 사용하면 오래 끓여도 걸쭉해지지 않아요. 이런 경우에는 전분물(전분 1/2작은술+물 1/4작은술)로 농도를 맞추세요.

소고기춘권

춘권에는 야채만 넣는 경우가 많지만 베리밥상 레시피에는 소고기가 함께 들어가요. 밀가루 대신 라이스페이퍼를 사용해 더 건강한 맛이에요.

재료 (1회)
라이스페이퍼 2장, 다진 소고기 안심 40g, 양파 10g, 당근 10g

양념
양념(간장 1/4작은술+다진 마늘 1/4작은술+참기름 1/8작은술+깨 1/2꼬집), 기름 넉넉히

스페셜 요리

이렇게 요리하세요!

1. 소고기는 겉면의 핏물을 닦아내고 양념과 버무린다.
2. 양파와 당근은 2cm 길이로 채썬다.
3. 기름을 두른 팬에 ①을 중불에 볶다가 겉면이 익으면 ②를 넣고 섞어가며 볶는다.
4. 야채와 소고기가 완전히 익으면 그릇에 담아 펼친 후 식힌다.
5. 라이스페이퍼가 들어갈 정도로 넙적한 그릇에 50℃의 따뜻한 물을 담는다.
6. 도마에 물을 약간 묻힌다.
7. 라이스페이퍼를 두 손으로 잡고 따뜻한 물에 5~10초간 담근 뒤 꺼내어 도마 위에 펼쳐 놓는다.
8. ④를 라이스페이퍼 중앙에 올린 후 롤처럼 만든다.
9. 팬에 기름을 넉넉하게 두르고 ⑧을 중불에 튀기듯이 굽는다.
10. 반을 잘라 충분히 식힌다.

- 라이스페이퍼 대신 만두피를 얇게 밀어 사용해도 괜찮아요. 크기가 큰 만두피에 속을 채우고 기름에 튀겨도 맛있어요.

아기돈가스

베리맘이 가장 좋아하는 메뉴는 돈가스예요. 신선한 등심이 보이면 많이 사서 힘껏 두드려요. 미리 만들어 냉동해 두었다가 반찬이 없을 때 구워주면 든든한 한 끼가 완성돼요.

재료(2회)
돼지고기 등심 40g, 달걀 1개

양념
밀가루 1큰술, 빵가루 1큰술, 소금 1/2꼬집, 후추 약간, 소스 (간장 1/4작은술+간 파인애플 2큰술+레몬즙 1/4작은술+케첩 1/2작은술), 기름 넉넉히

이렇게 요리하세요!

① 돼지고기는 망치로 두드려 얇고 부드럽게 만든 뒤 4×4cm 사각으로 자른다.

② ①에 소금, 후추를 고르게 뿌려 20분간 숙성한다.

③ 그릇을 3개 준비해 밀가루, 달걀물, 빵가루 순으로 놓고, ②를 순서대로 고르게 묻힌다.

④ 팬에 기름을 넉넉히 두르고 온도가 160℃가 되면 ③을 튀긴다.

⑤ 중약불로 조절하며 튀기다가 안까지 고르게 익으면 체에 밭쳐 기름을 뺀다.

⑥ 새로운 팬에 소스 재료를 모두 넣은 뒤 한소끔 끓여 ⑤와 함께 낸다.

 • 노릇하게 구운 식빵에 돈가스소스를 바른 뒤 아기돈가스를 넣어 '카츠샌드'를 만들 수 있어요. 우리 아이 소풍 도시락으로 인기 만점이에요.

양념고등어볶음

고등어의 맛있는 기름에 색색의 야채가 더해져 맛도 건강도 잡았어요. 냉장고에 들어갔다가 나오면 다시 한 번 볶아주세요.

재료(1회)
순살 고등어 30g, 양파 10g, 당근 10g, 브로콜리 10g

양념
양념(다시마물 3큰술+간장 1/4작은술+다진 마늘 1/4작은술+다진 파 1/4작은술), 기름 1/4작은술, 참기름 1/4작은술, 깨 1/2꼬집

스페셜 요리

이렇게 요리하세요!

① 고등어는 흐르는 물에 가볍게 씻는다.

② 양파, 당근, 브로콜리는 아주 잘게 다진다.

③ 기름을 두른 팬에 ①을 중불에서 노릇하게 굽는다.

④ 고등어가 완전히 익으면 주걱으로 부신다.

⑤ ④에 ②와 양념 재료를 넣고 야채가 익을 때까지 주걱으로 저어가며 볶는다.

⑥ 재료가 모두 익으면 참기름과 깨를 둘러 완성한다.

- 고등어는 기름이 많은 생선이라 구울 때 기름을 많이 넣지 않아도 돼요. 처음에만 달라붙지 않도록 조금만 사용하고 고등어에서 기름이 나오기 시작하면 기름을 추가할 필요 없어요.

양송이버섯카레

양송이버섯을 듬뿍 넣은 양송이버섯카레는 양식에 가까워요. 식빵을 바싹 구워 함께 먹어도 맛있어요. 일요일 아침 식사로 제격이에요.

재료(2회)
양송이버섯 40g, 양파 20g, 당근 10g, 감자 20g

양념
치킨스톡 200ml, 카레 가루 1/2작은술, 다진 파 1/4작은술

이렇게 요리하세요!

① 양송이버섯, 양파, 당근, 감자는 1×1cm 크기로 깍둑썬다.

② 냄비에 치킨스톡을 넣고 끓으면 ①을 넣어 감자가 완전히 익을 때까지 중불로 끓인다.

③ 그릇에 ②를 조금 덜어 카레 가루를 갠 뒤 냄비에 넣고 휘젓는다.

④ 다진 파를 넣고 한소끔 더 끓인다.

- 카레 가루를 물에 잘 개지 않으면 뭉치는 경우가 많아요. 따로 약간의 물에 카레 가루를 넣고 거품기로 저어 완전히 풀어주세요.

오로시냉우동

오로시냉우동은 일본 사람들이 여름에 먹는 '붓카케우동'이에요. 시원한 무를 갈아서 쯔유(일본식 맛간장)로 간을 한 뒤 우동과 함께 먹는답니다. 간단하면서도 풍미가 좋아 어른들도 좋아해요.

재료(1회)
우동면 40g, 무 20g, 김 1g

양념
육수(가쓰오부시육수 120ml + 간장 1/4작은술 + 다진 파 1/4작은술, 올리고당 1/8작은술)

이렇게 요리하세요!

① 무는 흰 부분을 강판에 갈아 볼에 담는다.

② 김은 2cm 길이로 얇게 자른다.

③ 끓는 물에 우동면을 데친 뒤 찬물에 헹군다.

④ 냄비에 가쓰오부시육수를 끓인 뒤 간장, 다진 파, 올리고당을 넣고 한소끔 끓인다.

⑤ ④를 상온에서 식힌 뒤 ①과 섞는다.

⑥ 우동면에 ⑤를 붓고 ②를 올린다.

- 무는 강판에 갈아 바로 먹으면 매운맛이 날 수 있어요. 맛을 보고 매운맛이 강하다면 냄비에 후루룩 끓인 뒤 식혀 사용하세요. 한번 끓이면 달큰한 맛이 올라와 아이들이 더 맛있게 즐길 수 있어요.

오믈렛

호텔 조식의 대표 메뉴 오믈렛은 노란 달걀이 동글한 럭비공 모양을 하고 있어 귀여우면서도 재밌는 요리예요. 우유까지 넣어 더 부드럽고 고소하답니다. 달걀을 좋아하는 아이라면 무조건 좋아할 거예요.

재료(1회)
달걀 1개, 아기 치즈 1장

양념
우유 1큰술, 소금 1/2꼬집, 후추 약간, 기름 1/4작은술

이렇게 요리하세요!

1. 달걀을 잘 풀어 체에 밭쳐 거른다.
2. ①에 우유, 소금, 후추를 넣고 잘 섞는다.
3. 팬에 기름을 두르고 키친타월로 한 번 닦아낸 뒤 ②를 붓는다.
4. 약불로 익히다가 주걱으로 저어 요플레 정도의 농도가 되면 팬의 끝 쪽으로 모아 럭비공 모양으로 둥글게 만든다.
5. 아랫면이 익으면 아기 치즈를 가운데에 넣고 뒤집는다.
6. 약불로 천천히 익히다가 안까지 완전히 익으면 불을 끈다.

- 오믈렛의 모양을 만들기 힘들다면 지단처럼 넓게 부친 뒤 치즈를 넣고 반으로 접어도 괜찮아요. 치즈 대신 옥수수를 넣은 '옥수수오믈렛'도 맛있어요.

츠쿠네

츠쿠네란 일본말로 고기완자를 뜻해요. 대부분은 간장을 넣어 반죽을 하지만 베리밥상 레시피는 저염으로 만들기 위해 소스에 졸였어요. 꼬치에 끼워 먹어도 재미있어요.

재료(2회)
닭고기 안심 40g, 양파 10g, 팽이버섯 10g

양념
생강즙 1/4작은술, 전분 1/2작은술, 소스(가쓰오부시육수 2큰술+간장 1/4작은술+배즙 1작은술), 기름 1/2작은술

이렇게 요리하세요!

1. 닭고기는 칼면으로 눌러 곱게 으깨고 양파와 팽이버섯은 잘게 다진다.

2. 볼에 ①, 생강즙, 전분을 넣고 잘 섞은 뒤 2등분해 둥글납작하게 만든다.

3. 기름을 두른 팬에 ②를 약불로 노릇하게 굽는다.

4. 팬에 소스를 넣고 약불에 한 면만 졸인다.

- 일본에 가면 꼬치에 끼워 파는 츠쿠네도 많아요. 닭반죽을 만들어 뾰족한 끝을 자른 꼬치에 끼워주면 아이가 손으로 잡고 먹기도 쉽고 재밌어 한답니다.

스페셜 요리

치즈옥수수 파스타

코울슬로를 만들고 옥수수가 많이 남아 어떻게 활용할까 고민하다 즉흥적으로 만든 파스타예요. 베리가 너무 맛있게 잘 먹어서 레시피를 메모해 두었어요.

재료(1회)
옥수수 통조림 20g, 양파 20g, 표고버섯 10g, 파스타면 40g, 아기 치즈 1장

양념
치킨스톡 5큰술, 다진 마늘 1/2작은술, 소금 1/2꼬집, 후추 약간, 기름 1/4작은술

이렇게 요리하세요!

① 옥수수는 흐르는 물에 여러 번 헹구고 양파, 표고버섯은 짧게 채썬다.

② 파스타면을 반으로 잘라 끓는 물에 8~9분 정도 삶는다.

③ 기름을 두른 팬에 다진 마늘을 넣고 약불에 볶다가 향이 올라오면 ①을 넣고 중불에 볶는다.

④ 재료가 얼추 익으면 치킨스톡, 소금, 후추, 아기 치즈를 넣고 치즈가 녹을 때까지 저으며 끓인다.

⑤ ②를 넣고 육수가 반으로 줄어들 때까지 저어가며 볶는다.

⑥ 면에 소스가 충분히 배면 불을 끈다.

- 옥수수 통조림은 단맛이 강해 체에 받쳐 흐르는 물에 여러 번 헹군 뒤 사용하세요.
- 파스타에 소스를 듬뿍 배게 하고 싶다면 면을 삶는 과정에서 7분만 익히고 나머지는 팬에 육수를 추가해서 함께 삶아요. 재밌는 모양의 파스타를 활용해 만들어도 좋아요.

치킨커틀릿

돈가스만큼 치킨커틀릿도 정말 맛있어요. 튀김옷 안에 닭기름이 잔뜩 배어 있어 후후 불어 한 입 먹으면 환상이에요. 돼지 등심이 단단해서 잘 못 먹는 아이에게 치킨커틀릿을 만들어 주세요.

재료 (2회)

닭고기 안심 40g, 달걀 1개

양념

소금 약간, 후추 약간, 빵가루 2큰술, 밀가루 1큰술, 돈가스소스 1큰술, 기름 넉넉히

이렇게 요리하세요!

1. 닭고기는 힘줄을 제거한 뒤 포를 떠서 얇게 펼친다.
2. 포크로 콕콕 찔러 부드럽게 만든 뒤 소금, 후추를 고르게 뿌려 간을 한다.
3. 달걀물을 만든다.
4. 그릇을 3개 준비해 밀가루, 달걀물, 빵가루 순으로 놓고 ②를 순서대로 고르게 묻힌다.
5. 팬에 기름을 넉넉히 두르고 165℃가 되면 ④를 넣어 튀긴다.
6. 중약불로 조절해가며 튀기다 완전히 익으면 체에 받쳐 기름을 뺀다.
7. 돈가스소스와 함께 낸다.

- 치킨커틀릿은 닭안심으로 만들면 담백하고 닭다리살로 만들면 고소해요. 닭다리살로 만들 때에는 두터운 부위에 칼집을 내서 펼친 뒤 사용하세요. 식어도 맛있어서 아이들 소풍 도시락으로 좋아요.

카레닭볶음탕

얼큰한 닭볶음탕은 매워서 못 먹는 아이를 위해 카레닭볶음탕은 어떠세요? 카레 가루의 특별한 맛이 닭과 잘 어우러져요. 카레 국물이 충분해 우동면을 넣어 먹어도 맛있어요.

재료(2회)
닭고기 안심 40g, 양파 20g, 당근 20g, 감자 20g

양념
치킨스톡 240ml, 카레 가루 1/2작은술, 다진 마늘 1작은술, 다진 파 1/4작은술

이렇게 요리하세요!

① 닭고기는 겉면의 핏물을 닦고 1×1cm 크기의 사각으로 자른다.

② 양파, 당근, 감자도 닭고기와 같은 크기로 자른다.

③ 냄비에 치킨스톡을 넣고 카레 가루를 덩어리지지 않게 개어 중불에 끓인다.

④ ①, ②를 넣은 뒤 얼추 익으면 다진 마늘, 다진 파를 넣는다.

⑤ 감자가 완전히 익으면 불을 끈다.

- 카레 가루가 충분히 풀리도록 거품기로 갠 뒤 냄비에 넣으세요. 당근과 감자는 푹 익어도 맛있어요.

파프리카 크림파스타

파프리카와 크림으로 소스를 만든 파스타예요. 파프리카를 치킨스톡과 함께 믹서에 갈아주면 파프리카를 좋아하지 않는 아이들도 잘 먹어요.

재료(1회)
파스타면 40g, 파프리카 40g, 양파 10g, 양송이버섯 10g

양념
생크림 30ml, 치킨스톡 30ml, 소금 1꼬집, 후추 약간, 기름 1/4작은술, 다진 마늘 1/4작은술

이렇게 요리하세요!

1. 파프리카는 씨를 제거하고 숭덩숭덩 잘라 치킨스톡과 함께 믹서에 간다.
2. 양파는 2cm 길이로 가늘게 채썰고, 양송이버섯은 얇게 썬다.
3. 냄비에 소금 1/2꼬집을 넣고 물을 끓인 후 반으로 자른 파스타면을 8~9분간 삶는다.
4. 기름을 두른 팬에 다진 마늘을 넣고 약불로 볶다가 향이 올라오면 ②를 넣고 중불로 볶는다.
5. 야채가 얼추 익으면 ①, 생크림을 넣고 소금, 후추로 간을 하고 끓인다.
6. ③을 건져 ⑤에 넣고 육수가 반으로 줄어들 때까지 끓인다.

- 파스타면을 넣지 않고 부드럽고 맛있는 '파프리카크림수프'로 만들어 아침 식사로 활용해도 좋아요. 파프리카 자체의 풍부한 맛 때문에 간을 많이 하지 않아도 괜찮아요.

폭립

베리맘이 어릴 때 레스토랑에서 폭립을 먹고 감격했는데 지금은 집에서 쉽게 만들어 먹을 수 있어 좋아요. 베리밥상의 비법인 폭립 소스는 어떤 고기와도 잘 어울리니 기억해 두세요.

재료(2회)
등갈비 4대

양념
후추 1꼬집, 설탕 1/2작은술, 소스(케첩 1작은술+우스터소스 1/2작은술+올리고당 1/4작은술+레몬즙 1/8작은술+다진 마늘 1/4작은술)

이렇게 요리하세요!

① 등갈비는 물에 깨끗하게 헹군 뒤 살 부분에 칼집을 낸다.

② 후추와 설탕을 넣은 찬물에 ①을 1시간 동안 담가 둔다.

③ 150℃의 온도로 맞춘 오븐이나 에어프라이어에 ②를 기름이 빠지도록 올리고 15분간 굽는다.

④ 전체적으로 익으면 뒤집어 170℃에서 5분 더 굽는다.

⑤ 소스 재료를 섞어 등갈비에 고르게 바른다.

⑥ ⑤를 170℃에 5분 더 굽는다.

 • 등갈비에 소스를 바른 뒤 너무 오래 구우면 겉면의 소스가 탈 수 있으니 주의하세요.